가톨릭 실천지성 I

기억과 기록 3

가톨릭 실천지성 I

우리 신학의 선구자들

김수복·김원호·성염·최재선

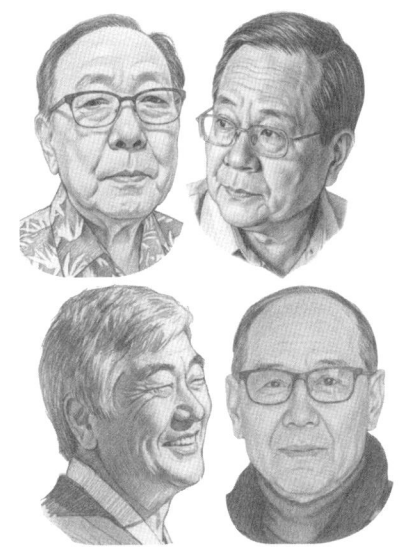

우리신학연구소

간행사

우리신학연구소가 올해로 설립 32년 차를 맞았습니다. 창립 때부터 한결같이 같은 자리를 지켜주시는 회원 여러분, 빈한한 살림에도 당당하고 뚝심 있게 버텨주고 있는 연구원 여러분, 세계 유일의 평신도 신학연구소를 지켜내고자 십시일반 힘을 보태시는 후원회원 여러분, 뭐라도 연구소에 도움이 되고자 애써주시는 연구위원, 이사님들 덕분입니다.

우리신학연구소는 여러분 덕에 초심과 자존심을 지켜올 수 있었습니다. 감사합니다.

우리는 올해부터 버티는 데 머물지 않고 한국교회에 족적을 남길 수 있는 성과를 단계적으로 내기로 했습니다. 30주년 때 시작하고 싶었지만 사정이 여의치 않았습니다. 그래서 올해부터 우리가 걸어온 길을 정리하고 다음 30년을 기약할 연구를 시작하기로 했습니다.

우리는 먼저 우리 신학의 기틀을 다져온 선배님들의 귀한 발자취를 기억하고 기록하는 작업부터 시작합니다. 이를 시작으로 우리

신학의 선구자들에 대한 기록을 계속 남겨 가톨릭평신도사, 가톨릭평신도지성사, 가톨릭평신도신학사 집필에 필요한 자료를 축적하고자 합니다. 이는 성직자 중심의 교회사를 보완하고 한국교회의 자부심인 '평신도가 시작한 교회' 전통을 이어가는 데 도움이 될 것입니다.

    이러한 의도에 맞는 첫 성과를 내놓습니다. 우리신학연구소를 시작할 때 우리 신학의 기초를 놓아주신 선배님들, 성장기에 도약의 기초를 마련해주신 선배님들의 삶의 기록입니다. 선배님들은 아직 때가 아니라 사양하셨지만 조금이라도 더 건강하실 때 기록을 남겨야 한다는 저희의 강권으로 어렵게 시간과 기록을 내주셨습니다. 우리는 선배님들과 인터뷰를 하고 남기신 기록을 찾고 읽어가는 과정에서 반드시 기록해야 할 교회사의 주요 계기들을 확인하는 행복한 시간을 보낼 수 있었습니다. 선배님들의 삶을 더 깊이 이해하고 선배님들께 감사하게 되었습니다.

    이 작업은 본래 인터뷰 결과를 충실히 기록하는 방식으로 진행하려 했습니다. 그러나 필자들은 이에 그치지 않고 새롭게 자료를 발굴하고 다른 역사 기록과 비교하면서 지성사의 모습을 갖추고 싶어 했습니다. 그러다 보니 자연스레 시대적, 교회적 맥락이 살아났고 역사학적 엄밀성도 갖추게 되었습니다. 이런 접근법의 선택은 당연히 예정보다 오랜 시간이 필요했습니다. 상반기에 마무리하기로 한 것이 하반기로 넘어온 이유입니다. 그래도 이렇게 하고 나니 어디다 내놓아도 부끄럽지 않은 성과가 되었습니다. 집필에 참여한 연구원 여러분, 저희의 번거로운 요청에도 기꺼이 협조해주신 선배님들께 감사드립니다.

본래 이 작업은 이름도 없이 빛도 없이 천주교 사회운동에 투신한 평신도 활동가들을 발굴해 기록을 남겨보자는 김원호 이사장님의 제안이 동기가 되었습니다. 당연히 우리는 이분들의 고귀한 발자취를 기억하고 기록으로 남길 것입니다. 그러나 그 이전에 선배님들의 기억이 희미해지고 건강이 더 나빠지시기 전에 기록을 남겨야 한다는 생각 때문에 이 작업을 서둘렀습니다. 그리고 이 작업은 김원호 이사장님이 연구비를 쾌척하신 덕분에 진행될 수 있었습니다. 감사합니다. 그리고 처음 제안하셨던 뜻을 잊지 않겠습니다.

2025년 10월

소장 박문수

차례

간행사　4

해방신학자 김수복_박문수

탄생　13
어머니를 통해 만난 천주교 신앙　14
운명을 결정한 살레시오회와의 만남　18
　사레지오중학교 18 | 사레지오고등학교 25 | 살레시오회 수련기 26
　서울 가톨릭대 신예과 29 | 임장 교육(Assistenza) 30 | 가톨릭대 신학 과정 32
다시 세상으로　34
　《신학전망》 편집부 34 | 결혼 36 | 가업 승계 37
사회적 회심　40
　해방신학 40 | 1980년 5월 광주 민중항쟁 42 | 다시 만난 성찬성 43
　도서출판 '일과놀이' 창립 46 | 교회 현장으로 50 | 더 큰 세상 속으로 53
　가톨릭노동사목전국협의회 56 | 천주교정의구현전국사제단과 '신앙생활' 교리서 58
　해설판 공동번역 신약성서 60 | 우리신학연구소 60
　왕성했던 50대와 대비되는 가업의 쇠락 63 | 바보 노무현 67 | 회갑 기념 문집 69
인생은 60부터　70
　인터넷과 일기 70 | 사회운동 74 | 황반변성 75 | 해방신학자 김수복 76

배움과 도움의 삶을 소명으로 여기는 김원호_이미영

한국전쟁의 비극 속에 아버지를 여의고	87
외롭게 지낸 어린 시절	90
가난하고 내성적이던 사춘기 소년	95
사제 성소를 꿈꾸던 소년의 첫사랑	97
학업보다 성당 활동에 열정을 쏟던 대학 시절	101
1970년대 시국이 바꿔놓은 신앙관, '원죄에서 원복으로'	105
위기가 기회로, 일터에서 쫓겨나 변리사가 되다	113
사업 안정과 더불어 시작된 천주교 사회운동과의 인연	117
IMF 위기를 넘어	125
열린 신앙을 향한 배움과 지원	127
다석학회와 씨알재단 설립	131
'에코피스 아시아', '가톨릭뉴스 지금여기', '우리신학연구소'의 이사장을 맡아	136
인생 3모작의 마지막 부르심	141

평신도 신학운동의 불쏘시개, 성염_경동현

어린 시절과 신앙의 뿌리	157
운명을 결정한 살레시오회와의 만남, 그리고 어머니의 죽음	163
평생의 친구, 김수복 선생과의 만남	168
살레시오고등학교	169
살레시오회 수련기	170
전순란 선생과의 만남	174
첫 직장,《신학전망》편집장과 대건신학 사태	178

『해방신학』 번역으로 맺어진 임 세바스티안 신부와의 인연　182
평신도 사도직 운동과 정평위를 통한 천주교 사회운동 참여　185
로마 유학 시절(1981~1986)부터 서강대 철학과 임용까지　188
비인가 천주교 사회운동 단체를 통한 신도운동 전개　191
우리신학연구소와의 인연(1993~2002)　193
주(駐)교황청 한국대사 시절(2003~2007)　196
정의·평화·민주 가톨릭행동을 통한 신도운동 참여　200
프란치스코 교황 방한과 4·16 세월호 참사 진상규명 운동　204
문재인 정부의 교황청 특사단으로 로마 방문　206
평생의 소임, 교부문헌 번역　208
교회의 품에서 살아온 가정, 살아갈 가정　211

가난한 이의 교회와 인간발전, '사회사목'의 산증인 최재선_황경훈

'가난과 발전의 경계'를 평생 산 사람, 최재선　225
할머니에게서 배운 몸에 밴 신앙과 '애덕회' 활동　226
'서강고등학교'에서 미국 신부들과 겪은 일들　228
가톨릭 구제회(CRS)와의 인연과 활동　231
결혼과 신접살림, 그리고 배우자의 유학　234
한국 카리타스 – 인성회 창설과 국내외 원조 활동　236
인성회와 사회운동과의 관계　239
교회와 국가의 협력–필요성과 그 함정　243
사회사목의 두 중심축과 인성회의 변화　246
'한마음 한몸 운동'의 기초 정립　249
사회복지 10년 만에 해외 원조로　250

북한 원조와 홍콩 카리타스의 캐시 젤버거 254
'사회복지관 꼰대'의 꿈: 가난한 이들의 교회 256
가난과 그리스도교 영성 258
본당의 역할과 소공동체 262
'타가이타이 비극'과 가난한 이의 자존심 266
'타가이타이 비극의 치유자' 데스몬드 신부 269
주교들도 가난 체험이 필요하다! 272
회심으로 나아가게 하는 현장생활체험 274
사목 일꾼의 지속적인 양성 필요성과 방향 276
아시아 교회와의 연대: 필요성과 현실적 제약 278
가난의 영성과 오늘날 신앙인의 회심 280
'가난의 영성'의 배반, '구조적 죄악'으로서 가난 283
사회교리의 중심축 '인간발전'의 전도사 286
　'인간발전', 최재선의 신학 및 사목 실천의 발판 286
　'인간발전' 사회교리의 심화, 교황 바오로 6세와 프란치스코 288

해방신학자 김수복

탄생

선생은 해방 직전인 1944년 12월 15일(음력 10월 30일) 광주 유동에서 부 김창섭 바드리시오, 모 조천연 말가리다 사이에 7남매 중 셋째(장남)로 태어났다.[1] 당시 유동은 시외 버스터미널이 자리하고 있어 광주의 관문 역할을 했다.

아버지 김창섭은 일제 강점기 때 일본에 건너가 건축일을 배웠다. 선생의 증언에 따르면 '그의 아버지는 일본에 건너갔을 당시 먹고 살기 위해 닥치는 대로 허드렛일을 하다 어느 건설회사 사장 눈에 들어 그 회사에 취직했다. 성실하고 일머리까지 있어 기술력으로 그 회사에서 2인자 위치까지 올랐다. 그렇게 그 회사에서 기술과 경험을 쌓은 아버지는 고향인 광주로 돌아와 어머니와 결혼하고 건설회사를 세워 전국을 대상으로 건축업을 시작했다. 누나들의 기억에 따르면 선생의 아버지는 지금은 북한 땅인 함경도 청진까지도 집을 지으러 다녔다. 당시 건축업은 기술력만 있으면 건축주가 비용을 대는 구조라서 어렵지 않게 시작할 수 있었다.'[2] 일본에서 배운 선진 건축 기술과 타고난 성실함으로 열심히 건축 일을 한 선생의 아버지

---

[1] 위로 숙자, 영자, 아래로 재균, 현주, 현자, 진균이 있었다.
[2] 김수복 선생 인터뷰(2025년 7월 12일).

선생의 아버지 김창섭 바드리시오(측량기를 보고 있는 모습).

는 마침내 1960년대에 이르러 광주에서 손에 꼽는 부자가 되었다.³

어머니를 통해 만난 천주교 신앙

선생은 태어나 얼마 되지 않아 광주 지역 첫 성당이었던 광주 성당⁴에서 요셉이라는 세례명으로 유아 세례를 받았다. 선생의 어머니

---

3 선생의 아버지는 1966년 광주 북구 유동에 아세아극장을 세웠다. 당시 아세아극장은 "당시의 사회상으로 보아 규모(지하 1층, 지상 6층)나 형식에 있어 대단한 건물이었다. …… 아세아극장은 극장뿐 아니라 상가와 예식장이 있는 복합 시설이었다." 「아세아극장」, 《디지털광주문화대전》.
4 골롬반외방선교회 토마스 퀸란 신부(나중에 춘천교구장)가 1933년 5월 7일에 설립했다. 초기 명칭은 '광주본당'이었으나 1949년에 현재 이름으로 바뀌었다. 일제 강점기 때 성당 구내에 혜성학원을 설립해 가난한 아이들을 교육하였다. 해방 후인

조 말가리다는 순교자 후손은 아니었으나 오랜 신자로 천주교 신앙이 돈독했다. 어머니의 돈독한 신앙은 선생이 드물게 쓴 자신의 회고담에서 여러 차례 언급할 정도였다. 그의 어머니는 열성적인 개신교 신자였던 시어머니가 천주교로 개종하는 데 큰 영향을 주었다.

> 우리 할머니는 독실한 개신교 신자였다. 그런데 1945년엔가, 지금은 잊어버려 무슨 내용인지는 모르겠지만 하여튼 놀라운 꿈을 꾸었는데, 우리 어머니가 그 꿈을 종교를 개신교에서 천주교로 옮기는 뜻이라고 해몽해주어, 그 길로 개종했다는 말을 들었다. 할머니는 광주 북동성당을 다녔다. 아마 돌아가실 때까지, 병들어 누워 있을 때가 아니면, 새벽미사를 한 번도 빠진 적이 없으리라. 묵주를 손에서 놓지 않았다. 하루 종일 기도와 봉사활동에 전념했다.[5]

1947년 3월 15일에는 목조 성당에다 성심유치원을 개설하여 운영했다. 1949년 12월 8일 남동 본당을 분할하며 북동 본당으로 개칭했다. 1957년 1월 21일 광주지목구가 대목구로 승격하며 주교좌 성당으로 승격했다. 6·25전쟁 때는 인민군 주둔지로 사용되었다(https://www.gjcatholic.or.kr/church/cathedral). 선생이 국민학교 입학하기 전까지는 골롬반 신부들이 사목했다. 수녀회는 1958년 8월까지 포교성 베네딕도 수녀회가 있다 철수하고 이를 이어 샬트르 성 바오로 수녀회가 들어왔다. 한국교회사연구소 편찬실, 「북동본당」, 『가톨릭대사전』 제6권(한국교회사연구소, 1998), 3669~3671쪽.

5 김수복, 「그래도 나에게는 아름답기만 한 송영자 안나와 그 시어머니·시할머니」, 《경향잡지》 2005년 4월호, 15~16쪽. 선생의 평생 벗인 성염 선생도 "(수복의) 어머님도 매일 미사를 거르지 못하시던 분이었다. 얼마나 많은 사람들이 남몰래 베푸신 그분의 은덕을 입었던지 장례미사 때에 그 큰 임동성당이 사람들로 가득찼다. 믿는 사람 안 믿는 사람을 막론하고"라고 증언했다. 성염, 「그윽한 향기마냥 있는 듯 없는 듯」, 『그윽한 향기마냥 있는 듯 없는 듯: 김수복 선생 회갑 기념 문집』(도서출판 함께사는세상, 2004), 99쪽.

개신교에서 보였던 할머니의 열성은 천주교로 옮겨와서도 계속되었다. 할머니의 이런 열성은 당시 광주지목구에 진출해 있던 골롬반 선교사들 눈에도 두드러지는 것이어서 선생의 아버지가 성당 관련 건축일을 수주할 때 큰 도움이 되었다. 선생의 어머니도 신앙 열성이 할머니 못지않았다.

우리 어머니도 할머니만큼, 아니 그보다 훨씬 더 열심한 신자였다. 드러내지 않고 불쌍한 사람들을 많이 돕고 이름을 밝히지 않고 봉사 기관들을 찾아다니면서 후원을 아끼지 않았다. 정작 당신 자신은 먹는 음식 입는 옷이 검소하기 짝이 없었다.[6]

어머니와 할머니의 열성적인 신앙 덕분에 선생은 초등학교 입학 전후 시기 성당에서 많은 시간을 보냈다.[7] 특히 성당에는 할머니 손에 이끌려 갈 때가 많았다. 그의 아버지는 처음부터 신자는 아니었던 것 같은데 할머니의 개종, 아내의 열성 덕에 천주교 신자가 되었다. 이런 집안의 천주교 신앙 분위기는 선생의 사레지오중학교[8] 입학, 중학교 2학년 때 살레시오회 지원, 고등학교 졸업 후 살레시오회 입회에 영향을 주었다.

선생은 초등학교 입학 전해인 6·25전쟁 때 인민군이 광주에 진

---

6 김수복, 같은 글, 16쪽.
7 천주교인 집안에서 자란 나는 초등학교 입학하기 전부터, 6·25전쟁 전후부터 광주 북동성당 마당에서 공지기 놀이를 하고 수녀님들한테서 교리 공부를 하면서 자랐다. 지금도 그때 친구 둘과 매월 모임을 갖고 있다." 김수복, 「내 마음속 고향으로 남은 예수쟁이들」, 《가톨릭뉴스 지금여기》 2011.11.7.
8 당시 명칭.

주해 물러갈 때까지 세 달여를 광주에서 30여 리 떨어진 외가가 있는 용전리로 피난을 떠나 그곳에 머물렀다.[9] 인민군이 천주교 신자를 잡아다 해코지할 것이라는 소문이 돌았기 때문이다. 실제로 선생의 가족은 피난 길에 인민군을 만나기도 했다. 하지만 달리 피해는 없었다.

인민군이 물러난 광주는 빠르게 일상을 회복했다. 그에 따라 선생도 1951년 국민학교에 입학할 수 있었다. 입학한 그해 학제가 '6-3-3제'로 확정되었다. 이는 국민학교 재학 연한이 6년이 된다는 것을 의미했다. 선생은 1951년 집에서 가까운 광주수창국민학교에 입학했다. 광주수창국민학교는 1921년 10월 3일 서방공립고통학교로 개교해 여러 차례 이름을 바꿨다. 학교명이 수창국민학교로 바뀐 때는 1950년 12월 1일이었다.[10]

선생은 초등학교 시절에 대해서는 저학년 시절 성당에서 보낸 이야기를 제외하고는 거의 언급하지 않는다. 이는 특별히 기억나는 일이 없을 만큼 평범한 일상을 보냈기 때문으로 보인다. 다만 중학교 입학시험 때 2등으로 합격한 것을 볼 때 공부는 잘했던 것 같다. 당시 광주에는 초등학교에서 고등학교로 이어지는 엘리트 코스가 있었는데 선생의 가족은 이런 일에는 별 관심이 없었다.[11]

---

[9] 6·25전쟁 때 인민군이 광주에 진주한 시기는 7월 23일이었다. 그러나 9월 15일 인천상륙작전이 성공하며 국군과 미군이 남쪽에서부터 인민군을 공격하며 북진을 시작하자 10월 초 광주에서 철수하였다. 인민군이 광주에 주둔한 기간은 대략 2개월 보름 정도였다.
[10] 《디지털광주문화대전》(https://gwangju.grandculture.net/gwangju/toc/GC60003987).
[11] 광주·전남 지역에서는 광주 시내에 있는 서석초등학교를 나와 광주서중과 광주일

운명을 결정한 살레시오회와의 만남

사레지오중학교

1957년 수창국민학교를 졸업한 선생은 그해 3월 그의 삶에 가장 큰 영향을 주었던 살레시오회와 운명적인 만남을 갖는다. 그의 아버지가 사레지오중고등학교[12] 건축 사업을 수주한 인연으로 1956년에 개교한 '사레지오중학교(당시 명칭)'에 입학하게 된 것이다.

내 할머니는 독실한 천주교 신자셨다. 할머니께서 광주 북동성당 주임을 맡고 계시던 부 신부님[13]께 말씀을 드린 덕분에 부 신부님이 마 신부님[14]께 내 아버지를 소개하셨다. 당시에 광주에서 철근 콘크리트 공법으로 엘리베이터 믹서기를 사용하여 건축을 할 수 있는 기술을 가진 건설회사는 아버지와 작은아버지께서 운영하고 계시던 주식회사 금광

고를 가는 것을 최고의 엘리트 코스로 여겼다. 이 코스를 거친 수재들이 지역에서뿐 아니라 중앙으로 진출해 각계에서 요직을 맡는 경우가 많았기 때문이다. 이춘삼, 「지역 수재들의 두 요람 전통 이어 앞서거니 뒤서거니」, 《시사저널》 2009.12.8.

12 사레지오중학교는 마르텔리(Archimede Martelli) 신부가 1954년 5월 광주시 중흥동에 부지 2만 5,231평을 매입해 정지 작업을 완료하고 9월부터 건축업자 김창섭(선생의 부친)을 선정하여 교사(校舍) 신축 공사를 착수하여 1956년 3월 816평의 3층 콘크리트 건물을 완공하고 4월 13일에 재단법인 사레지오 학원 설립 인가와 동시에 중학교를 개교했다. 「사레지오중·고등학교」, 『가톨릭대사전』 제6권(한국교회사연구소, 1998), 4151~4153쪽.

13 성골롬반외방선교회 소속 부 바드리시오(Patrick Brandon) 신부로 1951년 7월에서 1953년 5월까지 북동성당 주임으로 시무했다. 마 신부는 1954년에 입국했는데 1954년 당시 주임은 지 제랄드 신부였다. 선생의 조모가 부 신부에게 부탁한 게 맞다면 전임인 부 신부가 마 신부에게 선생의 부친을 추천한 셈이 된다. 이해동·임충신, 『Fr. Archimede Martelli』, 살레시오회, 2021, 31~32쪽 참조.

14 살레시오회 마르텔리 신부(마 신부).

기업뿐이었다. 그런 연줄로 아버지께서 광주 살레시오중·고등학교 건축을 수주하셨다. 그 인연으로 내가 6년 동안을 그 학교 기숙사 생활을 하게 되었다.[15]

사레지오중학교는 그의 평생 벗이 될 성염 선생과 그의 동생 성찬성 선생을 만나게 된 곳이기도 했다. 선생보다 두 살 위인 성염 선생은 가정 형편 탓에 같은 연배에 비해 중학교 입학이 2년이 늦었다. 당시 성염 선생은 새로 생긴 사레지오중학교에 마음이 끌려 입학을 결심하고 어머니의 허락까지 받았으나, 국민학교 은사의 주선으로 광주에서 명문으로 알려진 광주 서중에도 응시했다. "선생님의 주선으로 모(광주 서중) 중학교도 응시했으나 신통치 못하였고 이 학교(사레지오중학교)에서 시험을 치르고는 닭의 머리가 되었다."[16] 성찬성 선생은 당시 국민학생이었는데 1957년에 고아가 되자 수도회에서 배려해 기숙사에서 학교를 다녔다. 성염 선생 바로 아래 동생 성준과 막내 성훈도 살레시오회 배려로 학교 기숙사에 머물며 사레지오중·고등학교 전 과정을 마칠 수 있었다.[17]

당시 중학교에 들어가기 위해서는 입학시험을 치러야 했다. 1951~1953년에는 인민군 점령에서 수복된 지역 전체에서 국가연

---

[15] 김수복, 「살레시오 수도생활 십육 년이 내 인생을 결정지었네」, 《가톨릭뉴스 지금여기》 2014.9.25.
[16] 성염, 「지원기 생활」, 《Bosco》 제1집(전남 광주 사레지오 수련소, 1962), 34쪽.
[17] "광주교구 소신학교를 겸하던 기숙사에 들어가서 하루 세 끼 따뜻한 밥에 침대가 갖춰진 서양식 기숙사에서 공짜로 먹고 자고 일용품 받고 공짜로 학교 다니는 6년간의 행복한 중고등학교 시절을 시작했다." 성염, 「주님께서 너에게 잘해주셨으니」, 《경향잡지》 2002년 4월호.

합고사가 시행되었다. 학생들은 이 시험에서 받은 성적에 맞춰 중학교에 지원했다. 그러던 것이 1954년부터 중학교 자체에서 시험을 보는 방식으로 제도가 바뀌었다. 광주처럼 중학교가 많던 도시에서는 전기(前期), 후기(後期)로 나눠 학교 자체에서 입학시험을 치렀다.[18] 사레지오중학교는 당시 후기였다. 후기는 나름의 장점이 있었다. 전기에서 탈락한 성적 우수자들이 들어올 수 있었기 때문이다. 여기에다 마 신부와 교사들이 광주 시내 초등학교를 돌며 학교를 홍보했다. 그 덕분에 1기생 입시 경쟁률은 3대 1을 기록했다. 선생은 입학시험에서 성염 선생에 이어 2등으로 합격했다.

사레지오중학교는 개교와 함께 광주지목구 현 해롤드 지목구장의 요청으로 소신학교를 개설했다(1955년 4월 1일). 해롤드 지목구장은 소신학교 운영을 살레시오회에 맡겼다. 당시 한국교회에 소신학교로는 서울 성신중·고등학교가 유일했는데 광주에서 멀고 입학정원도 적어 부득이 지목구에서 자구책을 찾았던 것이다.[19]

소신학생들은 기숙사 생활을 했다. 기숙사는 애초 '교구 및 살레시오회 지원자 학생 등 신학생들만 살았으나, 얼마 안 있어 광주에서 멀리 떨어져 통학이 불가능한 지방 학생 등 일반 기숙생들도 들어와 살게 되었다.'[20] 소신학생들은 방학 때만 집에 갈 수 있었다. 1956년, 1957년에 소신학교에 입학한 1, 2기 살레시오회 지원자들은 고등학교 졸업과 동시에 살레시오회 수련소에 들어갔고 1년 동안 수련을 받고 다음 해 첫서원을 했다.[21]

---

[18] 한국교육30년편찬위원회, 『한국교육 30년』(문교부, 1980) 참조.
[19] 박명직, 『DON BOSCO IN KOREA』, 살레시오회, 2005, 84쪽 참조.
[20] 같은 책, 85쪽.

선생은 집에서 학교가 가까웠음에도 1학년 때부터 기숙사에 살았다. 선생은 2학년에 올라가며 살레시오회 지원자가 되었다. 당시 소신학생들은 주간에는 다른 학생들과 함께 일반 중학교 교과목을 공부하고 야간에는 라틴어, 교리, 전례, 음악 등 소신학생 필수과목을 이수했다. 살레시오회 규칙에 따라 매월 첫 금요일에는 월례 피정을 하고, 주말에는 인근 본당 행사에 참여하여 성가, 미사 복사 등의 봉사를 하기도 했다.[22]

선생이 살레시오회 지원자가 된 데는 크게 두 가지가 영향을 주었다. '첫째, 할머니의 적극적 권유였다. 둘째, 학교를 운영하던 선교사들의 권유와 이들에 대한 좋은 인상이었다. 그러나 이때 결정은 자기 의사보다 할머니의 강권이 더 큰 영향을 준 것이어서 썩 내킨 결정은 아니었다.'[23]

선생의 소신학교 생활은 그의 평생 벗을 만나는 계기이자 지적 토대를 갖추는 시간이었다. 특히 기숙사 생활을 같이한 1기생, 2기 동기생 간 유대는 지금까지 이어질 정도로 끈끈하다. 소신학교에서 배운 라틴어는 1980년대 들어 해방신학 원서를 번역하기 위해 스페인어, 포르투갈어를 독학할 때 큰 도움이 되었다. 라틴어를 가르친

---

[21] 《가톨릭시보》 1963.6.2, 3면; 《가톨릭시보》 1964.3.8, 3면 참조. 이탈리아에서는 이 과정을 거치면 대신학교에서 4년을 마치고 바로 서품을 받을 수 있었다. 그러나 한국교회에서는 1955년 2월 신학부 편제를 6년제〔신예(神豫)과 2년, 신학과 4년〕로 개편해 살레시오회 신학생들도 한국에서는 6년 과정을 이수해야 했다. 「서울가톨릭대학교」, 『가톨릭대사전』 1권(한국교회사연구소, 1994), 115쪽.
[22] 라틴어 수업은 문법책을 구입한 1956년 4월 20일부터 시작했다. 박명직, 앞의 책, 85쪽 참조.
[23] 김수복 선생 인터뷰(2025년 7월 12일).

모 신부님²⁴은 엄격하기로 소문나 선생은 여러 차례 자신의 글에서 모 신부님을 언급했을 정도였다.

> 살레시오중학교 기숙사에서 소신학생 생활을 했다. 그때부터 호랑이 신부 모(某) 신부님한테서 엄격하게 배운 라틴어 실력이 나한테는 큰 도움이 되었다. …… 수학에 소질이 있다던 내가 다섯 나라 언어 글을 읽어내는 재주를 익혀……²⁵

원선오 신부²⁶에게는 오르간을 배웠다. 오르간을 배울 때 원 신부에게 야단을 많이 맞았는데 덕분에 실력이 늘어 학교에 행사가 있을 때마다 반주를 도맡아 했다.²⁷ 10여 년 전까지는 임동성당에서 주

---

24 한국 이름 모지웅(Gesu Molero) 미카엘) 신부. 1928년 이탈리아 출생. 1955년 12월 21일 동경에서 사제 서품을 받고 1956년 한국에 입국하였다. 2018년 10월 18일 선종하였다.《가톨릭신문》2018.10.28, 21면.
25 「내 마음속 고향으로 남은 예수쟁이들」,《가톨릭뉴스 지금여기》2011.11.7. 성염 선생도 다음과 같이 모 신부의 엄격함을 회고했다. "중학교 시절 모 신부님에게 배운 라틴어 수업은 내 일생을 가름하였다. …… 그 수업은 모두에게 공포의 시간이었다. 수업이 시작하면 학생들을 교실 벽에 줄지어 세우고 전날 배운 라틴어 수십 개 단어들과 그 활용(amo, amas, amavi, amatum, amare)을 연거푸 묻고 대답이 막히면 무조건 줄 끝으로 내모셨다. 줄 끝의 3분의 1에서 짤리면 그날 라틴어 숙제는 두 배로 늘어나곤 했다." 성염, 「대감님 돌아가셨다」(모지웅 신부님 추모사, 2018.11.28).
26 본명 빈첸조 도나티(Vincenzo Donati). 1928년생. 1950년에 일본 선교사로 파견되었다가 1954년에 사제 서품을 받았다. 1962년 3월 30일 일본 관구에서 한국으로 지원 입국하였다. 한국 체류 20년 가운데 19년을 광주 살레시오중·고등학교에 성무감으로 재직하였다. 한국에 있을 때 성가 500여 곡을 작곡했다. 「원선오 신부」, "살레시오 고등학교 홈페이지" 학교 소개 참조.
27 "대단한 음악가셨다. 그분이 계시는 동안 살레시오 학교를 다닌 학생들은 자기들 한 사람 한 사람을 그토록 사랑해주신 그분을 영원히 잊지 못한다." 김수복, 「우리 부모, 우리 형제, 우리 자녀」,《가톨릭뉴스 지금여기》2010.4.23.

일 새벽 미사 반주를 했다. 짧은 기간이지만 선생의 아내가 성령쇄신봉사회에서 봉사자로 활동할 때는 기도회 반주도 했다. 성찬성 선생 증언에 따르면 한때는 선생이 파이프 오르간까지 연주했을 정도의 실력이었다.[28]

영어는 중고등학교 내내, 불어는 고등학교에서 제2외국어로 배웠다. 불어는 가톨릭 신학대학 재학 시절 실력을 키워 《신학전망》에 근무할 때 불어 논문을 번역해 기고할 수 있을 정도가 되었다. 이렇게 영어, 불어, 라틴어는 중고등학교에서 배웠고 이를 기초로 1980년대에는 라틴어에서 파생된 스페인어와 포르투갈어를 독학해 이후 30여 권에 이르는 해방신학 서적을 원어에서 번역할 수 있었다.

선생은 소신학교 과정을 병행했음에도 중학교 성적은 전교 2등일 정도로 우수했다.[29] 1등은 늘 성염 선생 몫이었다. 수학 과목은 더러 선생이 1등을 하기도 했다. 성염 선생과 평생의 벗이었지만 이 2등의 기억은 한동안 선생의 의식을 지배했다.

> 나는 대부분 말 잘한다는 놈, 글 잘 쓴다는 놈, 영리하고 똑똑하다는 놈, 소위 일류 대학 나왔다는 놈, 가진 것 좀 있다고 혹은 그럴듯한 자리에 앉았다고 뻐기는 놈, 사회에서 지배계급을 이루고 무지렁이처럼 보이는 힘없는 사람들을 짓밟는 이런 속물들을 구토증 나게 싫어하는 뒤틀린 심사를 가지고 있다. 이런 내가 성염 교수는 물론 여러 후배들과 함께한 술자리에서, 내가 10여 년을 염이와 함께 공부했지만 한 번도 빼지 않고 항상 내가 1등을 하고 성염이 2등을 했다고 정색하고 말

---

[28] 김수복 선생 인터뷰(2025년 7월 12일).
[29] 당시 같은 학년 학생 수는 435명이었다.

했더니 모두들 믿는 것 같았고 성염은 빙그레 웃고만 있었다. 둘러앉은 사람들이 정말 그렇게 인정하는 것 같아 마음 약한 나는, 실은 그와 정반대라고 실토하고 말았다.

철없는 시절 나는 성염에게 늘 가려서 지내야 하는 비운을 한탄하던 신세였다. 지금은 부러워하는 심정 없이 조금 해탈의 경지에 다다랐지만, 성염은 전국에서도 머리 좋다는 호남의 수재들이 모두 모여드는 서중학교를 2등으론가 합격하고, 명문 광주고등학교를 수석 합격하고, 그 부인 말로는 교황청립 가톨릭 대학에서 수학처럼 어려운 라틴어 문학박사 학위를 A플러스로 취득한 수재, 천재 부류에 속한다.[30]

선생이 성염 선생과 본격적으로 친해진 시기는 2학년 여름방학 때였다. 같이 기숙사에 있었으니 1학년 때부터 이미 알고 지낸 사이였지만 2학년 여름방학의 일로 아주 가까워졌다. 다음은 이에 대한 성염 선생의 회고다.

1958년 여름이었다. 수복이네 집에서 한 여름방학을 먹고 자면서도 소갈머리 없던 나는 갓 배우던 장기판을 놓고 곧잘 그와 티격태격하였다. 전해에 어머니가 돌아가셔서 고아가 된 나는 방학이면 학교 기숙사를 떠나 돌아갈 집이 없었다. 살레시오중학교 신부님들은 그 학교와 여러 교회 건물들을 건축하는 수복이 아버님(김창섭 바드리시오)께 얘기하여 그해 여름방학 동안 수복이더러 친구 하나를 집에 데리고 가서 먹이고 재우게 자상히 배려하였던 것이다. 그리고서 우리의 모든

---

[30] 김수복, 「성염 예찬」, 《듣·봄》 1996년 9월호(바오로딸, 1996) 참조.

동창생들은 여태까지 염이의 친구는 수복이, 수복이 친구는 염이로 알고 있다.[31]

사레지오고등학교

선생은 1960년 3월 25일 사레지오중학교를 졸업하였다. 졸업과 함께 졸업생 중 일부는 다른 고등학교로 진학했다. 하지만 선생은 이미 살레시오회 지원자였기에 학업과 수도생활의 연속성을 위해 사레지오고등학교로 진학했다. 선생의 살레시오회 지원 동기들도 모두 사레지오고등학교로 진학했다. 당시 사레지오고등학교는 1958년 2월 12학급 규모로 설립 인가를 받아 전년에 개교한 상태였다.[32]

고등학교 입학 때도 선생은 성염 선생에 이어 2등으로 입학하였다.[33] 선생이 입학한 해에 4·19혁명이 일어났는데 당시 사레지오고등학교 학생들 가운데 일부가 참여했다.[34] 그러나 대부분 학생은 참여하지 않았다. 성찬성 선생 증언에 따르면 당시 사레지오고등학교

---

[31] 성염, 「아름다운 바보, 그를 믿습니다」, 《경향잡지》 2002년 7월호 참조.
[32] 「살레시오중·고등학교」, 『가톨릭대사전』 제6권(한국교회사연구소, 1998), 4151~4153쪽.
[33] "동창 친구가 보내준 사진에서 성염이와 어떤 동창 친구가 친구들 앞에서 파안대소하면서 악수를 하고 있었다. 사진 밑 설명에서 그 두 사람이 입학할 때 1등과 2등을 했다고 쓰여 있었다. 내가 속으로, 고등학교 들어갈 때 성염이가 1등 하고 내가 2등 했는데, 친구들이 잘못 알고 있구나, 했다. 그렇게 생각하면서 나도 별수 없는 속물이구나, 병신육갑 떨고 있구나 했다." 김수복, 「공부 잘한다는 사람 우쭐대는 꼬락서니」, 《가톨릭뉴스 지금여기》 2010.5.9.
[34] "광주에서도 사상자가 발생하였는데 살레시오 학교 학생 3명이 부상을 입었다. 또한 광주 살레시오 공동체는 피난처를 찾는 학생 30명을 보호했다." 이해동·임충신, 앞의 책, 63쪽.

는 종교 학교였고 선교사들이 인성, 종교 교육에만 관심을 기울여 외부 정치 활동을 금했다고 한다. 4·19 이후에도 고등학생들이 참여했던 여러 시국 사건이 있었지만, 이때도 사레지오고등학교 학생들은 참여할 수 없었다. 선생도 성염 선생도 고등학교 때는 사회의식이 그리 없었고 그와 관련된 활동에도 참여하지 않았다고 했다.[35]

선생은 고등학교 시절에 대해 거의 언급하지 않는다. 기억도 희미하다. 그러나 중학교 때처럼 학과 공부, 소신학교 생활이 전부였을 것으로 보인다. 소신학교 1년 선배인 부산교구 송기인 신부[36]가 당시 선생의 동기들과 소신학교 기숙사에서 사회 문제, 수도회에 대해 진지한 이야기를 나누었다고 증언했는데 이 언급이 유일하다. 당시 선생의 학과 성적은 입학 때와 마찬가지로 성염 선생이 계속 1등이었고 선생이 2등이었다.

살레시오회 수련기

선생은 졸업 후 바로 살레시오회 수련소에 들어갔다.(1963년 2월 21일) 애초엔 졸업 후 광주 대건신학대학교에 입학하기로 하고 시험까지 봐 합격한 상태였는데 수도회 방침이 바뀌어 수련을 먼저 하게 되었다. 교직 과정 이수를 위해 서울 가톨릭대학교 입학이 불가피했던 것이다.[37]

---

[35] 성찬성 선생 인터뷰(2025년 7월 12일).
[36] 1938년생. 1961년 가톨릭대 입학. 1966년 재학 중 공군 입대. 1970년 신학대 졸업. 1972년 12월 서품.
[37] "광주 대건신학대학교 시험에 합격하였으나 당시 살레시오회 입회 지원 신학생이었고 수련기가 앞당겨져 바로 수련기로 들어갔다. 수련장은 벨기에 출신 백 신부와 파 신부였다." 성염 선생 증언(2020년 7월 10일). 수사들이 중·고등학교에서 교사로 일

지금은 수련기에 들어가기 전에 지원기, 청원기를 거치는 것이 원칙이다. 당시에도 이런 입문 양성 절차는 있었는데 살레시오회 소신학생 경우는 소신학교 기간을 지원기로 간주했다.[38]

살레시오회가 처음 수련소를 운영한 곳은 광주 사레지오중·고등학교였다. 1기 수련생은 사레지오고등학교 1회 입학생이 졸업하는 1962년 3월부터 수련을 시작했다. 당시 상황에 대해 살레시오회에 1기로 입회해 유기서원기 때 수원교구로 전적(轉籍)한 변기영 몬시뇰은 다음과 같이 증언했다.

> 1962년에 전남 광주 태봉산 옆에 있던 살레시오중·고등학교 체육관 1층을 수련소로 삼아 제1회 한국인 수련자들 15명을 받아 수련을 시켰고, 이듬해 봄 3월에, 그중 6명이 첫 허원을 하게 하였는데, 그 첫 수련, 허원자들 중에는 필자(대신학교 3학년 때 고향 수원교구로 입석)와 김영배 신부(후에 차부제품 때 수원교구로 입적), 송기인 신부(부산교구로 입적)가 있다.[39]

선생이 수련을 시작한 1963년에 대림동 살레시오회 본원에 수련소 건물이 완공되었다.[40] 이에 따라 2기생들은 광주를 떠나 서울에

하기 위해서는 교사 자격증이 필요했다. 그런데 서울 가톨릭대학교에만 교직 과정이 개설되어 부득이 학교를 옮기게 된 것이었다. 박명직, 앞의 책, 127쪽.
38 김수복 선생 인터뷰(2025년 7월 12일).
39 변기영, 「한국살레시오회 최초의 수련장 Victor Miller 白신부님 선종」(2012.8.21: https://www.msgr-byon.org/client/news/print.asp?Idx=351&Newsnumb=201208266).
40 살레시오회는 1958년 6월 도림동(道林洞) 본당 사목에 이어 1963년 10월에 구로

서 수련을 시작했다. 선생이 속한 2기생들은 고등학교 졸업(1963년 2월)과 동시에 수련에 들어갔다.[41] 수련 착복식은 1963년 5월 23일에 했다.[42] 첫서원은 만 1년이 된 1964년 2월 24일에 했다.[43] 이날 8명이 서원(성직수사 7명, 평수사 1명)했다.[44]

요즘은 수련 착복으로 시작해 법정 수련기 1년, 활동 수련기 1년 총 2년을 수련기로 보내야 하는데 당시는 법정 수련기에 해당하는 1년만 지켰다. 실제로 당시 한국에 진출한 남녀 수도회 대부분이 한국교회 전후 복구와 신자 급증에 대처하기 위해 수련기를 1년만 시키고 첫서원을 시키자마자 사도직 현장으로 파견하였다.

선생은 수련기에 받았던 양성에 대해선 거의 언급하지 않는다.

동(九老洞, 현 구로3동) 본당 사목을 맡으면서 서울에서 본격적인 활동을 시작하였다. 1963년에는 대림동 929-1번지 2,748평 대지에 수도원(542평)을 준공하여 본원을 이곳으로 이전하였고, 신학원과 근로 청소년들을 위한 기숙사(186평)도 건립하였다. 1967년에는 '돈 보스코 직업전문학교'를 시작하여 1970년 정부로부터 사회복지 기관 인가를 받았다. 1979년 12월에는 서울 양천구 신월동에 수도원과 살레시오 교육회관을 완공하여 본원을 다시 이곳으로 이전하였다. 「살레시오회」, 『가톨릭대사전』제6권(한국교회사연구소, 1998), 4156쪽; "이곳 영등포에 또 하나의 묘(苗) 자리가 마련되었다. 300여의 건평 위에 난방까지 완비한 이 산뜻한 건물은 사레지오 수도회 신학부이다. 작년부터 국내에서, 수련을 시작한 동 회는 그동안 광주 사레지오중학교 학생 생활관을 수련원으로 써오다가 이번에 이곳으로 자리 잡아 이사하게 된 것이라 한다. 공군본부 앞의 대로와 영등포 시장에서 시흥으로 향하는 국도가 서로 마주치는 대림동 합승종점의 서편국도변 언덕받이에 3,000여 평의 부지를 닦아 건립되었다. 현재 동 부지에는 한국 관구장 대리 마 신부와 원장(수련장 겸임) 백 신부를 위시하여 9명의 회원과 8명의 수련자가 있다. 「사레지오회 신학부 교사 등 서울에 준공」, 《가톨릭시보》 1963.12.15, 3면.

41 《가톨릭시보》 1964.3.8.
42 《가톨릭시보》 1963.6.2.
43 《가톨릭시보》 1964.3.8.
44 같은 기사.

수도생활에 대한 이야기는 수도생활을 한 덕에 검소하게 사는 생활이 몸에 배었다거나 수련장님이 일상적으로 수련자에게 주지시켰던 가르침 정도를 드물게 언급한 것이 전부다.

> 수도생활 10여 년 한 덕인지 근검절약이 몸에 배어 있다. 먹는 것, 입는 것, 수수하다.[45]

서울 가톨릭대 신예과

선생은 첫서원을 하고 이미 입학시험을 봐 우수한 성적으로 합격한 서울 가톨릭신학대학교에 동료 신학생들과 1964년 3월 2일부터 통학을 시작했다. 이때 살레시오회 신학생들은 마 신부가 마련해 준 폭스바겐 봉고차로 통학했는데, 이때 1기생도 같이 통학했다. 선생은 1965년 12월 15일까지 2년여 동안 이렇게 통학하며 신학 예비 과정(지금의 철학 과정)을 마쳤다.[46] 철학 과정에 대해서는 특별히 기억하는 일이 없었는데 이 기간에 어학을 열심히 공부했고[47] 사회의식이 크지 않았으면서도 관련 글은 탐독했다.[48]

---

[45] 김수복, 「연서(戀書)」, 《가톨릭뉴스 지금여기》 2010.9.7.
[46] 살레시오회 비서실(2025년 7월 18일).
[47] "나는 신학교에서 6년 동안 매주 두 시간씩 히브리어와 그리스어를 배웠다. 그 고대어를 지금은 모두 잊어버렸지만, 여러 나라 말에서 성경과 신학 관련 서적을 번역하고 있어서 잘 아는 사실인데, 개역성경을 다른 나라 성경들과 대조해보더라도 생판 엉터리 번역임을 당장 알 수 있다." 김수복, 「개역 성경에 대하여」, 《가톨릭뉴스 지금여기》 2010.7.2.
[48] 김수복 선생 인터뷰(2025년 7월 12일).

임장 교육(Assistenza)

요즘은 가톨릭대 신학생들이 철학 2년 과정을 마치면 군대에 가는 것이 관례처럼 되어 있다.[49] 그런데 선생은 수도회에서 퇴회할 때까지 입문 양성 과정이 그치지 않고 이어졌다. 궁금해 물으니 선생은 "군대는 면제받았제"라고 답했다. 이에 내가 다시 물었다. "요즘으로 치면 그 면제 사유가 청문회감 아닌가요?" 부잣집 아들이니 시쳇말로 빽을 써 면제받은 게 아닌가 하는 것이 내 질문 의도였다. 그러자 선생이 웃으며 답했다.

그때 아버지가 돈으로 어떻게 한 건 아니고 사촌 형이 있었는데 그 형이 자기가 다 알아서 할 것이니 걱정하지 말라 하더니 어떻게 손을 써 면제가 돼부렀제!

선생은 신학 과정을 시작한 첫해인 1966년 9월부터 신길동 지원소에서 수련장 보조와 오라토리오를 담당하였다. 이 임무가 아시스텐자(assistenza)[50]에 해당하는지는 분명치 않다. 다음은 이 시기에 대한 선생의 기억이다.

수련자 지도수사도 하고, 영등포구 대방동[51]에 있는 돈 보스코 센터에서 야간 학생들과 생활을 함께하기도 했다. 바로 그 돈 보스코 센터에

---

[49] 당시 살레시오회 수련자들은 첫서원을 마치고 바로 군에 입대했다.
[50] 'assistenza'는 살레시오회 예방 교육에서 핵심 요소인 '보조, 협력, 도움, 돌봄'이란 뜻이다. '임장 교육'이라 불리기도 한다.
[51] 당시 대방동은 영등포구에 속했으나 현재는 동작구에 속한다.

서도 임 수사님 그리고 공 수사님과 함께 살았다. 돈 보스코 센터는 인문학교인 광주 살레시오중·고등학교와 달리 기술학교였다. 살레시오 수도회 창립자의 정신을 더 착실하게 이어받고 구현한 학교였다. 당시만 해도 우리나라는 산업화가 막 시작할 단계였다. 시골에서 중학교 나이 또래 청소년들이 무작정 서울로 몰려들었다. 돈 보스코 센터에서는 그런 청소년들을 받아들여 숙식을 제공하고, 일터에서 돌아온 청소년들에게 야학 공부를 시켰다. 나는 음악과 수학을 가르쳤다. 임 수사님과 공 수사님은 목공과 기술을 가르치셨다. …… 내가 일을 시키거나 감독하기보다는 청소년들과 함께 흙을 나르는 것을 보고 신부님들이 그냥 감독만 하라고 하셨지만, 그렇게 하면 안 될 것 같아 힘들어도 함께 일을 했다. 공장에서 힘들게 일을 하는 청소년들에게 일을 시키면서 지시와 감독만 해서는 안 되겠다는 생각에서였다. 그리고 살레시오 수도회 특징인 '오라토리오'에 모두 함께 성심을 다 기울였다. 축구, 농구 동별 시합도 정기적으로 열었다. 인기가 좋았다. 지금은 신부님이신 김영배 수사님[52]의 활약이 돋보였다. 돈 보스코 센터는 여러 동네 청소년들 운동장이요 놀이터였다. 그런 꿈같은 세월을 돈 보스코 센터에서 보냈다.[53]

학업과 오라토리오를 병행하던 유기서원기는 선생의 기억대로 "꿈같은 세월"이었다. 그러나 이 시기에도 선생의 사회의식은 그리 강하지 않았다. 수도원, 신학교 분위기도 그랬다.[54] 당시 교회 분위

---

[52] 1942년 1월 3일생. 1974년 12월 7일 서품, 종신서원 전에 수원교구로 전속하였다.
[53] 김수복, 「살레시오 수도생활 십육 년이 내 인생을 결정지었네」, 《가톨릭뉴스 지금 여기》 2014.9.25.

기, 교회 장상들의 의식을 감안할 때 선생이 가진 이런 태도는 자연스러운 것이었다.[55]

선생은 이 시기에 틈틈이 영어, 불어 번역을 하였다. 이때 번역한 글은 찾을 수 없었으나 당시 평판을 들어보면 상당한 실력이었던 것 같다. 책을 좋아해 독서는 늘 하고 있었다.

아시스텐자를 한 시기가 언제인지는 분명치 않다. 아시스텐자는 살레시오회에 고유한 프로그램으로 다른 수도회의 유기서원자 현장 사도직 실습에 해당한다. 성염 선생은 김수복 선생이 이 과정을 광주 살레시오중·고등학교에서 마쳤다고 기억한다. 안타깝게도 선생은 이 기간이 정확히 언제부터 언제까지였는지 기억하지 못했다. 당시 살레시오회에서 작성한 일지에 따르면 선생은 1966년 9월에 신학 과정 중에 오라토리오를 한 것으로 기록돼 있다. 이 기간이 최소 1년 이상이었을 것이므로 아시스텐자는 1968년에서 1970년 사이 2년이었을 가능성이 크다.

가톨릭대 신학 과정

선생은 아시스텐자를 마치고 신학교에도 복학했다.[56] 이때도 동료 수도회 신학생들과 함께 수도회 차량편으로 통학하였다.

---

54 서울 대신학교 분위기가 바뀌기 시작한 것은 1974년 지학순 주교가 민청학련 사건으로 구속되면서부터였다. 당시 광주 대건신학교는 서울과 분위기가 달라 1974년 이전인 1972년 유신체제에 반대해 신학생들이 교내 시위를 벌였다.
55 김수복 선생 인터뷰(2025년 7월 12일).
56 복학 연도는 불확실하다. 선생도 기억하지 못하고 수도원에도 기록이 없다. 다만 1971년 퇴회했음에도 그해 말까지 신학 과정을 다 이수했다고 했으니 이를 감안하면 복학 연도는 1968년일 것이다.

그러나 이 시기에 선생에겐 한 가지 큰 고민이 있었다. 청소년을 좋아하고 수도생활도 만족스러웠으나 성직 수사가 되는 데 걸림돌이 되는 문제가 하나 있었기 때문이다. 요즘 사람들이 흔히 하는 말로 선생에게는 '무대 공포증(울렁증)'이 있었다. 이 증상은 많은 사람 앞에만 서면 말문이 턱턱 막히는 형태로 나타났다. 미사 강론뿐 아니라 사목, 사도직 수행 과정에서 신자 대중을 상대할 기회가 많은 성직 수사로서는 낭패가 아닐 수 없었다.

그즈음 나도 여러 가지 이유로, 가장 크게는 당시 약간의 내 언어장애로 인한 자신감 결여 때문에, 이미 수도원에서 쫓겨난 다음 간신히 허락을 받아, 하던 신학 공부를 마저 끝내가고 있었다.

성염 선생은 당시 장상과 양성장 간에 양성 방식을 둘러싸고 이견이 커 양성자들 사이에 분위기가 안 좋았던 점, 창립기라서 수도회 운영이 원활하지 못했던 점도 퇴회 원인 가운데 하나였다고 했다.[57] 이유야 어떠하든 선생은 수도회에 남아 있더라도 남들 앞에서 말할 필요가 없는 번역일을 하면 좋겠다고 생각했다.

나도 한 번씩 말이 딕딕 막혀서, 그 대안으로, 번역을 하리라 마음먹었던지라 번역을 하고 있지만, 번역질도 어지간한 노동만큼 힘들다.[58]

---

[57] 성염 선생은 회원 개인의 개성과 자발성을 존중하는 양성을 받은 1~3기 양성자 다수를 살레시오회의 정통 양성을 받지 못했다는 이유로 회에서 퇴회시켰다고 증언했다. 성염 선생 인터뷰(2025년 7월 30일 명동): 이 영향이었는지 모르나 1, 2기 지원자 대부분이 1960년대 후반 들어 교구로 전속하거나 퇴회했다. 박명직, 앞의 책, 161~162쪽 참조.

결국 여러 일이 겹쳐 선생은 1971년 초 살레시오회에서 퇴회하였다. 선생은 1971년 초 퇴회하고 나서도 수도회에 양해를 구해 그 해 말까지 신학교를 다녀 신학 4년 과정을 이수했다.

선생의 퇴회로 살레시오회와의 인연은 여기서 끝났다. 퇴회로 끝났지만 선생에게 살레시오회와의 인연은 여러 큰 유산을 남겼다. 첫째, 검소한 생활 습관이다. 둘째, 사람에 대한 따스한 관심과 사랑이다. 셋째, 평생의 벗들이다. 넷째, 어학과 신학같이 이후의 삶을 지탱해 줄 지적 자산이었다. 이 가운데 무엇보다 살레시오회를 매개로 만난 이들이 그의 나머지 삶의 방향을 결정지었으니 평생의 벗을 만나게 된 것이 가장 큰 유산이리라.

다시 세상으로

《신학전망》 편집부

선생은 살레시오회에서 나오고 나서도 학업을 이어가 가톨릭대 신학 4년 과정을 마쳤다. 학업을 마치고는 바로 광주로 돌아왔다(1972년). 광주로 돌아와서는 가업을 잇지 않고 1년간 대건신학대학교에서 《신학전망》 편집일을 도왔다.

> 내가 밝혀도 아무렇지 않은 사정, 말이 한 번씩 탁탁 막히는 장애를 이겨내지 못한 사정 탓에 신부가 되지 못하고, 혼자서라도 수도생활을 하

---

58 김수복, 「성찬성 선생에 대하여」, 《가톨릭뉴스 지금여기》 2010.1.21.

겠다는 다짐으로 광주 가톨릭대학교에서 펴내던 전망 편집 일을 도왔다.[59]

선생이 《신학전망》에서 일을 거들게 된 데는 교부들의 사상을 소개하겠다는 생각도 영향을 주었다.

신학 공부를 마치고 나서도 나는 계속 혼자 수도자처럼 살면서 교부들의 사상을 우리나라에 소개하겠다는 막연한 생각으로 광주 가톨릭 신학 대학교에서 전망 잡지 일을 거들고 있었다.[60]

선생은 전망에서 편집일을 도울 때 매호(每號) 프랑스 신학자들의 논문을 번역해 게재했다. 1973년 《신학전망》 편집일을 성염 선생에 넘기고 나서도 불어 논문을 매호 게재했다.[61] 1972년에는 전망 편집일 틈틈이 번역한 『미사 안내』(A. 로게)를 한국천주교중앙협의회에서 출간하기도 했다.

당시 번역은 실력 있는 사제도 하기 어려운 일이었다. 이는 선생의 타고난 어학 실력, 소신학교 시절 5년간 배운 라틴어, 6년 동안 가톨릭대에서 공부한 신학의 열매라 하겠다. 이러한 신학적, 학문적 소양은 당시 평신도들에게는 물론 사제들에게도 찾아보기 어려운 것이었다.

---

[59] 《신학전망》은 1968년 11월에 창간된 계간지다. 김수복, 「내 마음속 고향으로 남은 예수쟁이들」, 《가톨릭뉴스 지금여기》 2011.11.7.
[60] 김수복, 「성염 예찬」, 《듣·봄》 1996년 9월호(바오로딸, 1996) 참조.
[61] 부록 「김수복 선생 번역·저술 목록」 참조.

1974년 1월 19일 결혼식 사진 친구 성염 선생이 증인을 서고 있다.

결혼

선생은 1973년에 《신학전망》 편집 일자리를 갓 결혼해 생계가 급했던 성염 선생에게 물려주고 번역일에 몰두했다. 그리고 다음 해인 1974년 1월 19일 어머니의 중매로 지금의 아내 송영자와 결혼했다.

> 혼자 수도생활을 하겠다고 벼르던 나도 사정이 여의치 않아 성염에 이어서 결혼을 했다.[62]

결혼식은 임동성당에서 올렸는데 아내가 비신자여서 관면혼배

---

[62] 김수복, 「성염 예찬」 참조.

를 해야 했다. 이때 선생의 나이 서른이었다. 이날 혼배에서 광주대건신학대학교 교수였던 정양모 신부가 축사를 했다.

> 《신학전망》에 수시로 번역문을 발표해온 김수복 씨가 지난 (1974년) 1월 19일 광주시 임동성당에서 결혼식을 올렸다. 배우자가 외교인이고 결혼식에 참석할 손님들도 대부분 외교인들이라는 점을 참작하여 간단한 축사를 해달라는 부탁을 받고, 나는 평소부터 결혼에 관해서 생각한 것을 정리하여 결혼식 15분 전에 임동성당에 갔다.[63]

정 신부의 축사는 그날 혼배에 참여했던 하객들에게 큰 울림을 주어 그해 《신학전망》에 실렸다. 부인 송영자는 결혼 후 얼마 되지 않아 안나라는 세례명으로 입교해 시어머니 못지않은 신앙의 열정을 보이기 시작했다.[64]

가업 승계

선생은 송영자 안나와 결혼하고 나서 생계를 위해 가업을 이었다. 이미 선생의 아버지는 1966년에 당시 광주에서는 매머드급 건물이었던 아세아극장을 지어 운영하고 있었고 건설업도 계속하던 터였다. 따라서 선생의 가업은 예식장까지 같이 있던 극장을 운영하고 아버지의 건축일도 계속하는 것이었다. 이렇게 결혼 직후부터 선

---

[63] 정양모, 「결혼 축사」, 『그윽한 향기마냥 있는 듯 없는 듯: 김수복 선생 회갑 기념 문집』(도서출판 함께사는세상, 2004), 71쪽.
[64] 김수복, 「그래도 나에게는 아름답기만 한 송영자 안나와 그 시어머니·시할머니」, 《경향잡지》 2005년 4월호, 16쪽.

생이 이어받은 가업은 1990년대 말 경영난으로 극장 건물을 매각할 때까지 이어졌다. 건축일도 15년 가까이 했는데 이 기간에 제법 많은 집을 지었다.

집을 200채 짓고 아파트도 지어보아서 잘 알지만.[65]

선생은 불가피하게 가업을 이어받긴 했지만, 경영 수완은 없었던 듯하다. 이에 대하여 성찬성 선생은 인터뷰 때 이 시절 선생의 모습을 다음과 같이 증언하였다.

해마다 무슨 때만 되면 전 직원을 데리고 야유회나 가고 직원들에게 뭐라도 하나 더 해줄까 고민하니 돈을 벌기는 틀렸지. 자본가가 되기는 애초에 글렀지.[66]

실제로 1976년 아세아 예식장 사진기사로 들어와 나중에 전무가 된 배동민 선생의 증언은 이때 선생의 모습을 잘 보여준다.

30여 년을 같이 살아오는 동안 나는 형님네 집안과 한 식구처럼 살게 되었다. 사람을 인정해줄 줄 아는 그분의 성품은 절로 고개를 숙이게 만들었다. 더욱이 그분은 나를 당신 회사에서 일하는 아랫사람으로 여기지 않고 친형제와 똑같이 대우해주었다. 그러면서 우리는 30여 년을

---

[65] 김수복,「수도권 그린벨트와 지방 공동주택지에 주택조합 아파트를」,《가톨릭 인터넷 굿뉴스》 2009.9.1.
[66] 성찬성 선생 인터뷰(2025년 7월 12일).

한 식구처럼 지낼 수 있었다.[67]

가업을 이어가다 1982년 성찬성 선생을 다시 만나기 전까지 선생의 생활은 여느 사업가와 다르지 않았다.

결혼해서 처음 몇 년 동안 정신을 못 차린 나는 날이면 날마다 술에 절어 통행금지 시간에야 집에 온 주제에 마누라가 아기를 업고 대문 앞에서 기다리지 않으면 어디론가 사라져버리곤 했다.[68]

건축사업 한답시고 방석집, 룸살롱 등을 전전하면서 양주를 퍼마시다가 커피 잔을 입으로 들어 올릴 수 없을 지경으로 수전증까지 생겨 있었다.[69]

그럼에도 선생은 1976년에 번역서를 냈고, 좋아하는 책과 글을 계속 읽었다. 비판적 사회의식은 있었으나 아직 사회 참여나 사회운동에 투신할 정도는 아니었다. 1978년에는 광주대교구에서는 드문 평신도 인재라 교구 매스콤위원회 위원으로 위촉되기도 했다.[70]

---

[67] 배동민, 「친형제 같은 형님의 애정」, 『그윽한 향기마냥 있는 듯 없는 듯: 김수복 선생 회갑 기념 문집』(도서출판 함께사는세상, 2004), 94쪽.
[68] 김수복, 「그래도 나에게는 아름답기만 한 송영자 안나와 그 시어머니·시할머니」, 《경향잡지》 2005년 4월호, 17쪽. 성찬성 선생도 비슷한 취지로 인터뷰에서 증언하였다.
[69] 김수복, 「내 마음속 고향으로 남은 예수쟁이들」, 《가톨릭뉴스 지금여기》 2011. 11. 7.
[70] 《가톨릭시보》 1978.8.5. 당시 신문 기사는 선생의 직책을 '아세아상사 대표이사'로 표기하고 있다.

사회적 회심

1979년에서 1982년까지 3년간은 선생에게 이제까지와는 다른 삶이 시작되는 계기들이 연속적으로 이어진 때였다. 이는 선생의 인생에서 두 번째 회심으로 이어졌다. 첫 번째가 수도 성소를 향한 개인적 회심이었다면, 두 번째는 '역사'와 만나는 사회적 회심이었다. 이 세 가지 계기는 해방신학, 5·18광주민중항쟁, 그리고 성찬성 선생[71]과의 재회였다.

해방신학

1979년 9월 말 성염 선생과 그의 둘째 동생 성찬성 선생이 파울로 프레이리의 『페다고지』를 번역 출간한 혐의로 남산 중앙정보부에 끌려가 한 달간 고문을 받는 일이 일어났다. 다음은 성염 선생의 증언이다.

> 파울로 프레이리의 『페다고지(민중교육론)』의 번역(성찬성)과 출판(필자는 지학순 주교님의 요청으로 메리놀회에서 출판비를 얻어 그 책을 출판할 수 있었다)도 송신부[72]의 제안으로 이루어졌다. …… 개인적으로는 위

---

[71] 성찬성은 1974년 민청학련 사건으로 옥고를 치렀고, 1979년에는 그의 형 성염과 함께 『페다고지』 번역 건으로 중정에 끌려가 고문을 당했다. 그사이에도 여러 차례 옥고를 치렀다. 당시 "민청학련 사건으로 구속·기소된 전남대학교 학생들은 윤한봉, 이강, 김정길, 김상윤, 최철, 박형선, 문덕희, 윤강옥, 하태수, 이학영, 이춘우, 정환춘, 유선규, 박진, 성찬성, 전영천, 이현택, 김윤봉 등 총 18명이다. 이 가운데 이현택, 김윤봉을 제외한 대부분은 징역 7년에서 15년형을 선고받았다가 1975년 2월 형집행정지로 석방되었다. 한국학중앙연구원, 《디지털광주문화대전》.

에 말한 『페다고지』 출판건으로 필자가 79년 남산 안기부에 끌려가 고생할 적에 윤 신부는 노동화 수사를 심부름시켜, 성염 성찬성 형제가 공산주의자가 아니라는 지학순, 김재덕, 윤공희, 박정일, 김남수 다섯 분 주교님들의 진정서를 받아내었고 그것으로 김재규 중정부장의 마음을 움직여 10월 26일 새벽 형제는 한 달 만에 남산에서 풀려났다.[73]

남산 중정에서 한 달간 모진 고문을 받던 형제는 10월 25일 중앙정보부장 김재규를 만났고 그다음 날 아침에 풀려났다. 그날 저녁 박정희는 김재규에게 저격당했다. 유신 정권의 종말이었다.

유신정권은 『페다고지』를 용공 서적으로 판정해 판매 금지를 내렸고 번역자, 출판 주선자인 두 형제를 납치 감금한 상태에서 고문했다. 지금은 출판물이 신고제지만 당시는 허가제였다. 일단 출판사에서 책을 내면 6권을 주무 부서인 문화공보부에 보내 배포 가능 여부를 심사받아야 했다. 이때 불허 판정을 받으면 판매가 금지되었다.[74]

성염 선생은 이 일이 있기 두 해 전인 1977년 구티에레스의 『해방신학』을 번역해 분도출판사에서 출판했다. 그 시기 전후로 이미 그리스도교 민주화운동 진영에서는 알음알이로 해방신학 관련 책과 글이 소개돼 읽히고 있었다. 아마도 선생은 그 어간에 해방신학을 접했던 것 같다.

---

[72] 송기인 신부.
[73] 성염, 「친구 예찬」, 《경향잡지》 2002년 7월호 참조.
[74] 권은정, 『임인덕 신부 이야기: 책으로 노래하고 영화로 사랑하다』(분도출판사, 2012), 161쪽.

선생은 이때 만난 해방신학에서 큰 충격을 받았다고 하였다. 해방신학이야말로 '참된 신학이고 교회가 나가야 할 방향을 제시하는 신학'이라는 확신을 갖게 되었다고 했다. 실제로 이 신념은 80이 넘은 지금도 변함이 없다고 하였다.[75] 이렇게 접한 해방신학은 이후 '도서출판 일과놀이' 창립, 스페인어, 포르투갈어로 쓰인 해방신학 원전들을 우리말로 번역하기 위해 두 언어를 배우려는 결심, 사회적 실천으로 이어졌다.

1980년 5월 광주 민중항쟁

1980년 5월 평온했던 선생의 삶을 다시 한번 흔들어놓는 사건이 광주에서 일어났다. 5·18 민중항쟁이었다. 선생은 이 기간 내내 생업을 제쳐두고 매일 시위대와 함께 도로를 누볐다. 또한 이 항쟁은 선생에게 큰 마음의 빚을 남겼다.

> (1980년) 그해 5월, 하루도 빼지 않고 시위대에 휩쓸리고 통행금지 시간이 지나서야 아스팔트 한가운데를 걸어서 집에 오면 애를 태우며 기다리던 부모님이 호되게 꾸지람을 하시고 아내는 곁에서 훌쩍이곤 했다. 마침내 27일 자정 무렵, 한밤중 적군이 쳐들어오고 있으니 시민들 모두 나와서 싸우자고 차를 타고 다니면서 울부짖은 처녀의 처절한 비명을 내 목숨 살자고 숨죽이며 듣고만 있었다. 그렇게 금남로 1가 도청에 집결해 있던 항쟁지도부는 처참하게 도륙당하고 말았다.[76]

---

[75] 김수복 선생 인터뷰(2025년 7월 12일).
[76] 김수복, 「5·18 민주항쟁과 인류의 진화」, 《갈라진 시대의 기쁜 소식》 584호 (2003.5.11) 참조.

늘 가슴속에 불을 품고 사는 윤한봉, 그래서 그만 가슴이 타버린 윤한봉, 그는 5월 민중항쟁에서 어쩌다 살아남은 것이 못내 부끄럽기만 하다(1980년 5월 27일 자정 무렵 차를 타고 돌아다니면서 제발 나와서 도와달라고 애타게 외치는 아가씨의 호소를 숨죽이며 듣고만 있던 나 같은 사람은 얼마나 더 부끄러워해야 할까?)[77]

5·18 민중항쟁은 선생의 마음에 감춰져 서서히 싹트고 있던 사회의식을 다시 한번 일깨우는 계기였다. 그러나 아직 직접 행동으로 이어질 정도는 아니었다. 본격적 회심은 그로부터 2년을 더 기다려야 했다.

다시 만난 성찬성

1982년 어느 날 성염 선생의 둘째 동생 성찬성이 광주로 돌아왔다. 성찬성 선생은 5·18 당시 서울에 살았는데 광주 뉴스를 보고 광주에 들어오려 했으나 계엄군의 통제를 뚫지 못해 되돌아갔던 터였다. 그는 사레지오중·고등학교 시절 선생과 기숙사에 함께 살았고 절친 성염 선생의 동생이었다. 그의 귀향은 아끼는 동생의 복귀 이상의 의미가 있는 사건이었다.

찬성이가 5·18 때 광주에 들어오려다 실패하고, 그다음 2년 뒤엔가 광주 가톨릭 정평위 간사를 맡기로 하고 광주로 온 뒤로 나와 만나(중학교 꼬마 때부터 그를 알고 귀여워했던 기억이 난다. 내가 오토바이를 태워

---

[77] 김수복, 「5월 광주 민중항쟁의 최후 수배자 합수 윤한봉 선생」, 《경향잡지》 2005년 4월호, 17쪽.

주면 신났다 한다) 30년 가까이 나와 술친구가 되었다. 나는 송기인 신부 형님, 찬성이 동생의 사업 그까짓 거 뭐라고 학생 때 하던 번역이나 하라는 질책 겸 강권에 여태껏 성서와 신학 관련 서적 번역에 매달려 왔다.[78]

《전망》이라는 잡지 편집을 돕다가 안 되겠어서 결혼을 하고 사업한답시고 술에 젖어 살고 허튼짓도 많이 하면서 방황하고 있던 차에 1982년 찬성이가 서울에서 내려와 호통을 쳐서 정신을 차려 학생 때 하던 번역 일을 다시 시작하여 우리나라에 해방신학을 좀 소개했다. 찬성이 때문에 내 인생길이 달라진 것이다. 지금 와서 생각해도 찬성이라는 은인을 만난 것이 천만다행이다.[79]

이 두 글은 당시 선생이 사업을 하며 사는 모습을 보고 성찬성 선생과 살레시오회 입회 1년 선배였던 송기인 신부가 선생을 질책한 것이 회심의 계기가 되었음을 암시한다. 선생은 인터뷰 때 성찬성 선생의 귀향 후 그와 가까이 지내게 된 경위를 내게 이렇게 말했다.

찬성이를 어릴 때부터 봤고 친구 동생이기도 하니 믿었제. 믿고 자주 어울리다 보니 의식도 생기고 찬성이가 소개하는 광주 운동권, 천주교 운동권 사람들도 만나게 된 것이제.[80]

---

[78] 김수복, 「성찬성 선생에 대하여」, 《가톨릭뉴스 지금여기》 2010.1.21.
[79] 김수복, 「만나는 사람마다 온정을 쏟는 천사, 성찬성」, 《경향잡지》 2005년 1월호, 16쪽.
[80] 김수복 선생 인터뷰(2025년 7월 12일).

실제로 성찬성 선생은 광주 운동권 인사들을 만나러 갈 때마다 선생을 동반했고, 머잖아 선생은 그들과 가까이 어울리게 되었다. 부드럽고 따스한 선생의 성품, 성찬성 선생에 대한 그들의 신뢰 덕에 관계의 폭이 넓어졌다. 두 선생은 하루가 멀다 하고 붙어 다니며 술을 마셨고 그때마다 시국, 한반도 현실에 대해 이야기를 나눴다. 그 덕에 선생은 당시 운동권 말로 서서히 의식화되기 시작했다. 성 선생은 김 선생의 어눌한 말투가 그래도 나아지고 사회의식이 커진 것은 전적으로 당신과 이렇게 어울린 덕이라 하였다.

이렇게 성 선생을 매개로 점차 넓어진 사회적 관계가 이후 선생이 광주와 전국에서 다양한 사회 정치적 활동을 벌이는 토대가 되었다. 이때 맺은 관계의 폭과 깊이는 선생의 환갑 기념 문집에 글을 낸 지역 운동권 인사들의 면면에서 확인할 수 있다.

선생은 천주교 사회운동 인사들과도 교분을 쌓아갔다. 이 역시도 성찬성 선생이 다리를 놓은 덕이었다. 이렇게 선생은 성찬성 선생과 40년 이상 광주에서 바늘과 실이 되어 지역 운동의 현장과 천주교 사회운동 현장을 누볐다.

선생의 나이 30대 후반에 불현듯 찾아온 이 세 가지 계기는 선생의 인생에 새로운 길을 열어주었다. 이 길은 그동안 선생이 마음에 품어왔던 생각들이 펼쳐지는 장이었다. 하지만 이 길은 선생의 아내가 요즘도 가끔 "그 많던 재산이 다 어디로 갔는가"라고 푸념할 만큼 도움이 필요한 이에게 베풀고 대의를 위해 기꺼이 나누는 계기이기도 하였다. 실제로 이 세 가지 계기는 선생을 사회적 회심으로 이끌었다.[81]

이 시기에 선생의 사람됨을 짐작할 수 있는 일이 《가톨릭신문》

에 보도되었다. 선생이 광주대교구에 진출한 '사랑의 선교회'에 건물을 기증한 일이었다.

광주대교구에 진출한 '사랑의 선교회(마더 데레사 수녀의 자매 수도회)' 수도회 건물 기증. 동(同) 수도회의 사옥은 김수복(아세아백화점 사장), 김재균 형제가 기증한 것으로 대지 46평에 건평 26평의 아담하고 깔끔한 2층 양옥이다. 그런데 두 사람 모두 사레지오중·고교 출신인 김수복(2회), 김재균(10회) 씨는 그동안 지역사회 발전을 위해서도 크게 기여해 오고 있는 것으로 알려지고 있다.[82]

선생은 내면의 극심한 변화를 겪으면서도 가업은 게을리하지 않았다. 번역 일도 병행했다. 해방신학을 본격적으로 소개하기 위한 목적으로 출판사도 설립했다.

도서출판 '일과놀이' 창립

해방신학을 접하고 이를 참된 신학이라 믿게 된 선생은 해방신학을 본격적으로 소개하기 위해 1982년에 출판사를 설립하였다. '도서출판 일과놀이'였다. 선생은 평소 책을 좋아하고 해방신학 관련 책도 출판하기 위해 이 출판사의 설립을 결심하였다. 선생은 자신이 출자해 만든 개인 출판사였지만 이 출판사의 활동이 공익사업이 되기를 바랐다. 다음은 선생이 생각한 출판사의 사업 목적이다.

---

[81] 성찬성 선생은 우스개로 이때부터 술의 종류가 양주에서 막걸리로 바뀌었다고 했다.
[82] 《가톨릭신문》 1981.11.29.

도서출판 '일과놀이'는 온 인류가 서로 나누고 섬기며 자연과 더불어 살아가는 세계를 지향합니다.

선생은 이 출판사가 직원들과 함께 공동체적으로 운영될 수 있기를 바랐다. 직원들도 이 생각에 호응했다. 다음은 선생의 글에서 소개한 출판사 직원들의 이러한 태도를 보여주는 일화다.

얼마 전 출판사 직원이 전셋집을 살다가 그 집이 팔리는 바람에 이사를 가야 할 형편에 놓여 돈이 필요하게 되었다. 우리는 회의를 열어 이 기회에 직원들에게 특별 상여금을 지급하기로 합의했다. 전셋집을 구해야 하는 직원은 근무한 지가 5년이 되었는데 10년이 넘은 직원이 상여금을 자기와 똑같이 나누자고 했고, 마찬가지로 5년이 된 다른 직원도 1년이 된 직원과 똑같이 나누자고 제안해서 그대로 결정했다.[83]

그러나 출판사 경영이 그리 순탄했던 것은 아니다. 한때 이 출판사 편집장을 맡기도 했던 성찬성 선생은 출판사를 열고 상당 기간은 늘 적자였다고 했다. 이때 생긴 적자는 선생이 모두 메웠다. 가업에서 번 돈을 출판사에 쏟아부었다. 이렇게 적자를 내는 기간에도 직원 월급과 보너스는 거르지 않았다. 운동 경력 때문에 취업하지 못하는 활동가에게는 일자리를 주었다.[84] 또 장애 등급이 높은 이를 직

---

[83] 김수복,「개인의 회개와 집단의 회개」,《공동선》 2000년 5·6월호 참조.
[84] 학생운동 출신인 심정순은 일과놀이 출판사 편집장으로 있으면서 책들을 번역하여 분도출판사 등에서 출간했다." 김수복,「하느님의 나라를 그리면서 혼자 사는 유신정과 그 친구들」,《경향잡지》 2005년 11월호, 66쪽.

원으로 채용했다.[85] 출판사가 창립 후 10여 년 뒤쯤 주석 성경을 내고 나서부터 흑자를 보기 시작했다 했으니 선생이 앞에서 소개한 사례는 아마도 출판사가 흑자를 내던 시절의 일이었으리라.

짧은 기간 흑자를 내긴 했어도 전체적으로 보면 출판사 재정은 적자였다는 것이 성찬성 선생의 증언이다. 이렇게 생겨난 적자의 보전은 선생 몫이었다. 그리고 이 적자 보전은 선생의 재산이 줄어드는 것을 의미했다.

선생은 출판을 시작하면서 해방신학을 원서에서 번역하겠다는 목표를 세웠다. 스페인어, 포르투갈어로 쓴 책을 영어로 번역하고 이를 다시 한국어로 번역하는 소위 중역(重譯, 이중 번역)은 오류가 많고 무엇보다 원전의 맛을 살릴 수 없다는 판단에서였다. 이러한 생각으로 선생은 틈틈이 스페인어와 포르투갈어를 독학하기 시작했다. 이는 사업, 번역, 출판사, 외부 활동을 병행하는 바쁜 일정 중에 해야 하는 일이었다. 그러나 이 일이 그리 어렵지 않았다는 것이 선생의 답변이었다. 아마도 타고난 외국어 재능, 소신학교 시절 어렵게 배운 라틴어가 도움이 되었으리라.

이렇게 해서 선생은 1980년대 말이면 5개 국어(라틴어, 불어, 영어, 스페인어, 포르투갈어)를 익히게 된다. 이에 힘입어 4개국 서적을 우리말로 옮길 수 있었다. 특히 스페인어, 포르투갈어 해방신학 원서들을 우리말로 번역한 것은 중남미 연구자가 많아진 지금에도 쌓기

---

[85] 성찬성 선생 인터뷰(2025년 7월 12일). 성찬성 선생은 해당 직원에게 분명히 집을 사주었을 것이라 했다. 자기가 알기에 두 명에게 집을 사준 것 같다고 했다. 그러나 선생은 직원들이 자기가 받은 월급을 잘 관리해 자기 힘으로 산 것이라 했다. 이렇게 선생은 가까운 이들이 오해할 정도로 평소 직원들에게 후했다.

어려운 업적이었다. 이에 대해 선생의 주선으로 브라질에서 해방신학을 공부하고 귀국해 우리신학연구소 소장, 한신대학교 종교문화학과 교수직을 역임한 김항섭 선생은 다음과 같이 평가한다.

> 형은 적어도 해방신학을 우리나라에 소개함에 있어 타의 추종을 불허할 정도로 많은 기여를 하셨지요. …… 이 28권의 목록만 봐도 해방신학의 주요한 신학자들과 주요 저서들이 상당 부분 포함되어 있습니다. 참으로 대단한 일, 훌륭한 일을 한 거예요. …… 세상이 변했다고 대부분 사람이 돌아서고 외면하는 해방신학에 변함없이 관심을 보이는 것은 그게 바로 형의 삶이고 신앙이기 때문에 그런 것이 아닌가 생각해 봅니다.[86]

선생의 해방신학 번역 출판은 '일과놀이'보다 교회 출판사, 일반 출판사에서 한 경우가 더 많았다. 어떤 책은 출판사 의뢰를 받아서 또 어떤 책은 선생이 직접 출판사에 제안해서였다. 원서 판권을 사는 일은 선생이 도맡아 했다. 어떤 책은 번역이 끝났는데도 출판사에서 받아주지 않아 선생이 번역자에게 대신 원고료를 지급한 경우도 있었다.

해방신학 서적이 그 시대에 이토록 많이 번역되고 출판된 것은 당시 이런 수요가 있었다는 것을 의미했다. 실제로 당시 해방신학 서적은 교회 안팎에서 널리 읽혔다. 민주화 운동가들이 참고할 수 있는 해외 사례가 그리 많지 않았기 때문이다. 이를 감안하면 선생의 해

---

[86] 김항섭, 「수복 형에게」, 『그윽한 향기마냥 있는 듯 없는 듯: 김수복 선생 회갑 기념 문집』(도서출판 함께사는세상, 2004), 84쪽.

방신학 번역 소개는 한국 민주화운동에도 큰 기여를 한 셈이다.

교회 현장으로

말수가 적고 얌전했던 선생의 모습은 1982년 이후 여전히 말수가 적고 말투는 어눌했으나 행동하는 모습으로 점차 변하기 시작했다. 선생이 1983년부터 적극적으로 나섰던 일 가운데 하나는 신앙과 사회생활의 일치를 돕는 글을 일상적으로 싣는 매체의 창간을 돕거나 직접 창간하는 일이었다. 선생은 성경을 해방신학적으로 해석하고 공부하도록 돕는 잡지 창간이 필요하다고 생각해 광주대교구에 제안하여 카리타스 수녀회와 함께 창간 준비 작업을 시작하였다. 선생은 이미 성경 관련 번역서를 여러 권 출간한 바 있고 5·18을 겪으며 이런 매체의 필요성을 절감했던 터라 창간 작업에 열의를 보였다. 당시 광주교구에서 발간 작업을 시작한 《월간 생활성서》의 발간 목적은 선생이 평소 생각하던 바를 잘 보여준다.

> 그리스도교 정신이 결코 생활과 격리되어 겉도는 것이 아니라 생활 안에서 살아 움직이도록 대중과 그리스도를 손잡게 하면서 가톨릭 문화 형성의 중심으로 그 역할이 크게 기대되고 있는.[87]

1983년 9월 이 잡지가 창간되자 선생은 이 잡지에 해방신학의 정신이 배인 글을 활발히 기고했다. 이 잡지의 운영을 맡은 생활성서사에서는 1983년부터 1986년까지 '주일 미사, 복음 해설과 묵상'

---

[87] 《가톨릭신문》 1983.4.24, 5면 참조.

을 담은 '성서와 전례(A, B, C해)'를 번역 출간했다.[88]

1984년에는 광주대교구에서 발행하는 주보인 《빛고을》의 별지로 시사 칼럼을 담은 《해돋이》 창간을 주도하였다.[89] 이 별지는 그해 6월부터 간행되기 시작했다. 당시는 전두환 신군부의 언론 탄압이 극심했던 시절이라 이런 일은 위험을 감수해야 했다. 실제로 대부분의 저자가 익명으로 투고해야 했을 만큼 신변 안전을 염려하던 시절이었다. 당시 주보를 담당했던 김양진 선생은 《해돋이》 창간과 발행에서 선생이 담당했던 역할에 대해 다음과 같이 증언했다.

> 암울했던 80년대, 군부독재 세력에 억눌려 아무도 바른 소리 쓴 소리를 내지 못할 때 천주교 광주대교구 주보 《빛고을》에 시사 칼럼 '해돋이'를 게재하기 시작한 것은 순전히 그의 제안에 의해서였다. 그리고 그 칼럼난이 본면에 흡수되기 전까지 상당 기간 동안 별지 제작에 따른 비용을 그가 부담해주었다.[90]

선생은 '해돋이'의 기획, 재정적 기여는 물론 기고도 했다. 당시 기고한 글에는 선생이 당시 가지고 있던 해방신학적 사고가 배어 있다.

> 그리스도께서 병자들과 가난한 자들을 찾아가고 그들에게 특별한 애

---

[88] 이탈리아 EDB 출판사에 간행한 『Lezionario Meditato(성경 묵상)』 중에서 선생이 주일미사 부분만 편역했다.
[89] 《가톨릭신문》 1986.4.13, 8면 참조.
[90] 김양진, 「그의 진실과 열정을 기리며……」, 『그윽한 향기마냥 있는 듯 없는 듯: 김수복 선생 회갑 기념 문집』(도서출판 함께사는세상, 2004), 78쪽.

착을 보인 뜻은 가난 그 자체가 좋아서라거나 단순히 병자이고 가난뱅이라는 점 때문에서가 아니다. 그분의 뜻은 분명히 무능하고 가진 것 없고 못나고 약하고 뺏기고 당하고만 사는 병신 같은 무리들을 편드시어 그들에게 하느님 자녀로서의 품위와 자존심을 일깨워서 스스로 자기네 떳떳하고 고귀한 인권을 되찾도록 돕고, 그리하여 인간이면 누구나 모두가 똑같은 하느님 자녀이기 때문에 서로 정을 주고 위해 주고 가진 바를 나누는 진정한 인간 사랑이 지배하는 인류사회, 곧 하느님의 나라를 이룩하려는 극렬한 십자가의 투쟁을 일으키는 데 있다.[91]

선생이 이렇게 관여하게 된 일들은 몸으로 하는 수고뿐 아니라 적지 않은 재정적 출혈을 동반해야 했다. 이런 비용은 가업 운영에서 나온 수입, 선생이 번역하고 받은 고료, 검소한 생활을 해서 절약한 돈으로 충당했다. 이런 비용이 커질수록 살림은 축이 나 아내와 갈등의 원인이 되곤 했다.[92] 이렇게 사회적 회심에서 출발한 선생의 교회 내 활동은 출판사 창립, 새로운 교회 매체 창립, 교회 매체 기고 활동[93]으로 점차 넓어지기 시작했다. 말수가 적고 어눌했던 그의 모습은 여전했지만 가슴에 품고 있던 뜨거운 열정이 활화산처럼 분출하기 시작했다. 이는 선생의 인생 후반의 모습을 예고하는 것이었다.

---

[91] 김수복, 「병신들을 대하고서」, 《해돋이》 1984.6.10.
[92] 큰아들 종완의 증언(2025년 7월 12일).
[93] 선생은 1984년에 《가톨릭신문》 "방주의 창"에도 기고했다. 기간은 9월 7일에서 11월 2일까지 월 1회 총 3회였다.

더 큰 세상 속으로

광주 지역 사회운동 인사, 천주교 사회운동 인사와 교분의 범위를 조금씩 넓혀가던 선생은 1986년이 되면 이 범위를 전국으로 넓힌다. 그해 선생과 성찬성 선생은 서울에 올라가 여러 차례 동아투위[94] 기자들을 만나 새로운 신문 창간의 필요성을 설득하고 다녔다. 이들의 지속적인 설득은 1988년 5월《한겨레신문》창간으로 이어졌다. 이에 대한 성염 선생의 증언이다.

> 내가 알기로 김수복의 숨은 역할은 1986년에도 있었다. 난데없이 그가 나의 아우 찬성이와 더불어 서울에 나타나 동아투위 등의 자유언론인들을 만나 설득하고 다녔다. 조중동이라는 군사독재의 나팔수들이 판치는 세상에 국민들의 투자로 만들어진 국민의 신문이 필요하다는 요지였다. 그리고 1년 후《한겨레신문》이 준비호를 내기 시작하더니 88년 5월에는 정식으로 간행됨을 내 눈으로 목격하였다.《노동자신문》이 창간(1989년 10월 20일)될 적에도 마찬가지였다.[95]

두 선생의 노력만으로《한겨레신문》이 창간된 것은 아닐 테지만, 적어도 산파 역할을 한 점은 부인하기 어렵다. 이렇게 선생은 필

---

[94] 1975년 3월 18일 유신정권의 언론 통제와 동아일보사 경영진에 의해 해직된 동아일보사 기자들이 복직과 언론 민주화와 자유 언론을 실천하기 위해 결성한 조직이다. 정확한 명칭은 '동아자유언론수호투쟁위원회'다. 1975년 유신정권에 의해 추방당한 메리놀외방선교회 시노트 신부가 이들과 함께 싸운 바 있다. 동아투위가 출범하게 된 배경은 제임스 시노트, 『현장 증언 1975년 4월 9일』(빛두레, 2004), 292~329쪽 참조.

[95] 성염, 「아름다운 바보, 그를 믿습니다」,《경향잡지》2002년 7월호 참조.

요하다고 생각하는 일이 있으면 수고를 아끼지 않았다.

1987년에는 《국민신문》 창간 작업에 직접 참여했다. 《국민신문》은 애초 전두환 정권의 4·13 호헌조치 철회와 대통령직선제로의 개헌을 위해 정치인, 시민단체, 학생운동권, 종교계 인사들이 1987년 5월 27일 결성한 '민주헌법쟁취 국민운동본부'의 광주·전남본부에서 발행하는 기관지를 목표로 했다. '민주헌법쟁취 국민운동 전남본부'(이하 '국본')는 1987년 5·18 민주화운동 7주기 추모식에 참석했던 재야단체들이 주축이 되어 발족하였다. 국본은 6·10민주항쟁 때 광주광역시, 전남 지역에서 반정부 시위를 조직하고 주도하였다.[96]

선생은 당시 국본 사무처장이자 성찬성 선생의 민청학련 동지인 이강 선생을 찾아가 국본 기관지 성격인 주간신문을 발행해보라고 제안하였다. 아쉽게도 이 제안은 국본 실무자 회의에서 부결되었다. 이에 이강 선생은 국본 기관지로는 낼 수 없게 되었어도 광주에 이런 신문은 꼭 필요하니 선생이 직접 발간해보라고 역제안하였다. 다음은 이강 선생의 증언이다.

> 나의 부탁으로 김수복 선생께서 비용을 전담하시고 신문 제호는 《국민신문》이라고 정하여 성찬성 선생이 편집출판을 총괄하고, 기사 취재 및 원고 작성은 유신정, 최연례가 담당하면서 김수복 선생이 경영하시는 아시아 예식장의 공간에서 불철주야 창간 작업을 하였다. 창간 준비 4호가 주간지로 발간되고, 국본의 조직을 동원하여 대학교·성당·교회

---

[96] 「민주헌법쟁취국민운동 광주전남지부」, 〈광주인문스토리 플랫폼〉(https://dh.aks.ac.kr/~gwangju/wiki/index.php/민주헌법쟁취국민운동_광주전남본부) 참조.

·불교·양동·대인시장 등과 전남도 내는 조직망을 중심으로 보급하였다. …… 발행 부수는 10,000~15,000부씩을 발간하였고, 기사의 성격에 따라서 20,000~30,000부를 발간하기도 하였다.[97]

이강 선생의 증언에서 확인할 수 있듯이, 창간 작업에 드는 모든 비용은 선생 부담이었다. 작업도 선생의 건물에서 했다. 신문 발행은 예나 지금이나 적지 않은 비용이 들어가는 일이었다. 선생은 이후 국본이 주최하는 '주민자치학교'에도 교육 공간을 무료로 대여했다. 건물 1층에 있던 '아세아 예식장'이 주 교육 공간이었다.[98]

이강 선생은 광주민중항쟁 이후 김수복 선생이 양심수 옥바라지, 양심수 중 중환자 사회병원 치료를 위한 가석방 서명운동, 장기수 송환 지원, 수배자 지원에 앞장선 수많은 사례도 증언했다. 다음은 성염 선생의 증언이다.

특히 '광주민주화운동' 이후로 수배당한 사람들의 생계를 돕다가 매출액이 수억밖에 안 되는 지방의 소기업이 두 차례나 국세청의 특별조사를 받고 터무니없는 과징금을 물어야 했다.[99]

선생은 시민사회 인사와 교회 인사들이 만날 필요가 있을 때 기

---

[97] 이강, 「김수복 선생과의 인연」, 『그윽한 향기마냥 있는 듯 없는 듯: 김수복 선생 회갑 기념 문집』(도서출판 함께사는세상, 2004), 116~117쪽.
[98] 같은 글, 116쪽.
[99] 성염, 「친구 예찬」, 《경향잡지》 2002년 7월호 참조.

꺼이 다리 역할을 했다.[100]

가톨릭노동사목전국협의회

선생은 틈틈이 성찬성 선생과 교분이 있는 천주교 사회운동가들을 만났다. 그전엔 알지 못했던 이들이다. 이런 이들을 만나면 그들이 도움을 청하는 직책을 맡거나 후원하게 되는 것이 상례였다. 이 일도 그랬다.

가톨릭노동사목전국협의회(이하 '가노협')는 "1980년 개악된 노동법에 3자개입금지법이란 노동자 활동이 어렵게 되었고 노동악법의 개정운동을 매개로 지역에 흩어져 활동하던 노동사목 일꾼들이 전국적 연대 등의 필요를 느끼게 되면서 노동법 개정 서명운동을 계기로 1984년 3월 19일 성 요셉축일에 가톨릭노동사목연구소를 개설하면서 전국에서 활동하던 노동사목이 연구소를 중심으로 결집하였다. …… 연구사업보다는 노동운동의 지원과 연대의 성격이 제기됨에 따라 1986년 가노협으로 명칭을 바꾸었다."[101] 가노협은 1988년 9월 광주에 '성 요셉 근로자의 집'을 개원하고 이 집이 가노협 광주지부를 겸하게 하였다.[102]

선생은 성찬성 선생 소개로 가노협의 주축인 윤순녀 수산나 선생(A.F.I. 회원)이 광주를 방문했을 때 만나 그녀의 청으로 광주지부 이사장을 맡았다. 이사장은 사실 후원회장 자리였다. 선생은 윤 수산나 선생의 권유로 노동자 교리서를 만드는 작업에도 참여했다.

---

100 같은 글, 116~118쪽.
101 천주교정의구현전국연합,『천정연 10주년 기념 자료집』(천정연, 2001), 122~123쪽.
102 같은 책, 125쪽.

나와 갑장인 윤순녀 수산나 씨를 처음 만난 것은 17년 전(1988년) 광주 지역 노동사목이 문을 열 당시였다. 골롬반회 호반 신부와 최연례 아네스와 윤청자 데레사가 광천동 주택 2층 방 한 칸에 세 들어 활동을 시작하고 있었다. …… 그때 내가 윤순녀 씨에게 말해서 광주 지역 간사로 최연례를 추천했다. …… 그 뒤 윤순녀 씨 권유로 노동자 교리서 제작팀에 합류하여 다달이(1년이 넘도록) 모임을 가졌다.(1989년) 그 모임에 성직자와 수도자로는 오기백 신부, 하유설 신부, 이 일루미나 수녀가 참여했다.[103]

선생이 작업에 참여했던 노동자 교리서는 1990년 4월 『함께하는 세상』으로 출간되었다. 이 교리서 작업은 선생도 증언했듯이 1년 반 가까이 매달 서울에 올라가야 했던 일이다.

선생은 가노협 광주지부 실무자들과 돈독한 관계를 유지했다. 이사장이기 전에 선생은 이들을 사랑하고 존경했다. 이런 선생의 태도는 당시 선생과 이 시기를 같이 보냈던 노동운동가 윤청자 선생의 다음 증언에 잘 드러난다.

> 위대한 광주 5월을 지켜내고 이 나라 민주화의 숭고한 정신적 토양과 함께 처박한 삶의 토대를 갈아엎은 자랑스러운 빛고을에 조용히 살았으되 노동자의 삶에 언제까지나 기억되어지는 사람이 있다. 온몸으로 노동자의 신성한 삶에 본보기를 보여준 예수님을 닮은 이 작은 성자가 누구냐고 묻는다면, 우리 노동사목 형제 동지들은 김수복 선생님이라

---

[103] 김수복, 「늘 못내 그리운 우리 누이들 윤순녀 수산나와 그 동지 아네스들」, 《경향잡지》 2005년 3월호, 15~16쪽.

고 생각한다.[104]

이렇게 선생은 자신과 함께한 활동가들을 진심으로 아끼고 존경해 이런 평가를 받았다.

천주교정의구현전국사제단과 '신앙생활' 교리서

선생이 공부하고 번역한 『해방신학』은 책에 머물지 않고 본격적으로 현장에 적용되기 시작했다. 이미 선생은 1990년에 가톨릭 노동 활동가들과 함께 노동자 교리서 『함께하는 세상』을 간행했던 터였다. 이 교리서 작업은 선생이 주도하진 않았어도 해방신학의 정신이 배어들게 할 수 있었다.

선생은 1990년에 노동자 교리서보다 진일보한 작업을 하였다. 아예 해방신학에 기초한 교리서를 직접 번역, 편집하는 일이었다. 선생은 이 계획에 따라 남미의 『민중교리서』를 번역하고 가공하여 한국 실정에 맞는 4권짜리 교리서를 만들었다. 이 교리서는 사제단 이름으로 출간되었다. 다음은 출간 당시 이 교리서를 소개한 《가톨릭신문》 기사 내용이다.

> 책 제목 『예수님과 함께』, 『신앙공동체』, 『하느님 나라의 일꾼』, 『사랑의 친교』 등 총 4권으로 구성, '신앙생활'이란 시리즈로 정의구현전국사제단에서 8월 10일 인쇄, 25일 발행한 이 교리서는 구성의 독특함은 물

---

[104] 윤청자, 「조용히 곁에 서서 시원한 그늘을 만드는 아름드리나무」, 『그윽한 향기마냥 있는 듯 없는 듯: 김수복 선생 회갑 기념 문집』(도서출판 함께사는세상, 2004), 110쪽.

론 기존의 교리서와는 달리 그리스도교의 핵심진리에 접근하는 방식도 특이성을 나타내고 있다는 점에서 더욱 관심을 불러일으키고 있다. 남미 가톨릭교회의 공인 교리서 『민중교리서(Catecimo Popular)』를 번역해 이것을 한국적 상황에 맞게 새롭게 재편집해 발간한 이 교리서는 내용 면에 있어 이론적인 측면을 더 비중있게 다뤘던 기존의 교리서들과는 달리 현실적인 측면에서 받아들일 수 있도록 구성, 교재 이용자들이 곧바로 '투신'으로 이어질 수 있도록 하는 특색을 지니고 있다.[105]

이 교리서가 발간되자 우익 인사·단체들이 거세게 반발했다. 유신 때부터 해방신학을 용공이라 공격하던 무리들이었다. 다음은 이러한 논란에 대한 성염 선생의 글이다.

> 항간에 '김수복 교리서'로도 불리운 이 책들이 널리 보급되자 종교신앙과 사회생활을 철저히 분할하자는 신도들에게서 격렬한 반발을 샀고, 엄익채 씨와 주변 인물들이 이 교리서를 두고 주교회의에 강력히 문제를 제기하였다. 그렇지만 주교회의 교리위원회는 문제의 서적을 조사하고서 문제 삼지 않기로 결정한 것으로 알려져 있다. 조용한 가운데 그 역할이 대수롭지 않은 김수복 같은 친구를 둔 것이 나는 자랑스럽다.[106]

이런 반발은 충분히 예상할 수 있는 일이었다. 1987년 이후 천주교회는 사회운동이 퇴조하고 과거 정교분리, 성속이원론이 지배

---

[105] 「정의구현사제단, 새교리서 발간」, 《가톨릭신문》 1991.8.25.
[106] 성염, 「친구 예찬」, 《경향잡지》 2002년 7월호 참조.

하는 교회로 돌아가고 있었기 때문이다. 게다가 당시는 신군부 쿠데타 주역 가운데 하나인 노태우가 여전히 정권을 잡고 있던 때였다.

해설판 공동번역 신약성서

1993년 출판사가 처음으로 흑자를 냈다. 『해설판 공동번역성서』 덕이었다. 이 성경은 국내 최초의 각주 성서로 교계에서 좋은 평판을 얻었다. 《가톨릭신문》에 실린 다음 기사가 이 성경이 갖는 가치를 잘 보여준다.

> 국제 가톨릭 성서공회가 1972년에 편찬한 『라 비블리아(La Biblia)』의 해설 부분을 김수복(요셉) 씨가 번역한 『공동번역 신약성서』의 장절에 맞춰 편찬한 『해설판 공동번역 신약성서』는 사실상 국내 최초의 각주 성서이다. …… 이 신약성서판은 에콰도르와 칠레교회에서 인준을 받는 등 주로 라틴아메리카에서 많이 읽히는 것으로 알려졌으며 한국어판은 스페인어판을 주요 텍스트로 해서 영어판과 비교 번역됐다.[107]

우리신학연구소

1993년에 선생은 우리신학연구소 설립 추진위원회 주축 멤버인 박영대와 박준영을 만나게 된다. 두 사람은 이미 성염 선생에게서 광주의 숨은 실력자인 선생에 대한 이야기를 들었던 터였다. 이들은 평신도 신학연구소를 지향했기에 선생이 평신도가 주체가 되는 연구소의 좋은 역할 모델이 될 것으로 생각했다.

---

[107] 《가톨릭신문》 1993.12.12.

우리신학연구소는 1992년부터 신학을 공부하는 청년들의 모임인 가톨릭청년신학동지회와 인천에서 1990년 2월 창립해 성서 운동을 펼치던 우리신학연구실이 공동으로 연구소 설립 추진위원회를 발족하고 전국을 돌아다니며 뜻을 같이하는 신자들을 조합원으로 모집하는 중이었다.[108] 다음은 이 첫 만남에 대한 선생의 기억이다.

> 1993년쯤엔가 서울에서 박준영과 박영대가 광주에 사는 나를 찾아와 내가 운영하는 '일과놀이출판사'와 함께 신학연구소를 함께 차리면 어떻겠느냐고 제안했었다. 그 뒤로 우리신학연구소가 생겨났다.[109]

박영대는 이날의 만남을 다음과 같이 기억했다.

> 광주버스터미널에 내려 사람들에게 아세아 예식장에 가는 길을 물어 선생님을 찾아가면서 나는 당연히 광주시민이면 거의 대부분 알 정도의 건물을 가진 소유주이니 번듯한 사무실에서 나를 맞이할 것이라고 기대했다. 하지만 선생님이 나를 맞이한 곳은 책상 하나에 책장이 가득 찬 건물 한쪽 구석의 좁은 방이었다. 책장 안에는 외국 출판사에서 발행한 해방신학 관련 책들이 가득 차 있었다.[110]

선생은 박영대, 박준영으로부터 연구소 설립 취지를 듣고 그들의

---

[108] 천주교정의구현전국연합, 앞의 책, 333쪽.
[109] 김수복, 「내 마음속 고향으로 남은 예수쟁이들」 참조.
[110] 박영대, 「꿈꾸는 예언자 김수복 선생님」, 『그윽한 향기마냥 있는 듯 없는 듯: 김수복 선생 회갑 기념 문집』(도서출판 함께사는세상, 2004), 88쪽.

2014년 2월 21일 야곱의 우물 창간 20주년 《경향신문》 인터뷰(당시 편집장 홍순흥 수녀와 함께).

제안을 기쁘게 수락하였다. 다만 출판사를 연구소와 통합하는 제안은 출판사 사정상 어려움이 있어 대신 출자 회원(창립 조합원)만 돼주기로 약속하였다.111 그러다 1993년 말 연구소의 윤곽이 뚜렷해질 즈음 설립추진위원회에서 선생을 1대 소장으로 추대해 1994년 1월 17일 창립과 함께 소장에 취임하였다. 이로써 초대 소장, 2대 이사장으로 이어지는 선생과 우리신학연구소와의 인연이 시작되었다.112

선생은 이 직책을 맡는 동안 한 달에 한 번씩 연구소 서울연구실을 방문해 연구원들과 함께 연구소의 미래를 위해 머리를 맞댔다. 필자가 기억하는 당시 선생의 모습은 어떻게든 신생 평신도 신학연구소가 재정적으로 자립할 수 있도록 백방으로 애를 쓰는 모습이었

---

111 당시 연구소는 조합식이어서 창립회원이 되려면 출자금(1구좌 100만 원)을 내야 했다.

112 "지난 1월 창립 총회를 갖고 출범한 우리신학연구소(소장=김수복)가 3월 9일 오후 6시 정식으로 개소식을 가졌다." 《가톨릭신문》 1994.3.27.

다. 이때 선생은 당신이 이미 번역을 해오며 관계를 맺은 출판사들과 연결해 연구소 수익 사업으로 번역을 할 수 있게 도왔고, 연구원들이 교회 여러 매체에 기고할 수 있도록 주선했다. 일례로, 연구소가 출범을 준비하던 시기에 선생이 바오로딸회에 제안하여 '매일 성서 묵상을 싣는 잡지'《야곱의 우물》) 창간 준비 작업도 진행되었는데, 이 잡지가 창간되자 연구원들을 필자나 편집위원으로 추천했다.[113] 나도 선생의 주선으로 이 잡지에 2년간(1995년 1월~1996년 12월) '사회교리로 일상의 사건'을 해석하는 원고를 쓸 수 있었다. 선생은 이외에도 연구소에서 발행하는 주간지 《갈라진 시대의 기쁜 소식》에 오랫동안 성경과 해방신학 연구의 결실을 나눠주었다. 『신앙·교리 묵상집 1, 2권』(우리신학연구소 엮음) 간행도 연구소 재정 사업을 위해 선생이 번역과 편집 수고를 아끼지 않은 결과였다. 선생의 이런 관심과 노력 덕분에 연구소는 빠르게 자리 잡을 수 있었다.

왕성했던 50대와 대비되는 가업의 쇠락

우리신학연구소가 출범하던 1990년대 초중반은 교회 안에 아직까지 1970~1980년대 민주화운동의 여운이 가시지 않고 남아 있었다. 사제단 소속 사제들이 본당에서 청년 활동을 지원하는 일이 여전했고 교구별로 공부하는 사제 모임이 제법 있었으며 다양한 평신도 사도직 단체들도 우후죽순 생겨났다. 그러나 1980년대 말을

---

[113] "《야곱의 우물》 20주년 기념 인터뷰: 19일 서울 명동 가톨릭회관에서 창간 주역들을 만났다. 김수복(70·일과놀이출판사 대표) 초대 편집기획위원과 초대 편집장 홍순홍 수녀(75)다. 이들은 《야곱의 우물》이 가난한 이들에게 복음을 전하는 대표적 매체라고 자부한다고 입을 모았다."《가톨릭신문》 2014.2.19.

거치며 교회는 급속히 중산층화하기 시작했다. 중산층화는 세속화를 촉진하기도 했지만 교회 출판물을 소화할 수 있는 독자층도 증가시켰다. 이에 비해 이런 변화에 부응할 수 있는 평신도 전문가는 아주 적었다. 이러한 여건 덕에 연구소는 짧은 역사에도 빠르게 자리를 잡아나갈 수 있었다.

선생은 이 시기에 가업, 출판사, 번역, 교회 안팎을 넘나드는 활동으로 인생에서 가장 왕성한 50대를 보내고 있었다. 당시 선생은 《갈라진 시대의 기쁜 소식》, 《경향잡지》, 《공동선》, 《야곱의 우물》 등의 잡지에 해방신학이 녹아든 글을 활발히 기고했다. 번역도 게을리 하지 않았다. 매일 새벽 일찍 일어나 서너 시간씩 그리고 틈이 날 때마다 번역을 계속해 불과 몇 년 사이 10여 권의 번역서를 냈다.[114] 이렇게 규칙적으로 새벽 일찍 일어나 서너 시간씩 번역하는 일은 선생의 오랜 습관이 되었다.[115] 광주에서는 교회 안팎을 넘나들며 지역 운동에 참여하였다. 선생은 이 시기 광주에서 있었던 굵직한 정치 행사에 거의 대부분 이름을 올렸다. 성찬성 선생과 함께였다.

선생의 이런 활약과 대조적으로 가업은 날로 기울었다. 여기에는 버스 터미널이 다른 곳으로 이전하며 예식장 이용 수요가 줄어든 점, 도시 개발로 인해 인구가 분산된 점, 소비 패턴 변화, 경영 능력 부족 등 내·외적 요인이 영향을 주었다.[116] 큰아들 종완에 따르면 당시 선생의 형제와 가족이 모두 가업에 매달렸지만 이러한 분위기

---

114 「김수복 선생 번역·저술 목록」 참조.
115 박영대, 「꿈꾸는 예언자 김수복 선생님」, 88쪽.
116 「영화가 흐르던 자리 아세아 극장」, 〈광주역사문화자원스토리텔링〉(2008.7.25) 참조.

를 반전시킬 수는 없었다고 했다. 이로 인해 2000년에 이르며 가업의 중심이었던 아세아극장 건물을 처분하게 된다. 물론 이전에도 선생에게는 여러 차례 경영 위기가 있었다. 이 위기 가운데는 광주민중항쟁 수배자들을 돕다가, 정권을 비판하는 플래카드를 넓은 극장 전면을 다 가릴 정도로 크게 걸었다가 세무조사를 당하고 터무니없는 과징금을 물게 되어 생긴 경우도 있었다. 이런 위기가 있을 때마다 간신히 극복하긴 했지만, 재산은 속절없이 줄어들었다. 이런 상황에서도 선생은 돈이 필요한 사람과 단체가 있으면 기꺼이 자신의 것을 나누려 애썼다. 다음은 이런 사례 가운데 하나다.

> 지난 어둡고 무섭던 시절 민주화 운동에 참여했던 이들이 '70동지회'라는 모임을 만들었다. 학생운동, 노동운동, 농민운동, 언론민주화운동, 종교운동, 빈민운동, 마침내 광주항쟁에 몸으로 뛰었거나 뒷배를 보면서 고초를 겪은 이들이 친목을 도모할 뿐만 아니라 민주화의 앞날도 함께하고 지켜보자는 목적이었다. …… 함께 모이기 좋은 금남로에서 사무실을 두고서 자료실 겸 사랑방을 두기로 했다. 다들 넉넉한 형편들이 아니라서 사무실 전세금과 집기를 어떻게 마련할까 고심했다. 이때도 김수복 선생님은 상당 금액을 턱 내놓는 어리석은 짓을 했다. 이런 경우가 내가 아는 것만 해도 너댓 차례가 넘는다.[117]

선생은 2000년 민주노동당이 창당했을 때는 1호 당원으로 가입했다. 민주당 텃밭으로 간주되는 광주에서 이례적인 선택이었다.

---

[117] 정찬용, 「김수복 선생은 물봉」, 『그윽한 향기마냥 있는 듯 없는 듯: 김수복 선생 회갑 기념 문집』(도서출판 함께사는세상, 2004), 126~127쪽.

선생은 다음의 이유로 민주노동당에 가입했다.

> 나는 성향으로 봐서 사회당, 진보신당, 민주노동당 쪽이라 해야 옳다. 나는 민주노동당이 창당할 때 기치로 내건 무상교육, 무상의료 정강에 매료되었다. 무상의무교육, 무상의무의료, 실업자 없애가기, 비정규직 철폐, 동일 '시간' 노동에 동일임금 지급하기, 유기농 첨단농업으로 식량 자급률 100% 달성하기 등이 꼭 실현해야 할 진보 쪽 대의(大義), 남한 민중, 북한 인민, 우리 민족이 살길, 나아가 인류가 자연과 더불어 살 수 있게 이바지할 수 있는 길이라 확신했다.[118]

선생의 이런 생각은 해방신학 공부와 성찬성 선생과 함께한 오랜 사회적 실천의 결과였다. 그러나 선생은 2002년 대선 때 (새천년)민주당 광주 경선에서 노무현 후보를 지지해 민주노동당에서 해당 행위자로 찍혀 퇴출당했다.

> 나는 민주노동당이 창당할 때 당원으로 가입했다(2000년 1월 30일). 그러나 민주당을 도와 해당 행위를 했다 해서 지금은 퇴출당한 신세다. 그렇다고 민주당이나 다른 정당에 가입한 적은 없다. 유시민이 시작했던 개혁당[119]을 위해 정신을 몽땅 팔았던 적은 있다.[120]

---

[118] 김수복, 「나는 진보 쪽, 팔은 안으로 굽는다는데」, 《가톨릭뉴스 지금여기》 2011. 4.11.
[119] 2002년 11월 16일 창당.
[120] 김수복, 「나는 진보 쪽, 팔은 안으로 굽는다는데」 참조.

바보 노무현

선생은 광주 운동권 인사들과 함께 2002년 초 선생이 민주노동당에서 퇴출당하는데 직접 계기가 되는 일을 벌였다. 이른바 '바보 노무현 광고 사건'이다. 선생은 '30년 동안 부인 몰래 모아둔 쌈짓돈(그래도 1,000만 원이 넘었다)'을 털어 《한겨레》에 노무현을 지지하는 의견 광고를 실었다. 선생의 이 일에 대해 《한겨레 21》(2002.3.6)은 다음과 같이 보도했다.

'아름다운 바보'를 선택한 이유(《한겨레21》 2002년 3월 6일 자 기사에 실린 선생의 사진).

2002년 2월 28일 자 《한겨레》에는 '낯선 광고'가 눈길을 끌었다. 18면의 절반을 넘게 차지한 "'아름다운 바보' 그를 믿습니다"라는 제목의 의견 광고가 그것이다. 3당 합당을 거부하고, 4·13 총선 때 낙선을 예감하면서도 부산에 출마한 '아름다운 바보' 노무현 후보의 지지를 호소하는 내용이었다. 특정 후보에 대해 지지 의견을 밝히는 것을 꺼리는 풍토 속에서 '광주에 사는 쉰아홉 살 먹은 평범한 시민'이라고 밝힌 김수복 씨의 광고는 일종의 '도발'이었다.

이 광고가 선생의 이름으로 나간 탓에 선생은 '서울 검찰청에 불려 가 7시간 조사를 받고 재판에서 한겨레신문사와 함께 선거법 위반 선고로 각각 300만 원 벌금을 물었다. 5년간 공민권(투표권)도 제한당했다.'[121] 그러나 이 광고의 효과는 매우 커 노무현 후보는 광고가 나간 직후 열린 민주당 광주 경선에서 압승을 거뒀고, 이에 탄력을 받아 민주당의 대통령 후보가 되고 결국 대통령에 당선되었다. 당시 노무현 캠프에서는 선생을 노무현 후보가 대통령으로 당선되는데 지대한 공로가 있는 5인 가운데 한 명으로 평가했다.

이 광고로 선생은 5년간 선거권을 박탈당했을 뿐만 아니라, 민주노동당에서도 퇴출당했다. 그러나 이렇게 지지했던 노무현 대통령이 이라크에 파병을 결정하자 2003년 7월 '아름다운 바보 그를 믿습니다'라는 제목으로 청와대에 파병 반대 메시지를 보냈다. 이 메시지의 바탕에는 평소 선생이 가졌던 다음과 같은 신념이 배어 있었다.

> 결국, 조국과 민족이 하나이듯이, 인류는 하나다. 한 몸이다. 인류는 한 공동체다. 모든 사람이 인류공동체를 이루고 있다. 너와 나는 한 몸이다. 우리 모두 한 몸이다.[122]

그러나 결국 노무현 정부에서 파병을 결정하자 선생은 노무현

---

[121] 김수복, 「예수처럼 목숨 바쳐 혁명을 다시 하자」, 《가톨릭뉴스 지금여기》 2009. 5.28.
[122] 김수복, 「아이티 희생자들과 나는 어떻게 다른가」, 《가톨릭뉴스 지금여기》 2010. 1.21.

에 대한 지지를 철회했다.

회갑 기념 문집

2004년 선생이 회갑을 맞았을 때 광주 지역 인사들이 선생에게 헌정하는 문집(글모음)을 냈다. 이 책을 기획한 최철 선생은 서문에서 이 책의 편찬 이유를 다음과 같이 적었다.

> 저물기를 거부하는 바보들의 행진. …… '김수복'이 먼저 '60' 고개를 막 넘어가기 시작한다. 그렇지만 그는 결코 저물지 않을 것이다. 그의 글과 몇몇 지인들의 글을 모아봤다. 이것을 통하여 항상 뒷전에서 묵묵히 '작아 보이지만 큰 일'을 해내던 그를 조금이나마 더 알 수 있을 것 같다.[123]

이 문집에는 광주의 쟁쟁한 운동가들이 선생이 '뒷전에서 묵묵히 작아 보이지만 큰 일'을 했던 일에 대한 고마움을 담은 글들이 실려 있다. 이 문집에는 문정현 신부와 송기인 신부도 글을 실었다.[124]

---

[123] 최철, 「머리말」, 『그윽한 향기마냥 있는 듯 없는 듯: 김수복 선생 회갑 기념 문집』 (도서출판 함께사는세상, 2004) 참조.
[124] 선생의 건강 탓에 제대로 된 인터뷰가 어려웠는데 이 문집 덕에 선생이 광주에서 하셨던 일에 대해 어느 정도 알 수 있었다. 여러 차례 읽으면서 '오래 뵈었지만 잘 몰랐던 선생의 진면목'을 알 수 있었다.

인생은 60부터

인터넷과 일기

1990년대 말부터 초고속 인터넷망이 전국에 깔리고 가정마다 인터넷 접속이 가능한 컴퓨터가 있는 시대가 열리기 시작했다. 시티폰이 스마트폰으로 이동해가는 과정은 현기증이 날 정도로 빠른 속도였다. 이렇게 2000년 전후로 한국은 초정보사회로 진입하기 시작했다. 이러한 정보기술 혁신은 선생에게도 새로운 '아고라(agora, 광장)'를 제공했다. 방 안에서 넓은 세상을 만날 수 있는 소통 수단을 제공한 것이다.

선생의 나이가 환갑을 넘기자 시력이 떨어지고 건강도 몇 시간씩 의자에 앉아 지적인 작업을 할 만큼 받쳐주지 못했다. 가업도 내려놓은 상태였다. 보통은 이런 조건이면 은퇴를 선언하고 쉬는 길을 선택하게 마련인데 선생은 반대의 길을 택했다. 사이버 공간을 무대로 새로운 인생을 시작하기로 한 것이다.

큰아들 종완이 기억하는 이 시기의 선생은 컴퓨터로 매일 일기를 써 이를 지인들과 공유하느라 바쁜 모습이었다.[125] 다른 한편으로는 성찬성 선생과 함께 지역 정치 행사에 참여하느라 바빴다. 다른 일들이 줄어드니 이런 일을 할 시간이 많아졌다. 이때 선생은 1970년대로 치면 광주의 거물 재야인사 위치였다. 물론 선생이 언변, 논리로 거물급이 된 것은 아니었다. 우직함, 남을 자기보다 앞세우는 겸손,

---

[125] 이 일기는 매일 적는다는 의미였을 뿐 실제는 그날그날 일어나는 정치적 사건이나 교회적 사건을 해방신학의 눈으로 평론한 내용이었다. 선생은 이런 글들 가운데 일부를 당시 출범한 인터넷 언론에 게재했다.

어디에 감춰져 있었을까 궁금한 격정적인 글과 생각, 조용히 필요한 곳에 자신의 시간과 물질을 내놓는 자세로 그리된 것이었다.

이때 선생은 얼마 남지 않은 재산으로 건물을 지어 재테크를 시도했는데, 큰아들 종완의 말에 따르면 위치가 좋지 않아 실패했다. 아들이 보기에도 아버지는 돈 버는 수완이 없는 사람이었다.

선생이 쓴 일기는 컴퓨터에만 저장되어 있었다. 인터뷰할 시점에는 선생의 컴퓨터에서 이 기록들을 찾을 수 없었다. 다행히 디지털 세계(사이버 공간)에 흔적이 남아 있었다. 큰 기대를 하지 않고 구글링해보니 이 시기에 선생이 인터넷 언론들에 올린 글이 다수 출력되었다. 특정 글에서 찾아낸 단서로 지인, 단체의 글을 찾으면 거기서 새로운 단서가 나왔다. 이렇게 해서 나는 수천 페이지에 달하는 선생의 글을 찾을 수 있었고 그 글 안에서 인터뷰로 확인할 수 없었던 선생의 삶의 기록을 찾을 수 있었다.

2004년에 우리신학연구소에서 홈페이지를 개설했다. 선생은 이 홈페이지를 마음에 들어 하며 그곳에 매일 성서 묵상을 기꺼이 게재했다.

> 몇 주 전에 김수복 선생님께서 연구소로 전화를 하셨다. 우리신학연구소 홈페이지 칭찬을 잠깐 하시더니, 매일 성서 묵상 글을 번역해서 올려줄 테니 홈페이지에 해당 메뉴를 새로 만들라고 하셨다. 그 뒤로 선생님은 매일 성서 묵상 글을 우리신학연구소 홈페이지에 올려주고 계시다.[126]

---

[126] 박영대, 「꿈꾸는 예언자 김수복 선생님」, 90쪽.

2009년부터는 《가톨릭 굿뉴스》에 묵상 글과 성경 해설을 게재했다. 더러 생활 단상도 올렸다. 다 모으면 몇 년 치에 해당하는 상당한 분량이다. 내용은 틈틈이 새로 번역하거나 그동안 해놓았던 번역을 다듬은 것이었다. 생활 단상은 신변잡기가 아니었다. 교회와 세상 문제에 대한 걱정, 인생에 대한 통찰에서 나오는 지혜를 담고 있었다.[127] 나름 해방신학을 공부한 필자의 눈에는 선생의 신학이 이 글에 깊이 배어 있는 것으로 보였다.

그 무렵 선생은 막 창간한 《가톨릭뉴스 지금여기》에도 기고를 시작했다. 어떤 때는 2~3일에 한 번, 더러는 일주일에 한 번, 일이 있으면 몇 달에 한 번 묵상 글을 게재했다. 가장 활발하게 기고한 해는 2010년이었다. 이 해에는 거의 격주 간격으로 칼럼을 게재했다. 이후 주기가 점점 길어지긴 했지만 2014년까지 이 매체에 기고하였다.

이들 인터넷 언론에 게재한 글들은 시사 평론이기도 했고 교회 평론이기도 하였다. 사회적 약자에 대한 연대의 표현이기도 하였다. 이러한 글로 선생은 때로는 격정적으로 때로는 따스한 글로 약자들의 상처를 보듬었다. 이 글 대부분은 해방신학자의 지성적 예리함, 인간에 대한 사랑이 교차하는 내용으로 가득했다.[128]

2015년에서 2018년까지는 새로 창간한 인터넷 언론 《가톨릭 프레스》에 주일미사 해설과 당일 성경 말씀의 해석과 묵상을 게재했다. 선생의 성정으로 볼 때 언론사에서 제안하기 전에 먼저 제안

---

[127] 《가톨릭 인터넷 굿뉴스》 검색창에서 김수복을 입력하면 선생의 글들을 확인할 수 있다. 여기서 나는 선생의 생활글만 모아 연구소 편집부에 부탁해 인쇄 가능한 pdf 파일로 만들었다.

[128] 이 글도 필자가 모아 연구소 편집부에 부탁해 인쇄가 가능한 pdf 파일로 만들었다.

했을 가능성이 커 보인다. 《가톨릭 프레스》는 선명한 비판적 논조로 교회를 비판하는 기사를 주로 게재했기에 선생의 마음에 들었을 것이다. 이곳에 실은 해설과 묵상도 상당한 양이었다. 한 주 치만 해도 A4 6~7장 분량이었다. 선생의 몸이 좋지 않을 때 더러 빠트리긴 했지만 가·나·다해 주일 미사와 성경 해설이 대부분 실렸다. 해설 말미에는 선생의 묵상도 실렸다. 3년 치를 모으니 상당한 분량이었다.

나는 이 글들을 긁어 오고 편집하는 과정에서 적어도 복음 해설과 묵상만은 꼬박 챙겨 읽었다. 3년 치를 다 읽고 나니 이 글들이 선생이 평생 천착해온 두 가지 방향 즉 성경 연구의 결과와 해방신학이 육화한 글이라는 생각이 들었다. 사제들이 더러 주일 강론집을 내지만 성경을 학문적으로 연구하고 이를 소화해 해설하는 일은 소수 신학자를 제외하고는 쉽지 않은 일이다. 이런 작업은 성경만 안다고 되는 일이 아니다. 성경에 대한 학문적 지식은 기본이고 긴 묵상이 동반되어야 하고, 그 결과를 신자들이 알아들을 수 있는 글로 옮길 수 있는 능력이 있어야 한다. 시의성도 있어야 한다. 그리고 이를 매주 정리해야 하니 성실해야 한다. 이런 모든 조건이 만나야 쓸 수 있는 글이 이런 글이다. 그래서 나는 이 글을 선생의 역작 가운데 하나로 평가한다.[129]

선생은 이렇게 사이버 공간을 상대로 불특정 다수에게 말을 걸었다. 점차 떨어지는 체력에도 크나큰 열정의 분출이 아닐 수 없었다.

---

[129] 이 글도 필자가 모아 새로 편집해 바로 인쇄가 가능한 pdf 파일로 만들었다.

사회운동

선생은 지역, 나라의 정치 현안이 있을 때마다 직접 참여하거나 글로 의견을 밝혔다. 선생은 2007년 대선 때 대통령 선거 과정이 한국사회의 새로운 도약과 희망을 만들지 못한 채 진행되고 있다는 판단하에 '국민에게 희망을 주는 17대 대통령 선거를 바라며'라는 시국선언에 참여했다.

2010년 지자체 선거에서는 광주시장 후보 단일화를 요구했다.[130] 당시 후보로 이름을 올렸던 윤난실은 블로그 글에서 선생이 자신을 찾아왔다고 했다. 선생은 자신의 판단이 옳다고 믿으면 이렇게 그 대상을 직접 찾아갔다. 그리고선 집요하게 설득했다. 2014년 지자체 선거 때는 민주당과 당원들에게 개혁 공천을 촉구했다(5월 1일). 물론 이런 일들은 선생이 정당 당원 자격으로 한 것은 아니었다.

이렇게 선생은 지역 정가에서 중요한 일이나 전국적 이슈가 있을 때 광주의 민주화운동가들과 함께 성명서에 이름을 올리거나 직접 행동에 나섰다. 광주를 위해서가 아니라 한국사회 전체를 위해서였다. 이런 일은 건강 때문에 외부 활동이 힘들어진 요즘도 선생이 계속하고 있는 일이다.

선생은 2011년에서 2014년까지 지역 인터넷 신문인《광주in》에 큰아들 종완이 기억하는 그 일기 가운데 일부를 게재했다. 내용은 온통 지역, 나라에 대한 걱정으로 가득했다. 사욕을 추구하는 정치인들이 듣기에는 거북한 비판들도 많았다. 물론 여기에 비판만 있었던 것은 아니다. 그 비판에는 반드시 대안이 들어 있었다. 그러나

---

[130] 윤난실 블로그(2010.6.27).

선생의 이런 대안은 현실 정치인들에게 잘 받아들여지지 않았다. 그 이유의 일단에 대해 김양진 선생은 다음과 같이 평가한 바 있다.

> 평소 그의 관심사인 정의 평화 인권 등에 관해 이야기를 나눌 때에도 발상 자체는 마치 어린아이가 꿈을 펼치듯이 천진난만하기 짝이 없다. …… 거의 모든 분야에 걸쳐 가히 혁명적인 수준의 발언을 서슴지 않는다.[131]

김양진 선생의 평가대로 선생은 꿈을 꾸는 사람이었기에 현실 정치에 뛰어든 이들에게는 선생의 제안이 이상적으로 들렸음에 틀림없다. 그런데 이런 것이 구약 예언자의 모습 아닌가? 그래서 나는 선생의 이런 예언자 인생이 당신 자신이 생각한 '부활'을 사는 삶, 즉 성공한 인생이었다고 평가하게 된다.

> 나부터 누가 나를 알아주기를 바라지 않고 돈 벌고 출세하려는 욕심을 벗어버리면, 고달프고 서럽게 살아가는 바다 사람들과 기쁨과 슬픔과 운명을 함께하면, 그런 가난한 사람들처럼, 그들과 더불어 인생살이가 실패한 것처럼 보일 수밖에 없지. 그러나 실은 그런 인생이라야 예수처럼 부활하여 성공하는 인생이라는 거야.[132]

황반변성

2018년 즈음 선생은 안과를 찾았다가 황반변성이라는 진단을

---

[131] 김양진, 「그의 진실과 열정을 기리며……」, 79쪽.
[132] 김수복, 「부활이 뭐예요?」, 《가톨릭뉴스 지금여기》 2010.4.1.

2025년 5월 29일 첫 인터뷰 때 필자와 함께 광주에서.

받았다. 황반변성은 시력 저하를 유발하는 퇴행성 질환이다. 망막 중심부인 황반에 이상이 생겨 물체를 정확히 식별하지 못하는 증상이다. 선생은 이 진단을 받고부터 의지와 상관없이 글쓰기와 읽기를 포기해야 했다. 그 좋아하는 글쓰기를 하지 못하게 된 것은 분명 선생에게 큰 고통이 아닐 수 없었을 터. 작년(2024년)에는 산책을 하다 넘어져 거동이 다소 부자유스러워졌다. 그럼에도 큰아들이 집에 찾아올 때마다 나라와 교회 걱정을 하느라 바쁘다. 가끔 몸이 편해지면 40년 술친구인 성찬성 선생을 만나 나라 걱정, 교회 걱정을 하고 있다.

해방신학자 김수복

선생의 일생을 돌아보는 세 달여 시간을 마무리하면서 가장 친한 친구인 성염 선생이 선생을 평한 두 글이 내 마음에 남았다.

말이 어눌하고 우직하고 조용하기 이를 데 없어 어린 시절의 꿈대로 신부가 되었더라면 수복이는 크로닌의 소설 『천국의 열쇠』에 나오는 치섬 신부가 되었을 것이다. 지금도 허름한 잠바 차림에 자가용도 없는 사장님이라 사업하는 사람들은 그를 거의 기인으로 보는 듯하다.[133]

내 벗 수복이에 대한 내 아내의 평대로 '그윽한 향기처럼 있는 듯 없는 듯' 주변에 삶의 보람을 실어주고 이 나라 역사를 바른 쪽으로 밀고 가느라 진창에 발을 담그고 고생하는 벗이 대견하다.[134]

그리고 문정현 신부의 다음 평가에서 나는 선생이 진정한 해방신학자였음을 새삼 깨닫는다.

글만 쓰는 분, 조용히 사는 분이려니 하고 생각했는데 아니다. 별말 없이 빙그레 웃고 있는 것 같지만, 언제나 우리에게 말을 하고 있다. 그 말은 그냥 하는 말이 아니라 자신의 주장이 확고히 담긴 말이고, 그 말을 아무도 모르게 행동으로 옮기는 분이다. 헛된 말이 아니라 출판한 책의 내용을 실현하는 과정이다. 가난한 사람에 대한 연민이 많아, 자신이 못다 한몫은 가까운 활동가를 통하여 채운다. 책으로 만족하는 분이 아니고 실천하는 분이다.[135]

---

[133] 성염, 「아름다운 바보, 그를 믿습니다」 참조.
[134] 성염, 「그윽한 향기 마냥 있는 듯 없는 듯」, 104쪽.
[135] 문정현, 「김수복 선생의 회갑에」, 『그윽한 향기마냥 있는 듯 없는 듯: 김수복 선생 회갑 기념 문집』(도서출판 함께사는세상, 2004), 104쪽.

김수복 선생이 걸어온 길

1944.12.15 출생(음력 10월 30일).

1951 수창국민학교 입학.

1957 살레시오중학교 입학.

1960 살레시오고등학교 입학.

1963 고등학교 졸업과 동시에 살레시오회 수련 시작(2월), 수련 착복(5월 23일).

1964 첫서원(2월 24일).

1964.3.1.~1965.12.15 서울가톨릭대학교 신(神)예과(철학 과정) 졸업.

1965~1967 '수도회 사도직 실습'(Assitenza) 추정.

1968~1971 서울 가톨릭대 신학과(신학 과정) 수료.

1971 살레시오회 퇴회.

1972 광주가톨릭대학교 발행《신학전망》(계간) 편집 담당 입사.

1973 『성서학 개론』(한국천주교중앙협의회, 1973) 번역, 《신학전망》 퇴사.

1974.1.19 혼인.

1976 가업 승계(건축업, 아세아 예식장 운영).

1982 도서출판 '일과놀이' 설립, 해방신학 서적 번역 시작, 스페인어와 포르투갈어 독학 시작.

1986 해방신학서 번역 출판, 동아투위 기자들에게《한겨레신문》창간 제안.

1987 '민주쟁취국민운동광주전남본부'(국본)과 함께《국민신문》창간(준비호 1~4호 발간), 창간호 발간.

1988 《노동신문》창간 제안.

1990 가톨릭노동사목전국협의회 광주지부 이사장.

1991 정의구현사제단 명의 '신앙생활' 교리서 시리즈 발간.

1994 우리신학연구소 소장 취임.

2002 대선에서 《한겨레》 1면 하단 5단 광고 게재(바보 노무현), 우리신학연구소 홈페이지에 매일 성서 묵상 게재.

2004 《야곱의 우물》 창간 참여.

2009~2013.12.20 《가톨릭뉴스 지금여기》 칼럼 집필.

2011~2014 인터넷 언론 《광주in》 칼럼 집필.

2015.10~2018.10 《가톨릭 프레스》 주일 독서 복음 해설 연재.

2019년 이후 '황반변성' 진단으로 절필 중.

번역·저술 목록

역서

1. 『미사안내』, A. M. 로게, 한국천주교중앙협의회. 1972.
2. 『구약성서 신학개요』, John L. McKenzie, 분도출판사, 1973.
3. 『성서학 개론I』, P. 그럴로, 분도출판사, 1976.
4. 『성서와 전례, A해 1』, 생활성서사, 1983.
5. 『성서와 전례, A해 2』, 생활성서사, 1983.
6. 『성서와 전례, A해 3. 사순 제1주일-성토요일(부활성야)』, 생활성서사, 1984.
7. 『성서와 전례, A해 4』, 생활성서사, 1984.
8. 『성서와 전례, A해 5』, 생활성서사, 1984.
9. 『성서와 전례, A해 6』, 생활성서사, 1984.

10. 『성서와 전례, A해 7』, 생활성서사, 1984.
11. 『바울로의 신학』, J. A. Fitzmyer, 분도출판사, 1984.
12. 『성서와 전례, B해 하권, 주일미사와 복음해설 묵상』, 생활성서사, 1985.
13. 『성서와 전례, C해 상권』, 생활성서사, 1985.
14. 『성서와 전례, C해 하권, 주일독서 및 복음해설 묵상』, 생활성서사, 1986.
15. 『바닥 共同體와 解放의 實踐』, Clodovis Boff, 한국신학연구소, 1986.
16. 『해방신학의 개관』, 세군도 갈릴레아, 성바오로출판사, 1987.
17. 『가난한 사람들의 역사적 위력』, 성요셉 출판사, 1987.
18. 『해방신학입문』, 레오나르도 보프, 한마당, 1987.
19. 『그리스도교 인간학』, 분도출판사, 1988.
20. 『해방신학의 구조와 논리』, 홀리오 루이스, 한국신학연구소, 1988.
21. 『죽음의 신학』, 칼 라너, 가톨릭출판사, 1988.
22. 『그리스도교 종말론』, 리바니오, J. B., 분도출판사, 1988.
23. 『메델린 문헌』, 제2차 라틴아메리카 주교단 총회 최종결의, 분도출판사, 1989.
24. 『공동체 윤리』, 엔리케 뒷셀, 분도출판사, 1990.
25. 『성서의 영성』, 까밀로 마씨세, 도서출판 일과놀이, 1990.
26. 『그리스도교와 공동체사회』, 리까르도 안똔시크, 도서출판 일과놀이, 1990.
27. 『해방의 실천과 전략: 가난한 사람들을 편드는 선택』, 호르게 픽슬레이, 분도출판사, 1991.
28. 『주님의 어머니 마리아』, 칼 라너, 가톨릭출판사, 1992.

29. 『요한에 의한 예수 수난: 본문과 정신』, 이냐세 데 포테리에, 성바오로, 1992.
30. 『미리암의 노래: 오늘의 여성신학』, 앤 E. 페트릭, 도서출판 일과놀이, 1992.
31. 『구원은 사랑: 성서의 중심사상』, 후안 루이스 카라비아스, 도서출판 일과놀이, 1992.
32. 『일어서는 하느님 백성: 모세오경의 중심사상』, 브라질수도회연합회, 도서출판 일과놀이, 1992.
33. 『십자가에 못박히는 사람들』, 레오나르도 보프, 도서출판 일과놀이, 1993.
34. 『알기쉬운 신학입문. 1: 예수』, 호세 꼼블린, 도서출판 일과놀이, 1993.
35. 『하느님은 선교사보다 먼저 오신다』, 레오나르도 보프, 분도출판사, 1993.
36. 『나를 복된 여자라 불러주오: 룻기 주해』, 카를로스 메스테르스, 성바오로, 1993.
37. 『성서의 가르침』, 아베사미스, 카를로스, 가톨릭출판사, 1994.
38. 『나의 영광을 드러내라: 하께 주해』, 밀턴 스완테스, 성바오로, 1994.
39. 『즈가리야: 가난한 메시아가 오리라』, G. 고르굴료, 바오로딸, 1997.
40. 『요한복음 읽기: 생명의 길』, J. 보르톨리니, 성바오로, 1997.
41. 『마르코복음 읽기: 예수는 누구인가?』, E. M. 발라친, 성바오로, 1997.
42. 『마태오복음 읽기: 정의의 길』, 이보 스토르니올로, 성 바오로, 1998.
43. 『루가복음 읽기: 가난한 사람들이 새로운 역사를 건설했다』, 이보 스토르니올로, 성바오로, 1998.
44. 『로마서 읽기: 복음은 우리를 구원하시는 하느님의 능력이다』, J. 보르

톨리니, 성바오로, 1999.
45. 『사도행전 읽기: 복음이 나아가는 길』, 이보 스토르니올로, 성바오로, 2000.
46. 『요한묵시록 읽기: 저항하고 고발한다』, J. 보르톨리니, 성바오로, 2000.
47. 『성서묵상입문』, 브라질수도회연합, 도서출판 일과놀이, 2000.

신학전망 원고

앙리완/김수복, 「성사의 제정과 토착화의 한계」, 《신학전망》 17호(1972년 6월), 광주가톨대학교신학연구소, 1972.

김수복, 「낙태와 그리스도 신자들의 책임감」, 《신학전망》 18호(1972년 9월), 광주가톨대학교신학연구소, 1972.

P. 오브레/김수복, 「創造편」, 《신학전망》 18호(1972년 9월), 광주가톨대학교신학연구소, 1972.

레옹 뒤푸르/김수복, 「평화」, 《신학전망》 19호(1972년 12월), 광주가톨대학교신학연구소, 1972.

H. 부이야르/김수복, 「키엘케골의 신앙」, 《신학전망》 21호(1973년 6월), 광주가톨릭대학교신학연구소, 1973.

A. 바뫽, P. 그럴로/김수복, 「지혜」, 《신학전망》 22호(1973년 9월), 광주가톨릭대학교신학연구소, 1973.

P.R. 끄랑/김수복, 「정신적 영도력과 사회개혁: 마하트마 간디와 마르틴 루터 킹」, 《신학전망》 23호(1973년 12월), 광주가톨릭대학교신학연구소, 1973.

R. 코로/김수복, 「창세기 1-11장의 문학유형」, 《신학전망》 30호(1975년 9월), 광주가톨릭대학교신학연구소, 1975.

칼럼집(pdf)

김수복, 『가톨릭뉴스 지금 여기 칼럼(모음)』, 우리신학연구소, 2025.

김수복, 『가톨릭 언론 기고(모음)』, 우리신학연구소, 2025.

김수복, 『가톨릭 프레스 주일 독서·복음 해설(모음)』, 우리신학연구소, 2025.

김수복, 『광주in 정치·시사평론(모음)』, 우리신학연구소, 2025.

기념 문집

김수복 선생 회갑 기념 문집 편찬위원회, 『그윽한 향기마냥 있는 듯 없는 듯』, 도서출판 함께사는세상, 2004.

배움과 도움의 삶을 소명으로 여기는 김원호

한국전쟁의 비극 속에 아버지를 여의고

충북 진천군 이월면 신계리 새울공소 앞에는 이런 안내문이 붙어 있다.

새울공소는 1846년 병오박해 이후 각처에서 모여든 신자들이 일군 교우촌에서 시작되었다. …… 박해 이후 새울 교우촌은 염씨(염수정 안드레아 추기경 집안), 김씨(김병철 베네딕토 신부 집안), 임씨(임해철 바오로 회장 집안) 등에 의해 재건되었고, 1892년 공소로 설정되었다.

여기서 언급되는 김씨 집안이 바로 김원호 선생의 친가다. 김병철 신부(청주교구, 1964년 서품, 2023년 선종)는 선생의 삼촌이고, 할아버지 김용운은 새울공소 공소회장이었다.

원래 친가인 선산 김씨 집안은 상주 부근에서 수백 년을 거주했으나, 증조부 시절인 1890년대에 아이가 태어나면 일찍 죽기를 거듭하고 가세가 기울자 하나 남은 아들 김용운을 데리고 정든 고향을 떠나 충청도로 이주하였다. 당시 조부는 일곱 살이었는데, 열 살 무렵 부친을 여의고 차령산맥 줄기에 있는 새울에 자리를 잡게 되었다. 새울은 옹기를 구어 생계를 꾸려가는 마을로, 주민 대부분이 천주교 신자인 교우촌이었다. 홀로 남은 조부 김용운은 장호원 성당에서 세례를 받고, 새울공소에서 열심히 신앙생활하며 공소회장까지 지냈다.

 선생은 1948년 3월 31일 서울 마포구 공덕동 외가에서, 새울공소 김용운 회장의 둘째 아들인 아버지 김동철과 어머니 차순복 사이에 장남으로 태어났다. 할아버지가 교우촌 공소회장이고 나중에 삼촌 2명은 사제, 고모 1명은 수녀가 될 정도로 친가의 천주교 신앙은 대단했지만, 외가에선 어머니만 신자였다. 어머니는 소학교를 졸업하고 직장 생활하던 16세 무렵 홀로 약현성당을 찾아가 천주교 세례를 받았는데, 이후 수녀가 되기를 바랄 만큼 신심이 깊었다. 어머니는 신자가 아니던 외할아버지가 수녀 되는 것을 완강히 반대하자, 수녀원에 안 가고 결혼은 하되 천주교 신자와 하겠다는 조건으로 타협했다. 어머니는 약현성당에서 보좌 신부로 있다 안성성당 주임 신부로 간 김제근 토마스 신부의 소개로 아버지를 만났다. 사제의 중매로 이루어진 혼사였다. 1926년생 동갑내기인 그의 부모님은 22세의 나이에 1947년 4월 초 약현성당에서 혼배성사를 했고, 이듬해 아들 김원호가 태어나자마자 유아 세례를 시켰다.

 결혼 당시 어머니는 직장 생활을 했지만, 아버지는 대학생 신분이어서 집안의 생계는 주로 어머니 몫이었다. 아버지는 가난한 농부의 10남매 가운데 셋째로 태어나 소학교를 졸업하고 독학으로 지금의 국민대학 법학과에 진학해 서울에서 학교에 다니고 있었다. 부모님은 결혼 후 경무대 안 관사에 살던 사람에게 방을 한 칸 얻어 살림을 차렸다. 1948년 가을에는 팔판동(종로구 삼청동)에 살던 작은 외할아버지의 동의를 얻어 한쪽에 작은 집을 지어 이사했다. 그 땅은 국유지였으나 당시만 해도 토지관리가 엄격하지 않아 문제가 되지 않았다. 외할머니는 일 나가는 어머니를 대신해 매일 공덕동에서 팔판동까지 와 어린 김원호를 돌봤다.

그의 아버지는 등록금이 마련되면 학교에 다니고, 돈이 없으면 휴학하기를 거듭했다. 1950년 1학기 때도 아버지는 형편이 어려워 휴학을 했던 터라 농사일을 도우러 세 식구가 새울 친가에 내려가 지내던 중에 한국전쟁

아버지, 어머니와 함께 찍은 사진. 아버지에 대한 직접적인 기억이 없는 김원호 선생은 사진으로 아버지를 떠올린다.

이 일어났다. 전쟁이 터진 지 한 달도 안 돼 인민군이 충북 진천 지역을 모두 점령했다. 마을 인민위원회에서는 아버지에게 의용군에 지원할 것을 강요했고, 아버지는 이를 받아들이지 않으려 버티다 결국 7월 27일 의용군으로 차출되었다. 그 이후 영영 아버지의 생사를 알 수 없게 되었다. 그의 나이 세 살 때였다. 이즈음 아버지 바로 밑 삼촌은 국방군으로 참전했다가 낙동강 방어선을 사수하기 위한 포항전투에서 전사했다. 할아버지 김용운도 공소회장으로서 병든 피난민을 돌보다 전염병으로 쓰러져 1951년 4월 65세의 나이로 선종

했다. 이렇게 한국전쟁은 선생의 친가에 돌이킬 수 없는 상처를 남겼다.

외롭게 지낸 어린 시절

어머니는 결혼한 지 3년 3개월 남짓 만에 남편과 생이별하여 과부 신세가 되었다. 세 살 아이였던 김원호 선생에게는 아버지에 대한 기억조차 없이 전쟁은 깊어갔다. 전쟁통에 어머니는 어린 아들을 데리고 시댁을 떠나 서울 외가로 돌아왔다. 어머니는 남동생과 부모님, 어린 아들과 함께 1952년 가을까지 남양, 죽산, 영등포 등으로 옮기며 피난 생활을 했다.

어머니는 3녀 1남의 셋째딸이었는데, 언니 둘은 이미 결혼해 출가하고 열 살 터울의 막내 남동생이 있었다. 어머니와 삼촌은 유달리 남매의 정이 깊었다. 어머니는 아들보다 불과 12살 위인 남동생을 마치 큰아들처럼 챙겼고, 때론 친아들보다도 더 살폈다.

그는 이 시절 남양에서 개구리 잡던 일, 외할머니와 함께 산길을 걷던 일, 외삼촌이 도끼에 발목을 다친 일, 외할아버지와 영등포 굴다리 아래서 파는 꿀꿀이죽을 맛있게 먹던 일 등을 기억한다. 피난살이 중이던 1952년 1월 그를 어린 시절부터 자상히 돌봐주시던 외할머니가 갑자기 돌아가시고, 남은 네 식구는 1953년 7월 휴전 회담이 성사된 직후 팔판동 집에 돌아왔다. 그때 식구들과 돛단배를 타고 한강을 건너 집으로 돌아오던 기억이 아직도 생생하다. 어머니는 팔판동 집에 돌아오자마자 부엌 바닥에 묻어둔 장독을 파 그 안에 숨겨둔 그릇을 꺼냈다.

　전쟁 후 가정 형편은 경제적으로도 어려웠지만, 인민군에 끌려간 아버지로 인해 자칫 빨갱이 집안으로 몰릴까 모든 일이 조심스러웠다. 갑자기 찾아온 경찰이 어머니에게 "네 남편 어디 있나?"고 다그치며 종로경찰서로 끌고 간 일도 있었다. 경찰은 어머니 손가락에 연필을 끼고 돌리는 고문을 하기도 했는데, 어머니는 "내 남편은 대한민국의 애국자요"라고 답하며 아버지가 인민군에 끌려간 사실을 끝까지 말하지 않았다. 사실, 그는 어린 시절 아버지가 인민군에 의용군으로 끌려간 일, 어머니가 그렇게 고문당한 일도 정확히 알지 못했다. 집에 있는 아버지 사진 중에는 해방 후 진해에서 해양경찰로 복무하던 사진이 많았기에, 그는 아버지가 미국에 가서 장군이 돼 떨어져 사는 거라 여겼다. 주위에도 그런 식으로 말하며 아버지의 존재를 감췄다. 이 시절 어머니는 남대문 시장에서 장사를 했고, 외삼촌은 미군 부대에 근무했다. 외할아버지는 반도호텔 잡역부로 일했다. 이처럼 어른들은 전후에 살아남기 위해 처절하리만큼 열심히 살았다. 덕분에 선생은 전후 모두가 어려운 시절이었음에도 끼니를 거른 적 없이, 팔판동에서 꼬마 대장 노릇을 할 만큼 밝고 씩씩하게 컸다.

　1954년 4월 일곱 살이 되자 삼청국민학교에 입학했다 며칠 만에 청운국민학교로 전학해 4학년이 되는 1957년까지 팔판동에 살았다. 그 시절 그에겐 학교에서 요구하는 가정환경조사서 작성이 가장 큰 고역이었다. 그의 집에는 없는 것이 너무 많았기 때문이다. 집, 라디오, 피아노, 시계뿐 아니라 아버지도 형제도 없었다. 가끔 빚 독촉을 하러 집으로 찾아온 아주머니 때문에 집안에 무거운 분위기가 감돌던 기억도 또렷하다. 당시 청운국민학교에는 영국군이 진주하고 있어 서울상고 교정에서 야외수업을 받기도 했다. 그는 주로 외가 식구들과 생활했지만, 방학 때면 새울 친가에 갔다. 3학년 겨울방학에는 어머니가 할머니, 큰삼촌과 경제 문제로 싸워 작은삼촌과 둘이 윗방에서 서로 붙잡고 무서워했던 기억이 있다. 당시 싸움은 친가에서 아버지 몫으로 되어 있던 농지가 있었음에도 이를 숨겨 경제적으로 힘들게 살아가던 어머니에게 깊은 상처를 주었던 일로 기억한다. 이런 일들 때문에 어머니는 친가와 사이가 좋지 않았다.

 1957년 외할아버지가 재혼하고 어머니는 부산 대양공고 매점에 취직해 부산으로 떠나게 되었다. 외삼촌은 경기도 파주 미군 부대에서 생활하게 되어 집에는 외할아버지, 새 외할머니, 선생만 남게 되었다. 어머니와 떨어지고 낯선 새 할머니와 지내면서, 선생은 점점 기가 죽어 말수 없는 아이로 바뀌어갔다. 그 무렵엔 사람의 정이 그리워 새울 친가를 갈 수 있는 방학만 애타게 기다렸다. 어머니는 그가 외로워하는 모습을 보고 그를 부산으로 데리고 와 영도에 있는 영선국민학교로 전학시켰다. 공부는 그런대로 잘했기에 어머니는 별걱정을 안 했지만, 정작 그는 낯선 곳에서 외톨이처럼 지내며 소극적으로 변해갔다. 부산에서는 그리 오래 머물지 않았는데 이곳에서 첫영성체를 했다. 그는 어린 시절 가정에서 받았던 신앙 교육을 이렇게 기억한다.

 어릴 적 가정에서 신앙의 가르침이 무엇보다도 나에게 강력한 영향을 미쳤다. 하느님은 참으로 엄한 분, 선악에 따라 상벌을 내리시는 분으로 이해되었다. 따라서 죽은 후 지옥의 형벌에 대한 두려움 때문에 삶에 대한 즐거움을 느끼는 것조차 용납되지 않았다. 가치 판단을 하는 데 선악에 근거한 이분법적인 사고가 지배했던 것이다.

살아 있다는 사실 자체를 축복 내지 은혜로 받아들이기보다는 현세의 삶이 하느님께로 가기 위한 시험대로만 받아들여졌다. 지옥에 빠지지 않기 위해 안간힘을 쓰면서 천국에 들어갈 소망을 감히 갖지도 못하고 살아왔던 것이다. 내 삶은 이승 속에 있는데 삶의 초점은 저승에 머무를 뿐이었다. 그 저승마저도 좋게 되는 일은 감히 꿈꾸지도 못하고 나쁘게 될까 봐 노심초사하면서 지냈다. 그때 내 속에 있는 가톨릭교회상은 마치 검찰청이나 법원과 같은 인상이었다고 할 수 있다.[1]

부산에서 어머니와 함께 살게 된 지 석 달여 만인 1957년 4학년 겨울방학, 어머니는 서울 합정동 급식소에 일자리가 생겨 혼자 먼저 서울로 올라가셨다. 그는 어머니의 성당 지인인 보노사 아주머니와 함께 생활하며 5학년 1학기 5월까지 부산에서 지냈다. 그 무렵 팔판동 집은 빚을 갚느라 처분하고 외할아버지는 대방동으로 이사를 가 구멍가게를 하며 따로 살게 되었다. 어머니가 합정동에 단칸방을 사글세로 얻고 그를 부산에서 데려오면서 모자가 다시 같이 살게 되었다. 교육열이 높았던 어머니는 서울에 올라올 때 지인의 힘을 빌려 충정로 소재 미동국민학교로 그를 전학시켰다. 이 학교는 합정동에서 걸어가면 1시간도 더 걸렸다. 매일 맨발에 장화를 신고 다니다 오른발에 염증이 생겨 2~3주를 학교에 못 갈 만큼 탈이나 수술까지 받았다. 이때 수술받은 상처는 아직도 오른발 발목 안쪽에

---

[1] 김원호, 「교회는 나에게 어떤 모습으로 다가왔나?」, 《생활성서》 1996년 6월호, 84쪽.

남아 있다. 동네에서는 아이들과 다른 학교에 다니다 보니 친구가 거의 없어 홀로 지냈다.

그는 이렇게 소심하게 국민학교 시절을 보냈다. 이 시절 정의감을 느꼈던 기억이 하나 있다. 미동국민학교 다닐 때 일이었다. 교장 선생님이 조회 시간에 훈화를 하며 "너희들, 통학할 때 들어오면서 노점을 하는 사람들 봤지? 저 사람들은 어린 시절에 공부를 안 해서 저렇게 된 거다. 너희도 지금 공부 안 하면 저렇게 된다"고 했다. 그 소리를 듣자 그는 몹시 화가 났다. '어떻게 그리 말할 수 있는가!'

어린 시절 그는 죽을 고비를 여러 번 넘겼다. 국민학교 1~2학년 무렵, 등굣길에 큰길 한가운데서 자동차들 사이에 끼어 오도 가도 못해 공황 상태에 빠진 일이 있었다. 2~3학년 무렵에는 한국전쟁으로 폐허가 된 국회의원 관사 2층에서 동네 아이들과 칼싸움을 하다 떨어졌다. 5학년 때는 한강에서 물놀이를 하다 키보다 깊은 곳에 빠져 죽을 뻔하기도 했다. 6학년 여름에는 홍수가 난 절두산 인근 개울에서 물고기를 잡다 갑자기 미끄러져 죽을 뻔했다. 그때 물에서 허우적대다 겨우 빠져나와 모래밭에 올라오니, 익사체 하나가 눈앞에 있는 모습을 보기도 했다.

6학년 때 외삼촌이 미군 부대 일을 그만두면서 세 식구가 합정동 집에서 함께 살았다. 외삼촌은 그가 중학교 2학년이 될 때까지 함께 살았다. 가끔 어머니 심부름으로 생굴과 소고기 등 먹을 것을 들고 대방동 외할아버지를 뵈러 가기도 했다. 외할아버지는 손재주가 좋고 건강하셨으며, 특히 이가 좋으셨다. 그는 자신의 건강이 외할아버지에게서 온 것으로 생각한다.

어린 시절 즐거웠던 기억은 별로 없다. 다만 참을성은 있어 하루하루 성실히 보내다 보니 반에서 2등으로 학업을 마칠 수 있었다. 주위 어른들은 너무 일찍 철이 들어 말썽도 부리지 않는 그를 칭찬했지만, 정작 자신은 자전거도 타보지 못하고 수영도 못 해보았으며 친구도 거의 없는 숙맥 같던 시절, 기쁨을 기쁨으로, 슬픔을 슬픔으로 제대로 느끼지 못하고 살아온 가여웠던 시절로 기억한다.

가난하고 내성적이던 사춘기 소년

중학교 초기에는 사춘기 소년으로서 수치심을 느낀 몇 가지 사건을 경험했다. 그는 중학교 입학시험을 치를 때, 경기중학교보다 안전하게 합격할 만한 서울중학교에 지원했다. 그런데 시험 날 아침 버스가 오지 않아 한참 걸어가던 중 뒤늦게 수험표를 집에 두고 왔다는 사실을 알아차렸다. 집으로 되돌아가 수험표를 챙기고 우왕좌왕하느라 정신이 멍한 상태로 입학시험을 본 탓인지 떨어지고 말았다. 후기 입시를 보고자 중동중학교 지원서를 쓰러 교무실에 갔더니, 담임 선생님이 반에서 2등을 한 녀석이 서울중학교에 떨어졌다며 큰 소리로 주위 선생님들에게 떠드는 바람에 그는 큰 수치심을 느꼈다. 그래도 중동중학교 입학시험은 무난해 전교 8등으로 합격하였다. 1학년 반 배정 때 성적에 따라 반의 임시 부반장이 되었다. 그러나 정작 선거에서 반장은 유임되었는데 부반장인 자신은 탈락해 수모를 당했다. 내성적 성격 때문에 친구들과 친하게 지내지 못한 탓이었겠으나 이 일로 그는 더 내향적이 되었다. 또 하나 창피했던 사건은 음악 시간에 손톱을 뜯다 선생님께 걸려 교단 앞에 나와 무릎을 꿇고 벌을 선 일이었다. 내성적인 그는 이때 눈물이 났다. 그 뒤로 그에게 음악 수업은 피하고픈 시간이 되었다. 한 번은 월사금을 가져오라며 수업 도중 집으로 돌려보내진 일도 있었다. 사실 그 시절의 가난은 너무도 익숙해 이런 일은 부끄러운 축에도 들지 않았다.

중학교 2학년 때 외삼촌이 다시 취직해 파주 미군 부대로 떠났다. 어머니는 일하던 급식소가 문을 닫자 일자리를 잃었다. 어머니는 외삼촌 밥을 챙겨주려 파주로 떠나고, 선생은 둘째 이모 댁에 맡겨져 1년 반을 보냈다. 예민한 사춘기에 두 번째로 어머니와 떨어져 이모 댁 더부살이를 하면서 이모부, 사촌 형들의 눈치를 보거나 그들이 툭툭 던지는 말에 상처를 받기도 했다. 그래도 이모는 외할머니처럼 인자한 분이셨다. 이모부 일도 잘되어 이모 댁이 남가좌동에 새집을 짓고 이사한 덕분에 좋은 집에서 살아볼 수도 있었다.

중학교 2학년 겨울방학 무렵 외할아버지가 많이 편찮아지셔서 첫째 이모 댁에서 병간호를 받다 1962년 3월 3일에 돌아가셨다. 두 달 뒤인 5월 14일 외삼촌이 결혼하면서 어머니도 서울로 돌아와, 북아현동에 단칸방 세를 얻어 다시 모자가 함께 살게 되었다. 제대로 된 천장도 부엌도 없는 열악한 상태의 집이라, 연탄가스 중독으로 목숨이 위태로웠던 순간이 두어 번 있었다. 그래도 어머니와 함께 살게 되니 안정감이 생겨 고등학교 입시 때 무사히 서울고등학교에 진학할 수 있었다. 고등학교 1학년 11월이 될 무렵엔 1년 반가량 행상을 하셨던 어머니가 외삼촌의 도움과 새울에 있는 아버지 몫 논 세 마지기를 판 돈으로 보광동 시장에 건평 15평 정도 되는 작은 집을 사고 기름집도 열면서 살림이 좀 나아졌다.

사춘기가 되자 그는 어머니에게 반항하기 시작했다. 고등학교 시절 입을 옷과 신을 신이 변변치 않자 신발을 사달라고 투정을 부렸는데, 어머니는 새 신발을 사주는 대신 외삼촌 신발을 내주며 신으라 했다. 그는 그 신발을 마당에 던져버렸다. 그때 어머니는 상상 이상으로 화를 내시며 그에게 집을 나가라 야단을 치셨다. 그 역시 정말로 집을 나가버리고 싶을 만큼 화가 났다. 겨우 참았지만, 이 일은 시간이 한참 흐른 뒤에도 마음속 깊이 상처로 남았다. 그때 그가 어머니에게 느낀 분노는 늘 자신보다 외삼촌을 더 챙기고, 그가 공부할 수 있는 것은 다 외삼촌 덕분이라 말하는 어머니에 대한 서운함이 겹쳐서였다. 어머니가 친가를 부정적으로 이야기하는 것도 듣기 싫었다. 외가 식구들은 인정이 많고 형제간 우애가 깊어 때론 지나치게 감정적으로 여겨질 정도였지만, 그의 기질은 친가 쪽을 닮아 때론 냉정하고 합리적이며 무심한 측면이 있었다. 이러한 기질상의 차이로 어머니, 외삼촌과 부딪치는 일이 종종 있었다. 그는 외삼촌과 두 이모에게서 각별한 사랑을 받으며 자랐음에도 자신은 선산 김씨 후손이라는 인식이 강했기에 어머니가 시댁에 대해 안 좋게 이야기하는 것을 참지 못했다.

사제 성소를 꿈꾸던 소년의 첫사랑

한편, 그는 어머니 몰래 사제 성소의 꿈도 키워가기 시작했다. 어린 시절부터 그가 지녀왔던 신앙관은 전통적인 원죄 신앙에 뿌리를 두고 있었다. 한국전쟁 중 아버지의 실종, 숙부의 전사, 친할아버지의 죽음을 서너 살 무렵부터 겪고, 대여섯 살 무렵에는 사랑하는 외할머니의 죽음을 맞았으며, 중3 때 외할아버지마저 돌아가셨기에 삶에서 죽음이 가깝게 느껴졌다. 게다가 고1 때 외숙모가 집에서 사촌 동생을 출산하느라 산고로 신음하는 것을 문밖에서 들으며, 새 생명의 탄생이 축복이나 기쁨으로 여겨지기보다 고통과 슬픔으로 더 와닿을 정도로 염세적이었다.

아버지가 25세 되시던 해에 한국전쟁이 일어나 생사를 알 수 없게 되었던 것처럼, 자신도 25세에 이별이나 죽음을 맞이할지 모른다는 막연한 불안감이 그의 무의식에 깊이 자리하고 있었다. 그리고 그에게는 죽음보다 지옥 벌에 대한 두려움이 더 컸다. 어린 시절부터 그가 간직해온 가톨릭 신앙은 죄의식을 강조하고 내세를 중시했으며, 세상과 육체를 부정적으로 보고 죄악시하는 경향이 있었다. 죽음 후 하느님의 심판을 통해 대부분 인간이 겪을 지옥이나 연옥 형벌에 대한 두려움이 잠재의식에 깊이 자리하며 그를 더 소극적으로 만들었다. 이처럼 가톨릭 신앙이 그에게 미친 영향은 삶을 축복으로 여기기보다, 태어났으니 어쩔 수 없이 사는 것으로 생각하게끔 했다.

60년대에 사춘기를 보내면서도 징벌자의 하느님 모습은 바뀌지 않은 채 그대로였다. 세계의 모습, 교회의 모습도 마찬가지였다. 신과 교회에 대해서 비판할 생각은 감히 갖지도 못했고, 세계는 내가 잠시 머물다 가는 장소, 그 이상이나 이하도 아니었다. 영성을 강조하면서 어떻게 하면 하느님의 마음에 드는 존재가 되는가에만 관심이 더 쏠렸다. 자연히 하느님과 교회를 제외하곤 나, 이웃, 세계 등 모든 것이 적이었다. 평화와 안식은커녕 질곡과 멍에 속에서 할 수 없이 살면서도 죽음을 두려워했을 뿐이었다. 사랑을 가슴속에 안기보다는 증오와 판단이

나를 지배하였던 것이다.[2]

그는 현실은 더러운 속세에 지나지 않으니 이를 피하고 믿음과 소망, 사랑이 넘치는 저세상에 가기 위한 준비를 하는 게 살아가는 목적이라 생각했고, 이를 위해 가장 좋은 방법이 사제가 되는 것이라 여겼다. 사제가 되면 육의 유혹을 피할 수 있고 세속을 떠날 수도 있으며, 죄짓지 않고 하느님께 기도하며 살 수 있을 것이기에 최선의 길로 여겼다. 더욱이 친가의 김병철 베네딕토(청주교구, 1964년 서품), 김유철 필립보(청주교구, 1970년 서품) 두 삼촌과 사촌 형 김원택 프란치스코 하비에르(청주교구, 1972년 서품)가 이미 신학교에 들어갔거나 사제가 되었으니 자신도 그 길로 부르심을 받았다고 생각했다.

고1 때부터 생겨난 사제 성소의 꿈은 고2 때 첫사랑을 만나며 흔들렸다. 고등학교 입학 후 학교에서 레지오 마리애 활동을 했는데, 다른 학교 여학생들과도 함께하면서 이성에 관심이 생겼다. 하지만, 내성적이고 소극적인 성격 때문에 여학생에게 말도 제대로 붙여보지 못했다. 그러다 고등학교 1학년 2학기 때 보광동으로 이사하며 이태원성당 가톨릭학생회 셀(CELL)에 가입해 활동을 시작하였다. 셀 활동을 열심히 하던 고2 때 한 살 연상의 고3인 성가대 누나와 사랑에 빠졌다. 첫사랑이었다. 당시 그 여학생은 진학 문제로 길에 쓰러져 병원 치료를 받을 만큼 스트레스가 심했다. 1964년 한일협정 비준 반대 시위로 서울에 위수령이 내려져 6월 3일부터 3주간 학교에 휴업령이 내려졌을 때 두 사람은 거의 매일 어울렸다. 그

---

[2] 같은 글, 84쪽.

는 선배에게 진학에 대한 용기를 북돋우고 위로하며 사랑의 마음을 키워갔다. 그러나 그 사랑은 짝사랑이었는지 대학에 들어간 뒤 다시 만난 그녀는 그와 가졌던 만남을 특별히 기억하지 못했다. 이로 인해 그는 큰 상처를 받았다. 처음으로 삶의 기쁨을 느끼게 했던 첫사랑은 너무도 짧고 허무하게 끝나버렸다.

그는 이성 교제를 하며 과연 이런 마음으로 신학교에 갈 수 있나 싶어 갈등했다. 그러면서도 고3 때 첫사랑의 추억을 마음 한편에 간직한 채 신학교 진학을 위해 구체적인 준비를 시작했다. 당시 대학입시에서 문과는 선택과목으로 일반사회를 이과는 국사를 보아야 했는데, 가톨릭대 신학대학은 선택과목이 국사였다. 그는 문과였고 담임 선생님이 일반사회 담당이었는데도, 신학교를 준비하기 위해 국사를 선택했다. 신학교에 가기 위해 들었던 수업이지만, 역사 공부는 그가 평생에 걸쳐 공부하고 싶은 주제가 되었다. 그러나 입시를 앞둔 고3 11월, 외삼촌이 그가 신학교 입시를 준비하는 것을 알고 어머니 봉양은 어떻게 할 것이냐며 만류하기 시작했다. 홀어머니에 외아들이라는 그의 처지에서 신학교 입학은 곧 어머니를 홀로 남겨두는 선택이 될 것이기 때문이었다. 외삼촌은 대학 졸업 후에도 마음이 변치 않으면 그때는 신학교에 가는 걸 말리지 않겠다고 했다. 결국 김원호 선생은 준비하던 신학교 입시를 잠시 미루고 서울대학교 철학과에 진학했다.

학업보다 성당 활동에 열정을 쏟던 대학 시절

1966년도 대학 입학시험에 합격하여, 서울대학교 문리대 철학과에 진학했다. 그러나 첫 강의인 '철학개론' 수업을 들으며, 자신이 전공을 잘못 선택했다는 생각에 곧바로 후회했다. 그러나 전공을 바꿀 생각보다 그저 참고 학교에 다녔다. 그래도 표정은 항상 온유하여 주위에서는 그가 불만스러운 마음으로 억지로 학교에 다니는지 알아채지 못했다. 이렇게 그는 자신의 의지를 표명하기보다 주위의 눈을 의식하며 사람들의 기대를 따라가는 데 익숙했다.

전공 수업은 재미없었지만, 그는 위대한 사상가들을 존경하고 그들의 사상에 관심이 많았다. 그가 특히 이상적인 인물로 여긴 위인은 안창호, 간디, 슈바이처 등이었다. 이들은 그처럼 내성적이어도 이를 뛰어넘어 남들에게 헌신한 위인들이었다. 그는 특히 대학 시절 알버트 슈바이처에 감화되어 졸업 논문을 '슈바이처의 생명 외경 윤리'를 주제로 썼다. 교수들은 칸트나 헤겔 같은 당시 주류 철학자의 사상이 아닌 주제로 논문을 쓰는 걸 의아하게 봤겠지만, 그는 인간의 삶과 호흡할 수 있는 사상에 관심이 있었다. 그는 이들 사상가처럼 삶과 이상을 조화해가는 '성인 되기'를 꿈꾸었다. '성인 되기'는 직업이나 결혼 여부와 상관없이 가능한 일이기에, 그 위대한 인물만큼의 재능은 없더라도 자신의 삶에서 이룰 수 있는 꿈이라 생각했다. 그에겐 그걸로 족했다.

한편, 그는 전공 공부에는 흥미를 두지 못하고 무미건조한 학교 생활을 하는 대신 신앙생활에 매진했다. 대학교 1학년 때인 1966년 여름에는 서강대학교에서 '현대와 종교'를 주제로 열린 서울 지역

가톨릭 학생대회에 참여해 제2차 바티칸 공의회 '사목헌장'을 한창 배우고 논의하기도 했다. 물론 당시에는 그 의미를 정확히 몰랐음에도, 68혁명 등 1960년대의 스튜던트 파워(student power), 히피 운동 등 세계적으로 젊은이들의 생동감이 넘치던 시대의 분위기에 영향을 받았다.

그는 본당인 이태원성당에서 '멍에 모임'이라는 청년 모임을 만들어 그 활동을 전공처럼 열심히 했다. 사제 성소의 꿈이 꺾인 그에게 성당 활동만이 구원받을 수 있는 길이라 생각했기 때문이다. 당시 이태원성당은 어린이 미사와 주일학교가 없었는데, 멍에 모임 회장인 그는 가톨릭대학교 교수인 최광연 모이세 신부를 찾아가 어린이 미사를 담당해달라고 청하여 이태원성당에 어린이 미사를 만들고 주일학교도 운영하게 했다. 당시에는 주보도 없던 때라 멍에 모임 청년들은 등사판에 철필로 써 주보를 만드는 등 열성이었다. 성당에서 청년 활동과 주일학교 교사 활동에만 열성을 쏟다 보니 학점은 평균 B를 넘지 못했다.

김원호 선생은 멍에 모임 회장직을 2년 맡았었는데, 첫해에는 첫사랑 여학생이 총무를 맡았고 두 번째 해는 학년은 같지만 나이는 한 살 많은 황인숙 수산나라는 동년배 여학생이 맡았다. 고등학교 시절부터 같이 활동하던 수산나, 마음이 통하는 편한 친구였던 그녀와 대학교 2학년이 끝나갈 무렵 연인이 되었다. 다시 몇 년 후 그녀는 그의 평생 동반자가 되었다. 수산나와의 만남을 그는 일생에 가장 큰 기쁨이요 은총이자 선물로 여긴다.

1967년 성탄절 이브에 멍에 모임 회원들이 보광동 선생의 집에서 밤샘을 했는데, 다음 날 버스 정거장으로 배웅을 나가면서 그

서울대교구 가톨릭 청소년 교육연구회 제1회 교리 교사 하기 강습회(1967년).

는 수산나에게 살짝 둘만의 만남을 제안했다. 며칠 뒤 두 사람은 고속버스를 타고 인천 답동성당에 가 미사에 참례하며 첫 데이트를 했다. 그 후 5년 동안 거의 일주일에 한 번씩 만났고, 못 만날 때는 편지를 전하며 달콤한 연애를 이어갔다.

    1969년 삼선개헌 반대시위로 학내가 시끄러울 때도 그는 성당에서 주일학교 교사로 봉사하고 연애하면서 조용히 학교에 다녔다. 당시 그의 신앙관은 전통적이고 보수적이라 사회적 활동과는 거리가 멀었다. 1969년 12월 대학 졸업을 앞두고 선생은 이제 사제가 되겠다는 생각은 접고 수산나와 함께할 미래를 꿈꾸기 시작했다. 하지만 대학 4학년 때 취업을 준비하며 지원했던 회사에서 필기시험과 면접을 보고도 떨어지자, 그는 사회로 나갈 만한 실력이 부족하다고 생각되어 자신이 없어져 어머니 장사를 돕다 독립해 돈을 벌 계획을 세웠다. 당시 그는 인민군으로 끌려가 생사를 알 수 없는 아버지로 인해 '연좌제'를 피하고자 공무원이나 법관 등 소위 '출신 성분'을 증명해야 하는 분야에는 일절 엄두를 낼 수 없었다. 일반 기업에 취업 원서를 쓰다가도 '해외여행에 결격 사유 없는 자'라는 채용 공지에 달린 조건이 그를 늘 위축되게 했다. 설사 취업을 하더라도 해외 출장에 필요한 여권이 발급되지 않을 수 있다는 걱정 때문이었다. 그래서 그는 장사의 길로 나가고자 했다.

그러나 어머니는 대성통곡하며 "내가 너를 장사꾼 만들려고 공부시킨 줄 아느냐?"라고 호소해, 다시 어머니가 원하는 방향으로 진로를 모색했다. 대학원에 진학하기로 하고 서울대학교 경영대학원 입학시험을 준비했는데 다행히 합격 통지를 받아 1970년에 대학원에 진학했다. 그러나 학부 시절과 마찬가지로 대학원 생활도 그리 열심히 하진 않았다. 그는 논문 제출 자격시험을 통과하고, 대학원 논문 제목을 '인간성 회복을 위한 경영 이념'으로 정했다. 철학과 경영학을 아우르는 논문을 써보겠다는 원대한 계획으로 정한 주제였지만, 마무리 짓지 못하고 군 복무로 도피했다.

1967년 개정된 병역법에서 부선망독자(父先亡獨子, 아버지를 여읜 외아들)는 1947년생까지는 병역면제 대상이었지만, 1948년생부터는 제1보충역으로 방위병 근무를 하게 되었다. 1972년 9월 3주간 기초훈련을 받고 방위 생활을 시작했는데, 그는 사랑하는 수산나와 하루빨리 결혼해 같이 살고픈 마음이 컸다. 어머니에게 수산나와 결혼하고 싶다고 도움을 청했을 때, 뜻밖에도 어머니는 수산나를 마음에 들어 하여 결혼을 흔쾌히 동의해 비용을 마련해주었다. 또한 수산나 집안에서도 그를 믿고 선뜻 받아주었다. 장모가 고등학교 시절부터 성당에서 열심히 활동하는 그를 지켜본 인상이 그리 나쁘지 않았을 것이고, 학벌도 좋으니 장래가 촉망받는 젊은이로 여겼으리라. 그럼에도 그는 경제력이 없고 군 복무 중인 자신과 결혼하도록 처가에서 흔쾌히 승낙해준 일에 대해 평생 감사한 마음을 지니고 있다.

부모는 그가 선택할 수 없었지만 아내는 그가 스스로 택한 인연이었기에 자신의 삶에서 가장 기쁘고 감사한 선택과 만남으로 여긴다. 그에게 수산나는 사랑하고 존경하는 여인이었으며, 연인이자 친구였고, 평생을 살아가면서 무슨 이야기든 함께 나눌 수 있는 동반자였다. 특히 그녀는 그가 이해관계로 흔들릴 때 의롭게 살 수 있게 이끌어주었다. 선생은 아내를 운명과도 같은 존재요 축복으로 여기며, 하느님께 늘 감사드린다.

1970년대 시국이 바꿔놓은 신앙관, '원죄에서 원복으로'

김원호 선생은 수산나와 약혼을 거쳐 1972년 11월 1일 이태원 성당에서 사제인 두 삼촌과 사촌 형 주례로 혼배성사를 하였다. 군 복무 중이라 경제적으로 자립하지 못한 상태에서 첫아이가 생겼다. 아이가 생기자 국가는 아버지 없는 독자에게 주는 병역 특례로 그를 제대시켰다. 그 덕에 1년여 만에 방위 생활을 마쳤다. 1973년 아내가 낳은 첫딸 정민을 보자 이런 질문이 떠올랐다. '인간이냐, 여성이냐?' 아내와 결혼할 때도 던진 질문이었다. 아내를 여성이 아니라 인간으로 만났듯이 둘 사이에 태어난 딸도 여성으로 키우기보다 인간으로 키우리라 결심했다. 그는 이러한 결심에 따라 아들딸 가리지 않고 같은 인간으로 평등하게 키우려 애썼다.

신혼 시절(1972년).

어엿한 한 가정의 아버지가 되었음에도 뚜렷한 일 없이 계속 어머니 장사를 도우며 시간을 보냈다. 당시 그는 경제 개념도, 특별히 자립할 생각도 없었다. 그저 한 달 한 달 살아가면 된다고 여기며 어머니에게 의존하고 있었다. 그러다 1973년 5월 친구 김종헌의 소개로 오퍼상인 흥아무역에 취업했다. 하지만 적성에 맞지 않아 2주 정도 일하고 그만두었다. 김종헌이 다시 무역회사인 남영산업(주)에 취업할 수 있게 추천해주어 1974년 3월부터 직장 생활을 시작했다. 속옷과 스타킹을 수출하는 무역회사였다. 그곳에서 업무능력을 인정받고 인간관계도 무난해 직장 생활은 순조로웠다. 그 회사에서 8개월 정도 근무하고 11월이 되었을 때 사촌 형 소개로 좀 더 적성에 맞고 급여조건도 좋은 이병호 변호사의 중앙국제특허법률사무소로 옮겼다. 거기서 5년 6개월을 근무했다. 변리사 업무 경력의 시작이었다. 중앙특허에서 안정적으로 근무하며 1978년 어머니에게서 독립했고, 아들 경민과 딸 유민을 더 낳아 1남 2녀 세 자녀의 아버지가 되었다.

그가 남영산업에서 사회생활을 시작했을 때인 1974년 4월 민청학련 사건[3]이 일어났고 지학순 주교가 구속되며 천주교에서도 민주화운동이 본격적으로 시작되었다. 그 무렵, 민청학련 사건에 연루된 한 학우가 직장으로 그를 찾아와 피신할 수 있게 도움을 달라고 청했지만, 당시만 해도 정치적 문제에 별로 관심이 없던 그는 자칫 곤란한 상황에 연루될까 봐 친구의 요청을 외면했다. 돌이켜 보면 착한 사마리아인 이야기에서 강도 맞은 이웃을 외면한 사람들과 별반 다르지 않았다고 후회한다.

> 예전에는 아주 이기적이었지요. 나만 죄를 짓지 않으면 구원받을 수 있다는 개인 구원에 치중해서 사회 문제에 무관심했죠. 1974년 민청학련 사건에 연루된 친구가 피난처를 찾을 때도 이를 거절하고……. 참으로 부끄러운 이야기입니다.[4]

비록 당시에는 친구의 위험한 청을 수락하지 못했지만, 그때부터 사회 문제에 조금씩 관심이 생기기 시작했다. 그 이전에도 사회현실을 생각해보게 할 몇 가지 계기가 있긴 했다. 1970년 11월 13일, 전태일의 분신 소식은 대학원생이던 그에게 큰 부끄러움을 느끼게 했다.

---

[3] 전국민주청년학생총연맹 사건의 약칭. 1974년 4월 초에 전국민주청년학생총연맹(민청학련)을 중심으로 유신 반대 투쟁이 거세지자, 박정희 정권은 4월 3일 긴급조치 제4호를 선포해 학생들이 수업 거부 등의 집단행동을 할 수 없게 했으며, '민청학련'이라는 단체가 불온세력의 조종을 받아 반체제 운동을 한 정황을 포착했다며 180여 명을 구속·기소했다.
[4] 김민수, 「믿음이라는 잣대 하나로: 김원호 알렉산드르」,《경향잡지》1996년 3월호, 53쪽.

삼양동행 23번 버스를 타고 가는데 전태일이 분신했다는 소식이 나오는 거예요. 공교롭게도 그 양반이 저와 동갑내기입니다. '나와 같은 나이의 청년은 죽어가는데 나는 편안한 삶을 누리고 있구나……'라는 부끄러운 생각이 들었습니다.[5]

1971년 12월 25일 성탄절 자정에는 김수환 추기경이 명동성당 미사를 주례하는 모습을 텔레비전에서 생중계했는데, 김 추기경이 미사 강론에서 박정희 대통령의 장기 집권을 경고하며 시국 비판을 하자 갑작스레 방송이 중단되었다. 그 일은 사회적으로도 큰 파장을 일으켰는데, 방송을 시청하던 선생 역시 사회적 현실을 돌아보는 계기가 되었다.

제2차 바티칸 공의회가 끝나고 김수환 추기경이 서울대교구장이 되신 이후 교회가 사회에 관심을 갖고 발언을 하면서부터 내 눈은 깨이기 시작하였다. 교회의 사명이 인간 전체를 구원하는 것이라는 사실이 새삼 부각되었다. 나 또한 이제까지 가졌던 하느님, 교회, 세계 등에 대한 관점도 서서히 바뀌기 시작하였다. 이때 비로소 예수 그리스도의 역사적 삶에 관심을 갖게 되었다. 예수라면 어떻게 하였을까라는 생각마저도 자연스럽게 할 수 있었다. 분열된 마음이 조화와 일치를 이룰 수 있는 실마리가 마련된 것이다.[6]

---

5 정용인, 「[인터뷰]김원호 씨알재단 이사장 "백세 시대 '나머지 33년' 현실 문제에 부딪혀 보려 합니다"」, 《주간경향》 2015.5.13.
6 김원호, 「교회는 나에게 어떤 모습으로 다가왔나?」, 84쪽.

사실, 그때까지 그는 '수신제가치국평천하(修身齊家治國平天下)'라는 말처럼 '수신(修身)'을 우선으로 생각하여, 자신이 온전히 된 후에야 사회에 참여할 수 있다는 생각으로 사회현실을 외면하고 자기 깨달음에만 정진하고 있었다. 당시 그가 가졌던 신앙관을 다음의 글에서 확인할 수 있다.

태어나서 20대 후반까지 나의 신앙은 글자 그대로 제2차 바티칸 공의회 이전의 가르침에 근거했다. 『천주교요리문답(天主敎要理問答)』에서 외운 바처럼 사람이 태어난 목적은 천주를 알아 공경하고, 자기 영혼을 구하기 위함이다. 사람은 영혼과 육신으로 결합된 존재다. 이 세상에서 내가 사는 데 죄를 짓게 하는 유혹의 원인은 세속, 육신과 마귀라는 존재다. 따라서 세속과 육신의 소리를 멀리하여 죄를 짓지 않고 살다가, 죽은 뒤에는 천국에 들어가는 것이 신자가 갖는 간절한 희망이다. 나는 태어나면서부터 원죄를 지은 죄인이어서 그 징벌로 노동의 고통과 출산의 고통을 짊어지고 있다. 하느님은 성부, 성자, 성령 삼위일체다. 성부는 야훼 하느님, 성자는 예수 그리스도, 성령은 하느님의 영(기운)으로 예수 부활 후 신자들에게 내려온 존재다.

이러한 가르침에 믿음을 둔 나는 내 몸의 존재를 고마워하지 못하고 미워했다. 또한 이 속세도 세상을 사는 터전으로 보기보다는 죄를 짓는 온상으로 여겼다. 하느님은 자비하신 이가 아니라, 죄 있는 이를 재판해 벌을 주어 연옥이나 지옥에 보내는 두려운 심판관이다. 하느님을 믿는 나는 하느님 안에서 편안한 안식을 얻지 못하고, 하느님의 심판 앞에서 두려움에 떨어야 했다. 종교는 가톨릭교만이 유일무이한 진리이며, 프로테스탄트나 이교는 진리가 아니다. 하느님을 믿는 데서 오는 기쁨은 온데간데없고, 세속에서 육신을 갖고 살아갈 수밖에 없는 나는 항상 죄 속에서 신음하는 존재일 뿐이었다. 나에게 종교는 두려움일 뿐이었다.[7]

조금씩 사회 문제에 관심을 갖게 되면서 지학순 주교 구속에 항의하는 명동성당 시국기도회에도 참여하기 시작했다. 그는 이 시국기도회에서 '함께 살자'는 내면의 소리를 들었고, 비로소 사회 구원에 관심을 갖게 되었다.

당시에는 시민의 한 사람으로서 그저 함께하는 정도였지만, 그러한 관심과 참여 속에서 신앙이 조금씩 변하였다. 그는 왜곡된 정보와 지식을 폭로하는 서적을 찾아 읽으면서 내세 중심의 전통적 가톨릭 신앙에서 좀 더 현대적이고 사회 참여적인 열린 신앙으로 변화하기 시작했다. 1977년 제43차 꾸르실료 교육을 다녀오고, 샬트르 성 바오로 수녀회에서 개설한 베델성서 강좌를 수강하며 역사적 예수에도 관심을 갖기 시작했다. 베델성서 모임은 루터교에서 구약부터 신약까지 공부할 수 있도록 성서공부 교재로 만든 것인데, 샬트르 성 바오로 수녀회에서 이를 번역 소개한 것이었다. 그는 1~2년 동안 이 교재로 공부하는 과정을 모두 수료하고, 1980년대에는 3년 동안 인천 제물포성당까지 가서 성서 모임을 진행하기도 했다. 성서 공부를 하면서 예수 그리스도에 대한 관심도 커졌다. 그는 신앙의 대상으로 그리스도를 믿기보다 예수의 역사적 삶을 통해 2000년 전 예수의 삶과 믿음으로 돌아가 오늘날 자신의 삶을 조명하고픈 의욕

---

[7] 김원호, 「자비로운 하느님을 향한 나의 믿음, 나의 삶」,《가톨릭평론》12호, 150~151쪽.

이 샘솟았다. 그런 역사적 예수 공부를 통해 예수가 믿은 하느님은 그동안 성당에서 배워왔듯 지옥 벌로 벌하시는 무서운 하느님이 아니라, 자비로운 분, 용서하시는 분, 나와 함께하시는 분이라는 깨달음을 얻었다.

유신시대가 되면서 의로운 젊은이들이 고통당하는 것을 목격하면서, '사회정의 문제에 나 몰라라 하면서 사는 게 참된 신앙인가?', '나의 스승인 예수는 사회 문제에 어떻게 대처하였는가?'라는 질문에 눈뜨게 되면서 역사적 예수를 탐구하게 되었다. 그러면서 기존의 교회 속에 갇힌 그리스도가 아니라, 삶의 현장에 나타나 하느님 나라를 선포한 예수가 내 속에서 태어났다.[8]

예수의 십자가 사건으로 구원사가 종결된 것이 아니라 인간 각자 나름대로 자신의 십자가를 통해 구원사업을 이어간다는 인식, 죽음은 하느님에게로 돌아가는 것이니 두려워할 일이 아니라 기꺼이 자신을 맡겨야 할 축복임을 '역사적 예수' 공부가 일깨워주었다. 그는 이후 톨스토이, 간디, 다석 유영모, 함석헌 등의 삶과 사상이 역사적 예수의 삶과 말씀을 재해석하고 더 풍요롭게 해준다는 사실을 알게 되었다. 그리고 그런 공부로 폭을 넓혀갔다. 이러한 신앙관의 전환을 통해 비로소 마음의 평화를 찾았고 삶의 고마움도 알게 되었다. 종교관도 원죄(原罪)를 넘어 원복(原福) 신앙으로 바뀌기 시작했다.

---

[8] 같은 글, 152쪽.

모든 것의 기준은 교회를 넘어서서 예수 그리스도라는 한 분에게 귀착되었다. 그분은 우리를 총체적으로 구원하시길 원하셨다. 그분의 아빠인 성부께서도 그러했다. 또 다른 그러나 같은 영인 성령께서도 우리들이 총체적으로 구원될 수 있도록 이 세계 속에서, 이 역사 안에서 활동하고 계셨다. 하느님은 자비하신 분으로, 교회는 인류에 총체적인 구원을 위해 자유, 정의, 해방을 선포하는 존재였다. 세계는 하느님의 구원을 이룰 가장 확실한 현실적인 자리였다.

나는 하느님의 이끄심 아래 세계와 교회 안에서 말씀을 선포하고 현실화하여 생명을 풍부하게 할 수 있는 도구로서 인식의 대변환을 맞이하였다. 참으로 기쁘고, 살맛 나게 하는 전환이 아닐 수 없었다.

내가 신앙을 갖게 되었고, 가톨릭교회의 일원이 되었다는 것이 불가피한 운명이 아니라 즐겁고 자유로운 선택에 의한 결단이 된 것이다. 나에게 존재하는 모든 것이 음양, 선악이 있음에도 불구하고 절망하지 않고 희망할 수 있었다. 부정하지 않고 긍정할 수 있었으며 부정마저도 긍정으로 다다르기 위한 과정으로 받아들여졌다. 이 긍정은 너그러움으로 이끌어지고, 너그러움은 또다시 포용력과 비판력으로 나뉘면서 새로운 일치와 평화를 향해 하나가 되었다.

하느님의 도구로서 이 세상에서 자유로이 살아감도 축복이요, 저세상으로 불려 가는 것도 온전히 받아들일 수 있었다. 그것도 나의 노력에 의한 것이라기보다는 하느님의 온전한 선물이었다. 그러하기에 사랑과 비판에 있어서 무슨 거침이 있겠는가. 비록 거침과 장애가 있다고 하더라도 거기서 주시는 뜻을 헤아리며 희망하면서 기다릴 수 있다.[9]

---

[9] 김원호, 「교회는 나에게 어떤 모습으로 다가왔나?」, 84쪽.

위기가 기회로, 일터에서 쫓겨나 변리사가 되다

　중앙국제특허법률사무소에서 하던 일은 적성에 맞았고, 상사인 이병호 변호사도 아버지와 같은 소학교 출신이라 고향 어르신을 모시듯 잘 지냈다. 상사도 그를 수양아들처럼 여기며 좋은 관계로 잘 지냈다. 중앙특허는 설립한 지 8년 정도 되는 30인 미만의 사무소였지만, 당시만 해도 워낙 특허 시장이 좁아 이미 변리사 업계에서는 굴지의 위치에 있었다. 이병호 변호사는 김원호 선생이 자신의 오른팔이 되어 그의 수족처럼 일해주기를 원했다. 이 변호사와 함께 일하면서 요점을 제대로 파악해 요점 중심으로 일하는 법을 배웠다. 일 자체는 그에게 아무런 불만이 없을 정도로 만족스러웠으나 경영 철학에는 동의하기 어려웠다. 그는 윗사람의 사고방식이 너무 자기 중심적일 때 이를 그냥 넘기지 못하고 표현하는 바람에 건방지다거나 예의 없다는 평을 듣기도 했다. 상사의 입장을 따르기 바라는 일들이 때론 그가 정의라 생각하는 것과 충돌하자 차츰 괴리감이 생겨 힘들었다. 선생은 소장과 직원이 하나가 되는 직장을 꿈꾸며, 상사와 다른 동료 사이에 서서 양쪽 입장을 조율하려 노력했다. 그러나 상사는 믿었던 김원호가 자기편을 들지 않고 오히려 자신에게 경영 의식을 바꾸라 권하는 데 실망하며 분노했다. 직원들은 각자 자기 이해관계를 우선하여 실력 행사를 하기에 이르렀다. 이 일로 고용자와 노동자의 속내를 모두 엿볼 수 있었고, 노동자들 사이에도 역시 소통하기 어려운 이해관계가 있음을 알게 되었다. 이 과정에서 선생은 세 번이나 사직 권고를 받았다.

직업생활이 순탄했던 건 아니었어요. 1974년부터 1980년까지 중앙특허에서 일했는데, 일 자체는 만족스러웠는데, 자기 오른팔이 되어달라던 고용주의 생각과 달리 사무소 직원의 동기유발과 인간관계에 더 열성을 보이다 결국 면직되었어요. 면직통지와 노조결성, 노조설립통보, 집단해고, 파업, 상호 각서교환, 사직의 길을 밟으면서 1980년 봄이 지나갔지요.[10]

소장과 직원들이 대립하는 틈에 껴 힘들어하던 그는 차라리 변리사 시험을 준비해 자기 사업을 하는 게 낫겠다고 여겨 아내에게 직장을 그만두고 시험공부를 하면 어떨지 슬쩍 물어보았다. 그러나 아내는 "가정을 책임지는 가장이니만큼, 직장 생활을 하면서 공부하라"며 그의 현실감각을 일깨워주며 만류했다. 하지만 1980년 4월 하순, 결국 중앙특허에서 사직 처리되면서 더는 일할 수 없게 되자, 아내는 대신 가장 역할을 떠맡으며 그가 변리사 시험공부에 매진할 수 있게 지원했다. 약대를 졸업했지만 결혼 후 줄곧 가정주부로 지내던 아내는 약국에 취업해 관리 약사로 나가면서 그가 공부에 집중할 수 있게 도왔다.

집에 칩거하며 변리사 시험공부를 시작했지만, 1차 시험은 6월이라 짧은 시간 공부해 합격할 자신이 없었다. 그러나 운 좋게도 1차 시험에 바로 합격했다. 8월에 2차 시험이 있었지만, 역시 공부기간이 짧아 합격하리라는 보장이 없었다. 일단 시험은 치렀으나 합격 가능성이 적다고 생각해, 1980년 9월에 친구 신용길의 추천으로

---

[10] 이희연, 「생계를 돌보고, 이상을 찾으며」, 《뜻밖의 소식》 2015.3.19.

이준구 특허사무소(코리아나 특허 전신)에 취업해 근무를 시작했다.

이준구 소장 역시 처음에는 그를 호의적으로 대했지만 차츰 멀리하기 시작했다. 당시에는 이런 태도가 이해되지 않았는데 돌이켜보니 자신은 스스로 유약한 자라 생각하는데 윗사람들은 강한 성격으로 보는 면이 있지 않았나 짐작한다. 이준구 소장은 이전 상사였던 이병호 변호사와 성향이 전혀 달랐다. 그는 관료 출신으로 형식을 아주 중시해 고용자와 노동자 사이에 극복할 수 없는 벽이 있었다.

1980년 10월 초 변리사 시험 결과가 발표되었는데 12명 최종 합격자 중에 그도 포함되어 있었다. 기적 같은 일이었다. 그러나 직장에서는 그의 합격을 그리 반기지 않았다. 1981년 1월에 모든 직원 봉급이 인상되었는데 그만 제외되는 일도 있었다. 1980년 10월 암사동으로 이사하며 아내가 집에 약국을 차리면서 3년간은 직장 생활을 해달라 당부했는데, 그런 부당한 상황을 받아들이며 계속해서 일할 수는 없었다. 결국 1월 말로 직장을 그만두었다. 이 5개월 남짓의 특허사무소 생활로 그는 관련 업계에서 이단아처럼 낙인찍혀 개업 외에는 달리 길이 없었다.

중앙특허에서 김원호 선생 편을 들던 선배인 박성민 변호사가 1980년 봄에 독립해 대한일보사 빌딩에 자기 사무실을 개업했다. 선생은 그에게 변리사 업무 등록을 할 수 있게 수습 기회를 달라고 부탁했다. 1981년 3월 6일, 박성민 변리사 사무소가 개업식을 가졌고 이때부터 관련 업무는 수습 변리사인 김원호가 홀로 직원 없이 담당했다. 1년 동안의 변리사 수습을 마치고, 1982년 4월 변리사 등록을 했다. 태평양에서 활동하던 윤동열 변리사 제안을 따라 1982년 5월에 'YOU ME 특허법률사무소'로 변리사회 승낙을 얻어 개소했다. 그는 개업 초부터 사무소를 파트너십 형태로 운영하고자 했다. 9월에 윤동열 변리사가 태평양을 그만두고 구성원으로 합류했고, 이후 신용길, 김승호, 이건주 변리사도 차례로 합류하면서 사무소의 위상이 점점 높아졌다.

그의 삶이 시련과 전환을 겪던 이 시기, 그는 자신이 겪는 역경을 이겨내게 해달라고 하느님께 매달리진 않았다. 힘들 때 하느님을 찾는 게 무언가 하느님과 협상하는 것 같아 치사하게 여겨졌다. 그는 하느님께 구체적으로 자신을 위해 어떻게 해달라는 기도를 하지 않았고, 어려운 상황 때문에 하느님을 원망한 적도 없다.

그사이 신앙은 점점 더 사회적으로 변하고 있었다. 1970년대 한국천주교회는 불의한 사회현실에 맞서는 정의의 목소리를 내기 시작했다. 이전과 달리 사회 참여도 활발했다. 역사적 예수를 계속 공부하면서, 기존 교회에 갇힌 그리스도가 아니라 삶의 현장으로 뛰어들어 하느님 나라를 선포하는 예수에 대한 신앙이 그의 마음속에서 더 크게 자라나기 시작했다.

그는 한창 변리사 시험을 준비할 때도 사회적 관심을 멈추지 않았다. 그는 1980년 초 회사를 그만두고 다시 주일학교 교사 활동을 시작했는데, 1980년 5·18 광주항쟁이 일어난 뒤 주일학교에 관련 신문기사를 들고 가 고등학생들에게 "너희들 이게 뭔지 아느냐?"라고 이야기하며 사회현실을 전했다. 그때 그 이야기를 들었던 학생 중에 누구라도 자기를 신고했다면, 아마 그는 변리사 시험을 못 봤을 것이고 그의 삶도 완전히 달라졌을 것이다. 1987년 6월항쟁 때도 시민의 한 사람으로 시위에 참여했다. 그는 그 엄혹한 시기에 파출소 유치장에도 가본 적 없는 평범한 소시민으로 살아간 과거가 때로 부끄럽게 여겨진다고 고백한다.

사업 안정과 더불어 시작된 천주교 사회운동과의 인연

유미특허 사무소를 운영하며 처음에 특허, 실용신안, 의장사건 들을 의뢰받았을 때는 도면을 그릴 줄 아는 실무자 임호남에게 부탁하여 처리했는데, 1982에 임호남도 유미특허로 입사하고 중앙특허 시절 함께 일하던 후배 황영금도 입사했다. 당시 특허청은 강남에 있었는데, 사무소가 강북에 있는 것은 불리하여, 1983년 특허청 맞은편 정남빌딩 1층으로 사무소를 이전했다. 이때 유미특허는 변리사 포함 직원 수가 10인 미만이었고, 빚도 점점 늘어갔다. 사무소 초창기 주요 고객은 삼성반도체, 럭키화학, 그 이후에 삼성전관 등 대기업으로, 이 기업들 덕분에 자리를 잡을 수 있었다. 1985년 3월 일본과 대만, 1986년 6월 유럽 출장을 통해 외국 사건 유치를 도모했으나 처음에는 쉽지 않았다.

1986년 특허청이 풍림빌딩으로 이사하게 되자, 유미특허 사무소도 강남역 교차로에 있는 테헤란빌딩 3층으로 이전했다. 새 사무소로 이전하면서, 전기선 특허사무소를 운영하던 전기선 변리사와 그의 아들이며 선생의 후배인 전채훈 변리사 부자도 유미특허에 합류해 사무소 가족이 10명을 넘게 되었다. 이때부터 유미특허는 발전의 기틀을 잡게 되었다.

1988년 대학 동창인 송만호 변리사가 합류하면서, 유미특허의 영업도 활기를 띠었다. 철학과 출신 변리사 3인이 구성원으로 있는 특이한 사무소였던 유미특허는 고객 다각화를 모색하며 현대자동차, 삼성전기, 코오롱, 선경 등 국내뿐 아니라 외국으로도 활동 영역을 넓혀가기 시작했다. 1989년에는 실무형 변리사가 들어오기 시작했고, 그해 11월 김재만 수습 변리사, 1990년 4월에 최현석 수습 변리사가 입사했다. 전채훈 변리사는 임호남과 1990년 독립해 수원에 전채훈 특허법률사무소를 설립해 운영했으나 별 성과가 나지 않자 1992년 다시 유미특허에 합류했다. 사무소 인원은 그사이 변리사 10인 정도에서 50인 규모로 늘어났고, 빌딩 한 층을 임대해 쓸 정도로 규모가 커졌다.

1995년 유미특허는 사상 처음으로 이익을 냈다. 1996년 1월 사무소 책임자급이 부부 동반으로 일본 여행을 하고, 봄에는 사무소 식구뿐 아니라 그 가족들까지 함께 제주도 한림에서 2박 3일을 즐거이 보낼 수 있었다. 선생은 이때를 유미특허가 처음으로 가장 행복했던 시기로 추억한다. 1997년 9월에는 박종길 특허법률사무소까지 합류해, 유미특허는 사무소 인원이 100명이 넘게 되었다.

이전 직장에서 고용주와 노동자 사이의 거리감을 절실히 체감한 그는 유미특허를 직원 모두가 가족처럼 살고자 하는 공동체의 꿈을 안고, 전문 자격 유무와 관계없이 누구나 구성원이 될 수 있다는 철학을 가지고 출발했다. 그러나 신자유주의 질서가 확산되는 현대 사회에서 수도원 같은 평등 공동체 방식을 기업 조직에 도입하는 것은 무리였다. 가난의 평등은 가능하지만, 부의 평등은 쉽지 않음을 실감할 수 있었다. 결국 그의 실험은 1996년까지만 지속되고, 이후 구성원은 변리사 등 자격을 가진 이들로 한정되고 말았다.

유미특허법인의 야유회(1992년경). '유미(You Me)'란 이름은 회사를 설립할 때, 직원과 클라이언트를 수단이나 도구로 보지 않고, '너'와 '나'의 관계가 서로 목적이 되고 인격적으로 소통하자는 바람에서 지어졌다.

1982년 5월에 유미(YOU ME)특허법률사무소를 설립했을 때, '직원 모두가 가족과 같이 산다'는 공동체의 꿈을 안고, 시작했어요. 오너가 주로 이윤을 챙기는 방식이 아니라 모든 직원이 동등한 권리를 누리고 지분을 평등하게 나눠 갖는 방식이죠. 한 20년 동안 해왔는데, 경쟁사회에서 좀 버겁긴 하더라고요. 아이엠에프 이후 큰 타격을 받기도 했는데, 신자유주의 시대에 수도원 같은 평등을 유미 같은 조직에 도입하기에는 무리였던 셈이죠. 그때 전망적으로 생각한 건 '가난의 평등은 가능하나 부의 평등은 가능하지 않다'는 것입니다. 지금은 자유와 평등의 균형을 이루는 방법을 찾아야 하는 시대라고 생각합니다. 지금 세계는 평등을 위해 자유를 잃은 지역과 자유를 위해 평등을 잃은 지역의 냉전 시대를 거쳐, 무조건 자유를 내세우는 신자유주의 시대를 살고 있고, 저는 이 병적인 징후를 아픔으로 바라보고 있습니다.[11]

한편, 사회적으로 자리를 잡아 가던 이 시기에 그는 신앙생활도 열심히 했다. 1984년 흑석동으로 이사하면서, 명수대성당(현 흑석동 성당) 사목회 청소년분과위원장을 맡았다. 그러나 본당 사제가 섬기기보다 군림하는 태도를 보이는 모습에 늘 비판적이어서, 관계가 좋을 수 없었다. 당시 김원호 선생은 교회 현실에 대한 비판의 목소리를 교회 매체에서 나누기도 했다.

> 21세기를 향한 세계화를 부르짖는 지금까지도 우리 사회는 민주적 요소보다는 반민주적 요소가, 개인의 개성보다는 몰개성이, 능동적 참여보다는 수동적 순종이, 원리에 의거한 여론수렴보다는 목적에 의거한 여론조작 등이 인간화와 민주화를 가로막는 걸림돌이 되고 있다. 세상 안에서 빛과 소금이 되어야 할 우리 교회의 지체인 본당의 모습은 우리 사회의 병든 모습을 그대로 다 갖고 있을 뿐만 아니라, 그에 대하여 비판하는 목소리마저도 거의 없는 실정이다. 이러고서 어찌 사회를 보고 비판할 수 있겠는가? 이 시점에서 교회의 지체요 핵인 본당의 문제점이 무엇인지 한번 생각해보기로 하자.
>
> 첫째, 본당의 주체는 과연 누구인가를 깊이 생각해보아야 한다. 말로는—때로는 말로도 그렇게 표현하는 것을 삼가고 있지만—본당에 소속하고 있는 평신도가 주체라고 하지만 현실은 어떠한가? 본당에서의 주체는 여전히 성직자이고 평신도는 성직자를 보좌하는 '들러리'라는 표현이 적합한 것이리라.
>
> 둘째, 본당마다 본당 신부의 자문(?)기관으로서 사목협의회가 구성

---

11 같은 글.

되어 있다. 사목협의회를 구성하는 사목위원은 어떤 과정을 거쳐 선임되었으며, 사목협의회에서 결정된 사항은 한낱 본당 신부의 참고적 사항에 지나지 않는 것이 아닌가 하는 문제도 생각해보아야 한다.

셋째, 본당의 사무직원은 누구를 위해 일하고 있으며, 그 직원의 신분은 어떻게 보장되고 있는가.

넷째, 본당의 구역 모임과 반모임을 자체적으로 운영하는 체제인가. 혹시 본당 신부가 결정한 사항을 알리고 실천하게 하는 방편에 불과한 것은 아닌가?

다섯째, 본당은 무엇을 지향하고 있는가? 따라서 본당 내의 제 단체들은 무엇을 지향하면서 기도하고 활동하고 있는가?

여섯째, 본당의 청소년들은 본당의 미래를 위한 자산에 불과한가?

일곱째, 본당 신부는 본당에 소속된 평신도가 어떤 신앙생활을 하기를 바라는가?

양적인 성장이 컸던 반면 질적으로는 여지껏 봉건시대의 모습을 탈피하지 못한 상태에서 교회의 핵인 본당의 미래는 어디를 향하고 있는가 하고 자문하지 않을 수 없다. 평신도와 성직자의 애정어린 교류를 통해 평신도의 책임감이 더욱 커지고 정열적으로 본당의 사업에 참여할 수 있게 되어, 다가오는 세기에는 빛과 소금의 역할을 다하는 교회의 모습이 확연히 드러나기를 간절히 희망해본다.[12]

선생은 본당에서 신앙생활뿐 아니라 1986년 '가톨릭 변리사회'를 조직할 때도 힘을 보태 함께하고, 친가 고향에서부터 인연이 있

---

[12] 김원호, 「평신도라는 존재」, 《생활성서》 1996년 9월호, 84쪽.

는 염수정 신부에 요청해 서울대교구 평신도 사도직 단체로 등록하기도 했다. 1992년에는 유미특허 안에 '작은 그리스도회'라는 가톨릭 신자 소공동체가 만들어지는 데도 함께했다. 그 소공동체는 그보다 더 신심이 깊은 후배 김태민이 주도해 만들었는데, 당시 130여 명의 직원 중 20여 명의 신자 직원이 주 1회 점심시간을 이용해 함께 성서공부도 하고, 월 1회 월례미사도 진행했다. 1997년에는 홍수로 수해를 당한 북한 동포를 돕기 위해, 작은 그리스도회 회원들이 매월 1만 원씩 돈을 모아 북한 동포 돕기 성금으로 전달하기도 했다.

그 무렵 천주교 사회운동과의 인연도 시작되었다. 1989년 독일 베를린 장벽이 무너졌을 때, 서울 왕십리 성당에서 '평화학교'가 열렸다. 천주교정의구현사제단 김승훈 신부가 주임사제로 있던 본당이었는데, 그 교육을 신청해 수강했다. 1989년 12월, (구)천주교정의구현전국연합[13]에서 36인 발기인[14]이 모여 산하에 '신앙인사회학교'를 설립하기로 결의했고, 1990년 3월 '정의의 외침: 구약 속의 신앙인'이라는 주제로 명동 전진상교육관에서 1기 신앙인사회학교(1990.3.22.~5.27, 12강)를 개강했다. 신앙공부에 늘 관심이 많던 선

---

[13] '(구)천주교정의구현전국연합'은 1987년 춘계 주교회의에서 교구 단위 정의평화위원회를 해체하는 결정을 내리자, 기존 위원들이 결집하여 1988년 11월 창립한 단체다. 유현석, 김승훈 신부, 김병상 신부, 한용희, 김말룡, 황백구, 황인철이 대표회장을 맡았고, 목포, 전주, 전북, 대구, 부산, 마산, 경남, 상주, 대전, 인천, 수원 등에 지역별 연합조직이 꾸려졌다. 이 단체는 1991년 12월, 천주교 사회운동 기층 단체와 청년학생 단체들이 중심이 되어 1984년 4월 창립한 '천주교사회운동협의회'와 통합하여 11개 지역 단체와 6개 운동 단체가 연합한 '천주교정의구현전국연합'(초대 회장 이돈명)으로 재창립되었다.

[14] 권광식, 김귀식, 김돈하, 김말룡, 김병상, 김선식, 김승훈, 김영래, 김영필, 김원기, 김

생은 강좌를 계속 수강했고 이 학교 1기 졸업생이 되었다. 천주교 사회운동 교육기관으로 설립된 '신앙인사회학교'는 봄과 가을에 정치, 경제, 역사, 통일 문제 등과 관련한 주제를 다루는 10~12강 정도의 정규강좌와 특강을 진행했는데, 초대 교장이 서강대학교 총장이던 박홍 신부였다. '신앙인사회학교'는 이돈명 변호사가 제2대 교장을 맡은 1992년 봄 5기 강좌부터 사제단의 평화학교와 연합해 '빛두레 신앙인학교'로 이름을 바꾸었다. 그러나 1987년 민주화 이후 사회가 점차 안정되어가자 사회정의나 인권, 통일 문제 등에 대한 시민교육에 대한 열의는 1980년대 초중반 같지 않았다.

첫 강좌 때는 150명쯤 되는 이들이 귀를 기울였습니다. 그러던 것이 50명쯤으로 줄어들었죠. 시대적 흐름이라든가 여러 원인이 있겠지만 '백과사전식 강의'가 가장 큰 문제였어요. 강의로만 그칠 것이 아니라, 고정된 틀을 지닌 사람들의 '눈길 바꿈'이 이루어져야 하는데……[15]

1993년 빛두레신앙인학교가 봄 강좌도 개설하지 못할 정도로 어려움을 겪으며, 운영진은 그에게 운영위원장을 맡아달라고 청했다. 계속 사양했지만, 삼고초려로 청하는 이들의 요청을 끝내 이기지 못하고 수락했다. 1996년 6월 빛두레신앙인학교 총동문회에서는 제3대 김귀식 교장(전교조 위원장) 후임으로 그를 선출하여, 제4대 교

정화, 김진석, 남국현, 류호석, 문정현, 박대웅, 박종대, 성염, 오선진, 오익선, 오철환, 오태순, 유철, 유현석, 이돈명, 이왕훈, 이인철, 이종렬, 이필립, 장덕필, 장임원, 한요한, 한용희, 허인규, 황백규, 황인철.
[15] 김민수, 앞의 글 54쪽.

빛두레신앙인학교 제7기 수료식(1993년).

장을 맡게 되었다. 그가 교장을 맡기 전후로 빛두레신앙인학교 강좌를 본당 신자들에게도 확대해야 한다고 여겨, 본당을 중심으로 한 지역 강좌도 개설하기 시작했다. 1996년 상봉동성당에서 '바른 신앙으로 바른 역사를'이라는 주제로 제1기 지역강좌를 열었고, 1997년에는 돈암동성당(2기), 사당동성당(3기), 1998년 시흥동성당(4기) 등에서 대희년과 관련한 신앙 강좌를 진행했다. 빛두레신앙인학교 1998년 총동문회에서도 연임이 결의되어 그는 계속해서 교장을 맡았다. 아울러 1997년 동숭동에 천정연 회관을 마련할 때 빛두레신앙인학교도 합류하면서, 1998년 2월 총회에서 천정연 공동대표로 선출되어 2003년까지 공동대표로 활동했다. 가톨릭 사회교리를 배우는 수강생으로 시작된 천주교 사회운동과의 인연은 이후 그렇게 도움이 필요한 일들을 지원하며 계속 이어지고 확장되었다.

IMF 위기를 넘어

유미특허의 규모가 나날이 확장되긴 했지만, 그는 변리사가 되고도 20년 이상 빚으로 살았다. 젊은 시절부터 경제관념이 그다지 없었던 탓인지 아니면 특유의 둔감함 때문인지, 그런 현실에도 별다른 스트레스를 받지 않고 사업을 계속할 수 있었다. 그러나 1997년 12월, IMF 구제금융은 유미특허에도 큰 충격을 안겼다. 그때까지 누적된 부채가 12억 원이었고, 갑작스러운 환율상승으로 해외 송금액 인상분 8억 원이 더해져 갑자기 20억 원의 부채를 떠안게 되었다. 경제위기를 맞고서야 그는 비로소 경제관념에 눈을 뜨게 되었다. 경제위기를 넘기기 위해 정말로 열심히 일했다. 일본 영업에도 뛰어들었다. 나이 50이 되어서야 비로소 먹고사는 일이 얼마나 귀중한 일인지 깨달았다. 기본적인 몸과 경제를 바탕으로 이상을 추구해야 온전한 삶을 이룰 수 있다는 사실을 그제서야 깨달았다. IMF 위기 때 유미특허 구성원은 처음으로 급여 동결에 동의하고 결의를 다져 갖가지 자구책을 찾아 노력한 결과, 3년 안에 부채를 거의 상환할 수 있었다. 이때를 생각하면 아찔하다고 그는 회고한다.

한창 어려울 때이던 1998년 9월 또 다른 사무소가 합류했다가 2년 만에 다시 분리했음에도 사무소 인원은 계속 늘어 거의 300인에 이르며 2000년부터 다시 이익이 나기 시작했다. 구성원이 하나 둘씩 늘며 지분 인계도 순차적으로 진행했다. 외국에서 한 영업활동도 탄력이 붙으며 유미특허는 국내에서 열 손가락 안에 드는 사무소로 성장했다. 2001년 7월, 유미특허법률사무소를 유미특허법인으로 법인 사업체로 전환하고 대전에 분소를 두었다. 2004년 4월에는 범한특허법률사무소, 2005년 4월에는 지산특허법률사무소가 합류해 사세가 더 확장되었다. 2007년 4월에는 새로 판코리아특허법인을 별도로 설립하여 운영하기에 이르렀다. 이렇게 사업의 규모나 외형은 날로 번창했으나, 선생이 본래 꿈꾸던 평등한 가족 공동체 같은 일터를 끝내 유지하지 못한 것은 끝내 아쉬움으로 남는다.

그는 함께 일하는 이들과 희로애락을 나누며, 미래를 준비하기보다 하루하루 충실한 삶을 살고자 노력했다. 그는 "행복은 함께 나누어야 한다", 그리고 "인간 행복의 완성은 자기 존재의 의미를 깨달음이다"라는 지향으로 직장 생활을 하려 했지만, 그가 직원으로 일했던 직장 경영자들에게는 전혀 중요하지 않은 가치였다. 그는 자기 사업체를 직접 운영하면서, 그가 지향하던 가치를 실현해보고자 했다. 그러나 IMF 이후 직장 안에서 공동체적 가치를 추구하는 움직임은 점점 사라졌다. 이전에는 마라톤회, 등산 모임 등 다양한 소모임이 많았는데, 하나둘씩 사라져버렸다. '작은 그리스도회' 소공동체도 2000년 초반까지, '가톨릭 변리사회'는 2010년대 초반까지 운영되었으나, 활동이 점점 줄어들다 이후 사라졌다. 양평에 논 열 마지기 정도를 마련해 도지를 주고 농사를 지어, 가을에 수확한 쌀을 직원들이 똑같이 나누기도 했는데 그것도 중단되었다. 사우회를 통해 직원 자녀들의 교육비를 상호부조하던 제도도 직원들이 없애면 좋겠다고 해 폐지했다.

그래도 선생은 힘겹게 일군 사업체를 자녀에게 물려주거나 사유화하지 않고, 지분을 동등하게 나누는 변리사 파트너 제도를 도입해 시행함으로써, 변리사 업계에 동업이 가능할 뿐만 아니라 발전도 꾀할 수 있다는 사실을 업계에 인식시켰다. 그가 초창기부터 표방해온 파트너십 운영 방식, 투명한 회계·경리 운영, 인간을 수단이 아니라 목적으로 대하려는 노력, 새로운 변화에 빨리 적응할 수 있었던 순발력, 유미 철학과 상호 간 신뢰감이 바탕이 되어 여러 난관에도 미래를 개척할 수 있었다.

물론 초창기에 지향하던 평등의식 강조는 이상으로서는 좋았으나 한국 같은 극심한 경쟁 사회에서는 경쟁력과 경제력을 약화시키는 한계가 있음을 체감했다. 그래도 유미특허가 경쟁력을 강화하여 경제력을 상승시키며 구성원이 공동체적 유대를 유지하면서 상호 독립성과 상호 의존성 즉 자유와 평등의 균형을 이룰 수 있는 길을 모색하고 싶은 열망을 계속 간직해왔고 이를 퇴임 때까지도 지속하려 애썼다.

열린 신앙을 향한 배움과 지원

김원호 선생은 1993년 신앙인사회학교 운영위원장을 시작으로, 그 후신인 빛두레신앙인학교의 교장을 10년 이상 맡으면서 여러 교육에 참여하고 많은 이를 만났다. 그리고 그 인연 속에서 개인적으로 도움을 청하는 이들과 새로운 일을 시작하려고 준비하지만 초기 자금이 없어 어려움을 겪는 이들의 요청을 거절하지 않았다. 그가 지원하는 일들은 주로 출판이나 교육사업 등 앎과 깨달음을 위한 것이었다. 이 사업들을 지원하면서 그도 역시 참여해 배움의 분야를 넓혀갔다. 그는 경제적으로 지원하되 기획과 운영은 그 일을 담당하는 사무국장이나 운영위원회에 맡겨 간섭하지 않고, 좋은 강좌가 열리면 수강생으로 배움에 참여했다.

그러던 중 1998년에 빛두레신앙인학교에서 만난 모명숙 박사가 종교를 공부하는 아카데미를 제안했다. 독일 유학을 다녀온 문학박사 모명숙은 귀국 후 여러 시민사회학교에 참여했는데, 우리 사회는 비판만 있지 참된 진리에 대한 추구가 없다는 아쉬움을 토론하며, 특정 종교의 교리를 떠나 진리를 추구하는 아카데미 설립을 제안했다. IMF 경제위기 여파가 여전했을 때였지만, 김원호 선생은 이 이야기를 듣고 종파를 떠나 진리를 추구하는 '신앙인아카데미'를 설립하기로 하고, 준비위원장을 맡아 매월 300만 원씩 3년을 지원하기로 했다. 신앙인아카데미를 준비하며 발간한 창간준비호는 신앙인아카데미 설립 취지를 이렇게 밝혔다.

우리는 현세에서 구원을 체험하고 있습니까? 구원을 체험하고 그 구원을 현세에 드러낼 수 있기 위해서는 무엇을 하여야 할 것입니까? 첫째요 마지막이기도 한 것은 바로 앎일 것입니다. 신앙인아카데미는 위에서 제기한 문제들에 답을 구하고자 구도자의 정신으로 우리의 신앙에 빛을 발할 수 있는 교육운동을 전개하고자 합니다. 신앙인아카데미는 우리 신앙에 대해 제대로 알고 더불어 함께 살기 위한 터전을 마련하고자 출발하였습니다. 신앙인아카데미는 삶의 핵심 속에 들어가 삶과 밀접한 제 문제에 대하여 알고자 하는 모든 이들과 함께 각종 강의를 통하여, 공동체적인 삶의 실험을 통하여 참된 신앙을 밝히고자 합니다. 상대적인 비교 속에서 우월감 또는 열등감을 갖는 일 없이, 독자적인 가치 판단 속에서 독자적인 삶의 모습이 구원의 상임을 스스로 느껴가면서 살고자 합니다. 상대적 차별성보다는 독자적 동질성을 받아들이면서 공동체 상을 그려나갈 수 있는 강의 연구활동을 하고자 합니다. 스스로 및 타자(他者)에게 열려진 존재로서 너그러움을 갖고 다양성을 인정하면서 독자적인 모습을 가꾸어 나가고자 합니다.

신앙인아카데미의 앞날은 이제까지 상대적 차별성(差別性), 폐쇄성(閉鎖性), 편협성에 시들어가고 있는 신앙인이 이제와는 다른 독자적인 신앙의 토대 위에 독자적인 동질성(同質性), 개방성(開放性), 관용성(寬容性)으로 현세에서 구원의 모습을 그리고, 모든 이들이 얼마나 긍정적이고 능동적으로 참여하는가에 의하여 결정된다고 할 수 있습니다. 신앙인의 제대로 된 참여를 손 모아 기다리고 싶습니다. 같이 제대로 알고, 제대로 살기를!¹⁶

빛두레신앙인학교나 신앙인아카데미 모두 교육기관이었지만, 빛두레신앙인학교는 사회개혁이나 교회쇄신을 목적으로 하는 데 비해, 신앙인아카데미는 가톨릭뿐 아니라 개신교, 불교, 원불교, 유교 등 종파나 교파를 떠나 다양한 강사를 초대해 종교, 신학과 영성에 관련된 강좌를 진행하며 수련회, 기도 모임, 경전 읽기 모임 등 인간 영성을 발견하고 심화하는 데 더 초점을 두었다. 신앙인아카데미는 빛두레신앙인학교 안에서 강좌를 개설해 1년 반 동안 실험한 뒤, 1999년 서울 정식으로 독립하였다. 신앙인아카데미는 초기 김원호 선생의 지원으로 교육 강좌를 계속 개설하면서 설립 5년 정도가 되

---

16 김원호, 「신앙인아카데미를 준비하며」, 《신앙인아카데미》, 1999년 여름 창간준비 1호, 3쪽. 이 글은 준비위원장인 김원호의 이름으로 나왔지만, 실제 작성은 실무를 담당하던 황충렬 사무국장이 쓴 것으로 기억한다. 그러나 그 설립 취지와 지향에 대해서 선생이 공감했기에 지원하고 동반했다.

었을 때는 경제적으로 자립할 수 있게 되었고, 양준석 사무국장이 운영하던 빛두레신앙인학교도 시대 변화를 따라 2001년 8월 '열린신앙인사회학교'로 개편하고 자립하게 되었다.

개편된 열린신앙인사회학교에서는 양준석 사무국장이 가톨릭대 상담심리대학원을 다니며 배운 바를 바탕으로 영성수련과 에니어그램 강좌를 주로 진행하면서, 이 기관은 사회 문제나 교회쇄신을 다루기보다 사람들의 내적 성찰과 관계 맺음, 공동체적 나눔을 지향하며 몸, 마음, 영성의 수련공간으로 변모했다. 이 기관의 원장을 맡은 선생도 양준석의 권유로 2005년부터 가톨릭대 상담심리대학원에서 상담심리를 공부해 2007년 석사학위를 받았다. 이후 열린신앙인사회학교는 교육 내용에 맞춰 '열린학교 상담아카데미'로 전환해 전문적인 상담교육 기관으로 운영되고 있다. 나중에 두 기관이 자립했는데 그는 이 무렵부터 자신의 월급 일정 부분을 기부하기 시작했다.

> 월급의 반은 집사람 주고, 반은 내가 썼어요. 그러고 내가 가진 반 중에서 기부를 한 것이죠. 그것도 나중에 또 사무실이 어느 정도 자리 잡은 이후에 일이지 그전에는 사무실 꾸려가기가 녹록지 않았고, 빚도 있었습니다. 고마운 것은 그런 일을 할 때 집사람이 한 번도 불만을 표하지 않았고, 오히려 잘했다고 했어요. 정양모 신부가 그런 점에서 집사람을 칭찬했죠. 그런 관점에서 제가 가진 것의 반 정도는 사회활동을 하는 데 들어가는 비용으로 충당하겠다고 생각하고 있죠.[17]

---

17 황호택, 「[황호택 릴레이 인터뷰㉕ 김원호 이사장 〈下〉] 다석의 하늘·세상·인간 보는 법 배워야」, 《아주경제》 2021.7.7.

다석학회와 씨알재단 설립

신앙인아카데미는 2004년 8월 31일에 정양모 신부를 초대해 '다석 유영모의 예수관'을 주제로 특강을 진행했는데, 그 강연에서 정양모 신부는 다석 유영모의 원고를 출판하고 싶다는 이야기를 꺼냈다.

다석은 1928년부터 1963년까지 35년 동안 YMCA에서 매주 1회 연경반 강의를 계속했습니다. 1955년 어느 날 다석이 1년 뒤 '김교신이 죽은 날에 나도 죽는다'라고 사망 가정일을 선포하자 김흥호 선생이 '큰일 났다'는 생각이 들어 부랴부랴 속기사 최용식을 불러서 강좌를 쭉 기록하게 했어요. 이렇게 해서 1년 치(1956년 10월 17일~1957년 9월 13일) 강의 내용이 세상에 남아 전해지게 됐습니다. 그 뒤 30년이 넘도록 출판하지 못해 기록 원본이 흩어져 사라질 염려가 있었지요. 정 신부가 강의 시간에 '누군가 1억 원만 희사하면 출판할 수 있을 텐데……'라고 말해서 '할 사람 없으면 내가 하겠다'고 불쑥 얘기했죠. 그렇게 해서 현암사에서 『다석강의』라는 책이 2006년 3월에 나왔습니다. 정 신부가 '책이 나온 김에 학자들이 연구하는 조직을 만들었으면 좋겠다'는 말을 해서 다석학회가 만들어졌습니다. 박재순 목사는 함석헌 사상연구소 소장으로 있으면서 다석학회에 참여한 것이구요. 함석헌 선생과 다석 선생이 사제지간이죠. 물론 중간에 곡절이 있긴 했지만, 사상의 뿌리가 같은 거지요. 두 분을 기리는 단체를 통합해서 씨알사상을 제대로 연구하고 알리자는 취지에서 재단을 만들었습니다. 씨알이라는 이름이 두 분의 공통분모 아니겠어요? 씨알재단을 만들기로 했지만 모금이 잘 안

됐죠. 그래서 또 '정 안 되면 제가 책임지겠습니다'고 했죠."[18]

정양모 신부는 서강대학교 교수 시절이던 1991년 독립운동가이자 사회운동가로 새마을운동 초대 회장을 지낸 성천 유달영 선생(1911~2004)이 성천문화재단을 만들고 동·서양 고전 6개씩 12개의 강의를 개설했는데, 구상 시인의 추천으로 그중 하나인 성경 강의를 맡아 강의하러 갔다가 류달영의 서재에서 다석 유영모(1890~1981)의 책을 처음 접했다고 했다. 유달영은 "내가 스승으로 모시는 분인데 하도 독특해서 설명하기도 곤란하다"며 정 신부에게 읽어보라고 다석의 책 복사본 몇 권을 건네주었다. 별 기대 없이 집에 돌아와 책을 펼쳐보던 정 신부는 몇 쪽만 읽고도 큰 충격을 받았다. 정 신부는 당시 "성서에 깃들어 있는 사상을 우리말로 포착한 훌륭한 사상가를 그때 비로소 알게 되었다"며 다석과의 인연을 소개하기도 했다. 우리말과 글로 철학을 한 최초의 사상가인 다석은 불교부터 공자, 그리스도교까지 두루 능통했다. 유럽에서 서양 전통 공부를 했지만, 동양적 스승에 대한 목마름이 있던 정 신부는 서양의 그리스도교와 동양의 유·불·선을 자유롭게 넘나들며 사유한 다석의 사상에 깊이 매료되었다. 정 신부는 신앙인아카데미 특강에서 그가 연구한 다석의 예수관을 소개하며, 당시 사람들에게 잘 알려지지 않던 다석 사상을 소개했다.

김원호 선생은 다석 선생의 강의를 직접 들은 적은 없지만, 학창 시절 함석헌 선생(1901~1989)의 강의를 들은 적이 있었고,《씨올의

---

18 황호택,「[황호택 릴레이 인터뷰㉔ 김원호 이사장〈上〉] 다석은, 하늘과 씨알 섬긴 차원 높은 군자였죠」,《아주경제》2021.6.30.

소리》 잡지도 창간 때부터 구독했고 1980년 4월에는 첫 직장 퇴직금을 받아 평생 독자 후원도 했는데 7월에 군부독재 정권이 강제 폐간하는 바람에 구독이 강제 중지된 안타까움도 있던 터였다. 다석에 관한 강의를 들으며 인연이란 그런 것일까 싶었다.

함 선생이 『성서적 입장에서 본 조선 역사』를 『뜻으로 본 한국역사』로 제목을 바꿔 수정증보판을 낸 해가 1965년입니다. 고등학생(1963~1966) 때 함 선생을 뵀죠. 서울대학에 입학한 이후 함 선생이 문리대 강당에 와서 강연을 했습니다. 1970년대에는 명동 가톨릭 전·진·상 교육관에서 노자 장자 강의를 했습니다. 1970년 4월《씨올의 소리》창간호가 나왔을 때부터 정기구독을 해 늘 그분의 생각을 접할 수 있었습니다. 1977년경 아내가 셋째 애를 가질 무렵에 함 선생 댁이 있는 원효로에 저도 살게 됐습니다. 그 시절 함 선생이 한복을 입고 원효로 언덕을 오르고 내려가는 모습을 뵐 수 있었습니다.[19]

다석의 강의록 출판에 1억 원이 필요하다고 해서 그 돈을 내놓았지만, 실제로 책을 출판하는 데는 그만큼 들지 않아서 남은 돈은 2006년 '다석학회'(초대 학회장 정양모 신부)를 만들어 다석에 관한 연구를 계속하기로 했다. 2007년 9월에는 씨알사상연구회의 회장인 박재순 목사와 협의해 '씨알재단'도 설립했다. 다석 유영모는 『노자(老子, 늙은이)』를 번역하면서 백성 민(民)을 '씨알'이라고 풀었고, 다석의 씨알사상을 세상 널리 퍼뜨린 것은 함석헌이었다. 다석과 함

---

[19] 황호택, 「다석은, 하늘과 씨알 섬긴 차원 높은 군자였죠」.

정양모 신부와 함께.

석헌, 두 사람의 사상을 함께 계승 발전시키자는 취지로 '씨알재단'이라 이름을 정했다. 재단 설립에는 기본 자산 3억 원과 운영자금 5,000만 원이 최소한으로 필요했는데, 모금 활동이 어려워 그가 전액 출연했다. 그가 이사장을 맡고, 박재순 목사가 상임이사를 맡아 씨알재단을 운영하기 시작했다.

씨알재단은 2008년 세계철학대회에서 이틀 동안 19명 발표자가 유영모와 함석헌 연구를 발표하는 세미나를 가졌고, 2009년에는 전라남도의 후원으로 목표대학교에서 25명의 한일 철학자들이 3박 4일 동안 씨알철학과 공공철학의 학술 대화마당을 진행했다. 2012년에는 제1회 씨알대회를 열어 씨알사상을 알리고 씨알조직 운동을 모색하기도 했다. 선생은 씨알재단 이사장을 2013년 2월에 사임하고 안재웅 박사(한국YMCA전국연맹 총재, 한국기독교사회문제연구원 원장)가 후임 이사장을 맡았으나, 1년여 만에 사임하게 되어 2014년부터 다시 그가 맡아 현재까지 운영 중이다.

씨알재단 창립 10주년 행사에서.

　한편, 삶은 계속되는 배움이라고 여기는 선생은 2007년과 2008년에는 부인 수산나와 함께 서울대교구 노인사목부에서 하는 2년 과정의 가톨릭 시니어 아카데미를 수강해 제1회 졸업생이 되기도 했다. 노년기를 앞둔 55~64세의 장년 신자들을 대상으로 주 1회 오전에는 인생 후반기를 이해하는 신체·심리·정서·사회적인 기본 지식과 함께 노년기를 주체적으로 설계하기 위한 사회·문화·경제·종교적 지식을 학습하고, 오후에는 사진 촬영·컴퓨터·문학의 향기·웰빙과 웰다잉·건강 스포츠·하모니카·역사탐구 등 7개의 두레 활동을 했고, 총 65명이 졸업했다. 그러고 보면 그는 교회든 사회에서든 무언가 새로운 교육이 시작되는 자리에 가장 먼저 직접 찾아가서 배움을 청하는 자세로 임하기에, 제1회 졸업생이 되곤 했다.

'에코피스 아시아', '가톨릭뉴스 지금여기', '우리신학연구소'의 이사장을 맡아

1982년 시작한 유미특허는 2018년 그가 퇴임할 무렵 변리사와 변호사 직원만 100명이 넘고 대한민국에서 국내 최다 출원 건수를 지닌 명성 높은 특허법인으로 성장했다. 그는 설립자도 정년이 되면 퇴직한다는 원칙을 표방했고, 이를 업계에서 처음으로 실천하며 70세를 맞는 2018년에 은퇴했다. 가정에서도 아내 수산나가 세 자녀를 잘 키운 덕분에 모두 잘 자라서 좋은 짝을 만났고, 결혼과 동시에 독립적으로 살아가도록 키웠다. 자녀들 덕분에 얻은 사위와 며느리, 그리고 그들 사이에서 생긴 손주가 8명이라, 어머니와 그 단둘뿐이던 그의 가족은 이제 대가족이 되었다.

그는 이런 모든 성취가 결코 자신의 능력만으로 된 것이 아니라, 보이지 않는 도우심 덕분이라는 믿음이 있다. 자신의 삶은 자신이 스스로 살아간다고 여기는 편이지만, 그 일이 이루어지는 과정이나 결과를 볼 때 자신 외에 다른 힘이 작용했음을 절실히 느끼게 된다. 규칙적으로 기도하거나 수행하는 종교적 실천을 열심히 하지는 않지만, 그런 보이지 않는 믿음을 간직한 종교성은 자신 안에 깊이 있다고 생각한다. 자신의 힘만으로 이룬 것이 아니라 여기기에, 누군가 도움을 요청해오면 자신에 대한 부르심으로 여기고 기꺼이 돕고자 한다.

선생은 씨알재단 이사로 참여하던 백찬홍 에코피스아시아 상임이사의 추천으로 2012년부터 '사단법인 에코피스아시아' 이사장도 맡게 되었다. 에코피스아시아는 환경운동연합에서 2002년 한국에

2018년 6월 29일 유미특허법인 퇴임식.

닥친 황사 문제를 해결하기 위해 2003년부터 중국 내몽고 등 황사 발원지의 사막화 방지사업 프로젝트를 진행하며 독립하여 2009년 사단법인으로 설립된 단체다. 한국에 기반을 두고 아시아 생태평화 공동체를 실현하기 위해 중국, 필리핀 등 아시아 현지에서 환경 보전 활동을 벌이는 단체로, 이태일 사무처장을 중심으로 사막화 방지를 위한 초원 복원, 맹그로브 숲 복원, 바다숲 조성 등의 활동을 하고 있다. 수입보다 지출이 커 재정이 불안한 시민사회단체를 도와달라는 청을 받았을 때, 선생은 2012년 이삼열 이사장(유네스코 한국위원회 사무총장, 숭실대 철학과 교수 등 역임)의 뒤를 이어 이 단체 이사장직을 맡았다. 다석 역시 시대를 앞서 환경 문제에 관심을 가졌던 바 있다.

자기 곁에 있는 대상들이 수단이 아니고 그것들은 그 자체로 목적을 가진 존재라는 생각을 다석이 했기 때문이죠. 사람을 수단화해도 사달이 나듯이 다른 생명체를 수단화하는 것도 마찬가지입니다. 인간은 다른 생명체를 먹고서 살아가고 있어서 죄인이라는 생각도 듭니다. 제대로 된 먹거리를 만들 수 있는 환경을 만들고, 먹더라도 제대로 키워서 먹는 것이 중요하죠. 그런 것이 우리 지구를 보존시키는 길로 이어지겠지요. 다석이 식사하는 것을 제사라고 한 것은 의미가 있어요. 예수도 하느님께 제사 지내는 제물이었죠. 우리가 다른 생명을 제물 삼아서 살아가는 나는 제사의 값을 해야죠.[20]

그보다 앞서 2011년에는 《가톨릭뉴스 지금여기》의 이사장으로도 선임되었다. 2009년 《가톨릭뉴스 지금여기》가 창립할 때 초대 이사장을 맡았던 홍성훈 선생(의사)의 요청으로 이사로 참여했는데, 제2대 이사장을 뽑을 때 이사 중 나이순으로 돌아가면서 맡자고 그가 먼저 제안했다. 사실 한의사인 엄종희 이사가 자신보다 더 연배가 높을 것으로 생각해 그를 추천하려는 의도였지만, 나이순으로 정하기로 하고 비교해보니 그가 훨씬 나이가 많아 이사장을 맡게 되었다.

《가톨릭뉴스 지금여기》와의 인연으로 2016년에는 '(사)우리신학연구소'의 이사장도 함께 맡게 되었다. 우리신학연구소는 1999년 봄, 빛두레신앙인학교 교장으로서 주간지 《갈라진 시대의 기쁜 소식》에 강론 원고를 한 달간 연재했던 것과 2004년에 출자회원으로 참여하며 인연을 맺었지만, 오랫동안 깊은 관계는 없었다. 2006년에 『대

---

20 황호택, 「다석의 하늘·세상·인간 보는 법 배워야」.

승불교 그리스도를 말하다』라는 종교간 대화 총서를 제작할 때 연구소 요청으로 출판비를 몇백만 원 지원하면서 후원했지만, 그때도 일시적 후원이었을 뿐 관계가 지속되지는 않았다. 그러다가 2015년에 우리신학연구소에서 격월간 잡지 《가톨릭평론》 창간을 준비할 때, 《가톨릭뉴스 지금여기》의 한상봉 편집장이 도와주면 좋겠다고 제안해 초기 제작비를 매호 500만 원씩 2년 동안 총 6,000만 원을 지원했다. 덕분에 《가톨릭평론》이 초기에 독자를 모아가며 제자리를 잡을 수 있었다. 그 뒤 우리신학연구소 회원들은 2016년 총회에서 그를 이사장으로 선임해 2020년까지 이사장을 맡았고, 2년 뒤 2022년 총회에서 다시 이사장으로 선임되어 현재까지 직무를 맡고 있다.

그가 지원하는 여러 단체는 주로 신자, 시민이라는 민(民), 씨알들이 깨어나서 교회와 세상을 바꿔 가게끔 하는 교육과 활동을 하는 단체들이라는 공통점이 있다. 일례로 그가 1996년 6월부터 9월까지 4회에 걸쳐 《생활성서》에 '평신도가 바라본 교회'라는 칼럼을 통해 자신의 신앙과 평신도에 관한 신원의식, 교회쇄신의 과제에 대해 자신의 의견을 밝힌 부분을 일부 소개하면 다음과 같다.

우리나라의 가톨릭교회에 있어서 민(民)인 평신도의 처지는 어떠한가? 다시 말해 평신도는 졸이가 아니면 사도인가. 원칙적으로는 사도지만 현실적으로는 졸이라고 아니할 수 없다. 평신도가 사도라고 천명한 제2차 바티칸 공의회가 폐막된 지 30년이 지났건만, 우리나라의 평신도는 그 이전의 의식구조에서 벗어나지 못하고 있다. 즉 '평신도는 졸이다'라는 틀 속에 아직도 갇혀 있는 것이다. …… 한 국가에 있어서 민이 주인임을 가르쳐주는 자는 통치자가 아니고 바로 민 자신이다. 교회에 있어서도 그것은 마찬가지다. 평신도가 사도임을 가르쳐주는 자는 성직자, 수도자가 아니라 바로 평신도 자신임을 깨달아야 한다. …… 그런데 우리의 교회는 계속 쇄신되어가고 있는가? 우리나라는 계속 개혁되어가고 있는가? 만약 아니라면 그 원인은 무엇인가? 성직자, 수도자의 책임인가? 통치권자 책임인가? 인류 역사를 살펴보건대 역사가 진보하는 데 가진 자들의 각성과 반성에 의해서 이루어진 것을 본 적이 있는가? 바로 평신도인 우리, 민인 우리의 방관적인 무관심이 우리의 교회를, 우리나라를 그렇게 만들었다고 솔직하게 고백하는 데서 쇄신과 개혁의 실마리를 찾아야 할 것이다.[21]

그는 도움이 필요한 여러 단체를 뒤에서 도우며 대표 직함이 늘어났지만, 그저 보이지 않게 뒤에서 도울 뿐 각자의 활동은 각 구성원이 주체적으로 알아서 하도록 믿고 맡긴다. 그는 좋은 일을 하려 애쓰는 일꾼들이 돈이 없어 그 일을 하지 못하게 되는 일이 없도록, 자신에게 도울 능력이 있으니 그 달란트를 나눌 뿐이라 여기기 때문이다. 이제는 퇴임해 수입이 현직 때처럼 많지 않아도, 수많은 단체의 대표를 맡아 계속 지원하는 이유에 대해 이렇게 말한다.

그냥 이게 부르심이라고 생각을 하는 거죠. 신자로서 살아가는 삶이 어떤 삶이냐, 그것은 '봉헌 기도'의 삶이다 그거예요. '주님, 저를 사랑으로 내시고 저에게 영혼 육신을 주시어, 주님만을 섬기고 사람을 도우라 하셨나이다. 저는 비록 죄가 많사오나, 주님께 받은 몸과 마음을 오

---

21 김원호,「평신도가 먼저 깨어나야 한다」,《생활성서》1996년 7월호, 82~84쪽.

롯이 도로 바쳐 찬미와 봉사의 제물로 드리오니 어여삐 여기시어 받아주소서, 아멘.' 그거죠. 결국엔 세상에 태어났다는 의미가 두 가지, 즉 내가 하느님을 찬미하고 나를 봉헌하는, 아마 다석 유영모 사상도 그거라고 볼 수 있고, 또 그 십자가상의 제사가 예수님 혼자만의 제사로 끝나는 것이 아니라, 모든 신자들, 살아 있는 사람들이 다 지금 제사상을 받들고 있고 내가 제사상의 제물이 되고 있는 것으로 봐야 되지 않겠나, 그래야지만 인간이 성숙에로 이끄는 길로 갈 수 있지 않겠나, 그래서 그 성숙의 길로 이끌어주는 거예요. 필요한 것은 종교성이다. 주님 당신께서 제게 하시지 않는 한 내가 뭘 할 수 있겠냐 여기는 거죠.

그의 나눔과 지원은 은퇴 이후에도 멈추지 않고 있다. 2019년 6월에는 유미특허법인의 창립 34주년을 맞아 그와 함께 대표 변리사로 있다가 은퇴한 친구인 송만호가 '유미과학문화재단'을 설립하는 데도 힘을 보탰다. 그와 송만호, 유미특허가 각기 1억 원을 출연하고, 유미특허가 매년 1억여 원의 운영비를 지원해, 과학문화 보급에 기여한 인물을 선정해 시상하고, 과학분야의 우수도서를 선정해 전국의 학교와 도서관에 보내고 독후감을 모집하여 우리나라의 과학문화 창달에 보탬이 되겠다는 취지다.

인생 3모작의 마지막 부르심

은퇴 이후 그는 양평에 자리 잡고 텃밭을 손수 가꾸며 농부로 지내고 있다. 이른 아침에 일어나 한바탕 땀 흘리며 밭일을 하고 돌아와서는 양평읍 자치센터에서 가르치는 체조 교실과 성악 교실에 가서 몸을 단련하고 문화생활도 즐긴다. 그리고 일주일에 한두 번은 고문 자격으로 유미특허에 마련된 서울 사무실에 가서 신앙인 아카데미 모명숙 박사를 스승으로 모시고 영어 강독 공부도 한다. 2017년 11월에는 에코피스아시아의 직원이었던 이가 자기계발 프로그램인 '랜드마크 포럼' 교육을 받고 삶이 변화된 체험을 나누며 권하기에 그 교육도 받았다. 그는 1년에 걸쳐 각기 40시간의 기본 과정과 고급 과정, 6개월에 걸친 리더 양성 과정(ILP, Introduction Leadership Program)을 마쳤다. 그는 이 교육을 통해 자기 삶의 비전을 찾고, 좀 더 자유롭고 진취적으로 살아가도록 도와주었다고 여겨, 주위 사람들에게 이 교육을 받도록 권하고 교육비도 지원하며, 현재까지도 리더로서 사람들과 대화도 계속하고 있다. 하지만 말년의 삶을 이렇게 개인적인 배움과 소일거리로 보내기만 하는 것은 아니다.

선생은 자신의 인생을 33년 단위로 전환했다고 여긴다. 초기 33년은 학창 시절과 결혼 초기로, 인생에 관한 질문을 계속하면서 자신을 찾아가려던 시기였다. 34세 때 유미특허사무소를 설립한 이후 청·장년기 33년은 사업을 일구며 열심히 달렸다. 그렇게 66년을 보내고 노년기에 접어들어 사업에서도 물러나면서, 그는 삶을 세상에 봉사하는 일로 전환하고자 했다. 감사하게도 평생 별문제 없던 그의 건강 상태로 볼 때, 그가 필요하다고 하는 일이 있다면 남은 시간은 그 요청에 응답할 수 있을 것 같다. 늘 뒤에서 보이지 않게 후원하던 그는 2015년 3월 12일 정동 프란치스코 교육회관에서, 처음으로 '불안에서 희망으로!'를 주제로 한 강연회 '인생 68 토크쇼'

를 열었다. 이 행사를 앞두고 《주간경향》과 인터뷰에서 그는 이렇게 밝혔다.

> 개인적으로는 이게 제 인생 3기의 시작이라고 생각합니다. 왜 수명이 연장되어서 100세 시대라고 하잖아요? 첫 33년은 성장하고 준비하는 데 바친 인생이라면 그 후 33년은 그것을 키우는 데 보냈다고 할 수 있죠. 그리고 나서 맞이하는 것이 개인적으로는 금년 3월인데, 이 '나머지 33년을 어떻게 보낼 것인가'라는 문제입니다. 원래는 가급적 조용히, 농사나 지으면서……라고 생각했는데, 제게 주어진 새로운 소임이 사회의 변화에도 기여하는 일이겠죠. 물론 개인의 수양이 병행되어야 하는 일일 테고요. …… 개인적으로 34살에 개업을 했어요. 1981년에 개업을 했는데 올해로 34년째 됩니다. 34년 동안 특허사무소를 꾸려서 어느 정도 기반을 이뤄왔고, 이제 '3기의 삶'을 앞두고 있게 되었습니다. 먹고사는 문제를 졸업하는 나이가 되다 보니 또 다른 '먹고사는 삶'을 생각하게 된 겁니다. 현실 문제에 대해 보다 정면에서 맞부딪쳐야 하지 않나 생각이 들었습니다. 물론 능력이 모자랄 수는 있어도 그 쪽으로 가야 하는 '부름' 같은 걸 느꼈다고 할까요.[22]

그는 그 부르심을 씨알재단을 통해 실현하고자 한다. 다른 지원단체는 꾸려가는 이들이 자율적으로 운영하고 부족한 것만 도와주고 있지만, 그가 기금을 출연해 설립한 씨알재단의 사업은 이창희 사무국장과 더불어 손수 챙기고 있다. 이창희 사무국장은 2013년 '씨

---

[22] 같은 글.

순길 순례'를 떠나기 위해 모였던 자리에서 처음 만난 것이 인연이 되었는데, 대학 시절 학생운동을 하고 광고회사에 다녔던 경험과 기획력을 바탕으로 2015년부터 씨알재단 사무국 운영을 도와주고 있다. 그가 인생의 사표(師表)로 삼는 존재가 다석이고, 그가 평생을 추구하며 찾아온 진리, 참되고 성숙한 인간이 되고자 하는 지향이 씨알사상에 담겨 있다고 여기기에 이처럼 씨알재단에 대한 애정이 크다. 그는 물질주의와 성장주의의 노예가 된 현대인들에게 자신에 대한 성찰과 주인의식, 타자와 연대성을 가르치는 씨알사상이 현시대에 필요한 사상이라고 여긴다. 그는 자신이 이해한 씨알사상을 이렇게 설명했다.

> 우리가 사람들을 이야기할 때 국민이라고 하지 않습니까. 하느님의 얼이 바탕에 깔려 있는 무언가가 씨와 알이 아니겠어요? 씨와 알을 합치면 바로 그게 하늘의 자손입니다. 그렇기 때문에 그 씨알을 깨치고 키우면 하느님 같은 존재가 됩니다. 말하자면 가장 인간적이면서도 진화된 인간의 모습이죠. 그것은 예수도, 석가모니의 모습이 될 수도 있겠죠. 그런 취지에서 씨알이라고 표현하지 않았나 생각합니다.[23]

역사적 예수를 제대로 이해하고 따르려는 그의 평생 염원을 담아, 2018년에는 예수의 삶과 그리스도교 신앙을 우리 역사와 오늘의 눈으로 재해석하는, 〈오늘의 예수〉라는 영상 다큐멘터리를 기획해 제작했다. 그가 존경하는 정양모 신부와 함께 봄, 여름, 가을, 겨

---

[23] 황호택, 「다석은, 하늘과 씨알 섬긴 차원 높은 군자였죠」.

울에 걸쳐 배론성지, 천호성지와 해미읍성, 절두산 성지, 경주와 안동을 순례하며 제작한 영상이다. 예수의 가르침을 오늘날의 인간 삶에 비춰보며 현대 사회가 마주한 어려운 문제들의 해결책을 찾고, 기계물질문명과 자본주의의 문제로 고통받는 사람들에게 위안과 희망을 주고자 하는 취지였다.

최근 그는 더 나은 사회를 위해 씨알재단을 통해 여러 사회활동을 조직하고 참여하고 있다. 씨알재단은 2016년 겨울 박근혜 대통령 탄핵 시국을 거치며, 흥사단·헌법개정여성연대 등이 속한 시민사회단체연대회의가 주도하는 '국민주도헌법개정 전국네트워크' 등과 협력해서 '국민주권새헌법' 인터넷 사이트도 개설하고, 헌법 개정 운동을 전개하기도 했다.

> 씨알사상의 핵심은 참다운 삶, 살리는 삶, 나누는 삶, 실천하는 삶을 통해 생명 그 자체의 고귀함을 오롯이 피워내고 이어가는 데 있습니다. 이는 씨알들 스스로가 축복받은 존재임을 자각하고 공동체의 일원으로 서로 존중하며 연대해야 한다는 것을 뜻합니다. 그러려면 나라의 근본인 헌법을 '주권재민 정신'으로 바로 세워야 합니다.[24]

이 운동은 윤석열 대통령 재임기에 다시 씨알재단의 유튜브 〈씨알티비〉를 통해 국민발안, 국민투표, 국민소환의 직접 민주주의를 실현하는 제7공화국 헌법개정의 필요성을 전하는 영상을 제작하는 작업으로 이어지기도 했다.

---

[24] 한승동, 「다시는 '나쁜 지도자' 멋대로 못하게 씨알 주도 '개헌'을」, 《한겨레》 2017. 12. 4.

씨알재단은 2023년에는 관동대학살 100주기를 맞아 '1923한일추모사업단'을 꾸려 관동대지진 때 재일 조선인들의 학살이 일어난 현장인 일본 도쿄 아라카와 강변을 방문해 '관동대학살 100주기 추도 위령제'를 열어, 원혼들의 해원과 영생을 기도하고,「관동대학살 100주기를 맞이하는 아라카와 평화선언문」을 발표하기도 했다. 2014년에도 씨알재단 차원에서 관동대지진의 조선인 학살을 추모하고자 씨순길 순례를 다녀왔던 바 있다. 일찍이 함석헌 선생도 1973년《씨올의 소리》를 통해 관동대학살에 대한 문제를 제기하며, 단순히 반일감정을 자극하는 것이 아니라 국가주의의 문제를 지적하고 한일 민중의 평화 협력을 촉구한 바 있다.

> 관동대진재의 원흉은 누구냐? 지진 화재가 아닙니다. 그 핵심은 조선인 학살에 있습니다. …… 그 뜻을 말하면 조센징이기 때문에 죽이는 것이니깐, 결국 조선이 학살된 것입니다. …… 문제는 국가주의입니다. 그것이 동양평화란 이름으로 전쟁을 일으켰고, 한국을 먹었고 혁명을 막기 위해 조센징을 제물로 잡았습니다. …… 관동대진재의 제단에서 피를 한데 섞은 일본의 씨알과 한국의 씨알은 이 역사의 원흉(국가주의)의 잔당을 잡아 새 시대를 여는 데 노력해야 할 것입니다.[25]

씨알재단은 2024년 1월 25일에 '간토학살, 국제사법재판소 제소의 의의와 방법'을 주제로 유기홍, 강민정, 양정숙, 용혜인 국회의원과 한국YMCA전국연맹, 시민모임 독립이 공동으로 국회토론회

---

[25] 함석헌,「내가 겪은 관동대진재」,《씨올의 소리》1973.

를 주최하였다. 김원호 선생은 이 자리에서 관동대지진 조선인 대학살 문제를 국제사법재판소에 제기해, 간토대학살에 대한 진상규명 활동을 세계시민운동으로 발전시키자는 취지의 주제 발제를 하였다. 그리고 2024년 2월 인사동에서 '넋은 예 있으니'라는 주제로 전년도에 진행한 '1923한일추모사업단' 활동을 소개하는 장영식 사진전시회를 열었다.

2024년 12월 윤석열 대통령 탄핵 정국에서는 윤석열 탄핵과 내란죄 수사를 요청한 천주교인들 7,335명과 53개 천주교 단체를 대표해 국회 소통관에서 탄핵을 막는 국회의원 23명의 이름을 부르며 "너 어디 있느냐!"(창세 3,9)는 선언문을 낭독하기도 했다.

2025년 선생은 정양모 신부의 뒤를 이어 다석학회 2대 학회장으로도 선임되있다. 다석학회는 2025년 3월 13일, 창립 20주년을 맞아 다석사상연구회·씨알재단·서울YMCA와 공동주관으로 '한글에 깃든 다석 유영모의 하늘'을 주제로 첫 학술 세미나를 열었다.

그는 여전히 수많은 단체 대표를 맡고 큰돈이 드는 지원과 활동을 계속하면서도, 개인적으로는 사치를 즐기지 않는다. 유미특허의 대표 변리사로 현직에 있을 때는 양복 차림 대신 두루마기 생활한복을 즐겨 입었고, 퇴직한 후에는 저렴하게 산 빈티지 옷을 즐겨 입는다. 국산 중형자동차를 운행 거리가 30만km가 넘도록 타고 있어 주위에서 안전을 걱정할 정도다. 서울에서 지낼 때는 지하철을 애용한다. 평생을 그러했지만, 노년에 들어서는 점점 더 겉모습보다 내면의 빛을 밝히는 데 여념이 없다.

사람을 좋아해 사람들을 믿고 일을 맡기며 지원해왔지만, 때론 그런 믿음 때문에 집이 남에게 넘어간 적도 있고, 몸담은 회사에서

모든 가족이 함께 모여 찍은 사진(2023년 여름).

불이익을 당한 적도 있으며, 그가 믿고 일을 맡긴 이들의 실책으로 구설수에 오르는 일도 종종 있었다. 그럼에도 평생 그는 누군가를 원망하거나 그 믿음을 거두지 않았다. 그 자신은 기억력이 좋지 않아 금세 잊고 마음에 깊이 담아두지 않기 때문이라 하지만, 젊은 시절 자신을 내친 상사의 아들이 실직해 어려움을 겪는 모습을 보고 자신의 일터로 불러 일하도록 하는 마음은 그가 평생에 걸쳐 지향한 예수를 따르는 삶, '성인됨'에 가까워졌기 때문이 아닐까 싶다. 노년에 이른 그는 자신의 삶을 돌아보며, 자비로운 하느님께 감사 기도를 드린다.

내 나름대로 진리를 향한 길을 찾아 지내온 지 반세기, 그동안 나에게 가장 관심을 끈 것은 종교였다. 그것이 나의 삶 밑바닥에서 울려오는 부름이었다. 나에게 하느님의 존재는 자비로운 분, 없이 계신 분, 나의 존재의 원인으로 바뀌었다. 세상에 태어난 것은 원죄가 아니라 원복이다. 예수는 나의 청을 위해 기도드리는 분이라기보다는 하느님의 말씀을 듣고 하느님의 뜻에 따라 산 예수의 발자취를 좇아 스승으로 섬겨야 할 분이다. 예수처럼 하느님의 뜻을 따라 죽음에 이르기까지 사회에 헌신해 자신을 제사의 제물이 되게 하는 게 내가 세상에 온 까닭이다. …… 비로소 마음이 평화로워지며, 자유로워진다. 현실이 그대로 보이며, 아픔마저도 받아들인다. 그 속에서 서로 나누며 각자에게 주어진 삶을 감사하며 즐거워한다.

'하느님! 고맙습니다.
저를 당신께로 제대로 오게 하기 위해 항상 이끌어주셔서.
더욱더 열정을 다하다가 당신의 품에 돌아갑니다. 아멘.
하느님! 고맙습니다.'[26]

---

[26] 김원호, 「자비로운 하느님을 향한 나의 믿음, 나의 삶」, 154쪽.

김원호 선생이 걸어온 길

1948.3.31 서울 출생.

1954.4 삼청국민학교 입학 후 며칠 뒤 청운국민학교 재입학.

1957 2학기에 부산 영선국민학교로 전학해 5학년 1학기 초까지 부산생활. 부산에서 첫영성체.

1958.5 서울 미동국민학교로 전학.

1960.3 중동중학교 입학.

1963.3 서울고등학교 입학.

1966.3 서울대학교 철학과 입학.

1970.2 서울대학교 문리과대학 철학과 졸업.

1970.3 서울대학교 경영대학원 입학.

1972.9 서울대 경영대학원 수료.

1972.11.1 이태원성당에서 결혼.

1973 홍아무역 취업(2주 근무).

1974.3~10 남영산업㈜ 근무.

1974.11~1980.4 중앙국제특허법률사무소 근무.

1980.9.~1981.1 이준구 특허사무소 근무.

1980.10 변리사 시험 합격.

1981.3.6 수습 변리사로서 변리사 개업식(박성민 변리사사무소).

1982.5 YOU ME 특허법률사무소 설립.

1993. 빛두레신앙인학교 운영위원장.

1996. 빛두레신앙인학교 교장.

1998.2.~2003 천주교정의구현전국연합 공동대표.

1998.9 신앙인아카데미 설립.
2005 다석학회 설립 참여.
2007 가톨릭대학교 상담심리대학원 상담학과 졸업.
2007.9.~2013.2 씨알재단 설립 및 초대 이사장.
2009.2.11 서울대교구 가톨릭 시니어 아카데미 1회 졸업.
2012 (사)에코퍼스아시아 이사장.
2014.~현재 씨알재단 제3대 이사장.
2016.2.~2020.2 (사)우리신학연구소 제9대 이사장.
2018 YOU ME 특허법인 정년퇴직.
2022.2~현재 (사)우리신학연구소 제11대 이사장.
2025.2~현재 다석학회 제2대 학회장.

저술·인터뷰 목록

저술

『자서전: 원죄(두려움)에서 원복(기쁨)으로』, 2011(외부 미공개).

「교회는 나에게 어떤 모습으로 다가왔나?」,《생활성서》1996년 6월(통권 154호), 82~84쪽.

「평신도가 먼저 깨어나야 한다」,《생활성서》1996년 7월(통권 155호), 82~84쪽.

「고난 속에 깃든 기쁨」,《생활성서》1996년 8월(통권 156호), 82~84쪽.

「평신도라는 존재」,《생활성서》1996년 9월(통권 157호), 82~84쪽.

「기쁨 속에 뿌리내린 믿음은 어디에?」,《갈라진 시대의 기쁜 소식》제377호

(1999년), 12~13쪽.

「누가 소경인가? 우리는…」, 《갈라진 시대의 기쁜 소식》 제378호(1999년), 12~13쪽.

「예수 믿기 그 자체가 구원이요, 부활이다」, 《갈라진 시대의 기쁜 소식》 제379호(1999년), 12~13쪽.

「있는 그대로를 받아들이는 자세」, 《갈라진 시대의 기쁜 소식》 제380호(1999년), 12~13쪽.

「너희는 세상의 빛이다」, 《두레우물》 1999년 (통권 제32호), 빛두레신앙인학교, 1쪽.

「신앙인아카데미를 준비하며」, 《(기쁜 소식의 다양한 울림을 지향하는) 신앙인아카데미》, 1999년 여름(창간준비 1호), 2~3쪽.

「신앙인아카데미에 거는 꿈」, 《(기쁜 소식의 다양한 울림을 지향하는) 신앙인아카데미》 1999년 가을(창간준비 2호), 3쪽.

「지금! 여기」, 《(기쁜 소식의 다양한 울림을 지향하는) 신앙인아카데미》 2000년 봄 (창간호), 2~3쪽.

「스승의 부활, 제자들의 부활」, 《(기쁜 소식의 다양한 울림을 지향하는) 신앙인아카데미》, 2001년 봄 (제4호), 2~3쪽.

「불경스럽지 않은 인간의 권리」, 《(기쁜 소식의 다양한 울림을 지향하는) 신앙인아카데미》, 2002년 봄(제6호), 4~6쪽.

「겸허한 마음으로」, 《(기쁜 소식의 다양한 울림을 지향하는) 신앙인아카데미》 2003년 가을 (제9호), 2~3쪽.

「자비로운 하느님을 향한 나의 믿음, 나의 삶」, 《가톨릭평론》 12호(2017년 11-12월호), 150~151쪽

인터뷰

김민수, 「믿음이라는 잣대 하나로: 김원호 알렉산드르」, 《경향잡지》 1996년 3월호(통권 1536호), 52~56쪽.

정천기, 「[사람들] 씨알재단 산파 김원호 이사장」, 《연합뉴스》 2007.10.4 (https://v.daum.net/v/20071004130410584).

설동본, "씨알사상과 활사개공(活私開公) 상생과 평화 비전", 《시민사회신문》 2008.4.7(http://www.ingopress.com/news/articleView.html?idxno=2506).

이희연, 「[생활의 발견] 김원호 알렉산델 인터뷰: 생계를 돌보고, 이상을 찾으며」, 《뜻밖의 소식》 2015.3.19(https://www.catholicnews.co.kr/news/articleView.html?idxno=14266).

정용인, 「[인터뷰]김원호 씨알재단 이사장 "백세 시대 '나머지 33년' 현실 문제에 부딪혀 보려 합니다"」, 《주간경향》 2015.5.13(https://weekly.khan.co.kr/khnm.html?mode=view&artid=201505121459471&code=115).

한승동, 「다시는 '나쁜 지도자' 멋대로 못하게 씨알 주도 '개헌'을」, 《한겨레》 2017.12.4(https://www.hani.co.kr/arti/culture/book/822005.html).

한승동, 「함석헌·유영모 사상 전파 넘어 현실발언」, 《한겨레》 2019.10.19 (https://www.hani.co.kr/arti/culture/book/681624.html).

황호택, 「다석은, 하늘과 씨알 섬긴 차원 높은 군자였죠」, 《아주경제》 2021. 6.30(https://www.ajunews.com/view/20210628102552365).

황호택, 「다석의 하늘·세상·인간 보는 법 배워야」, 《아주경제》 2021.7.7 (https://www.ajunews.com/view/20210705145426508).

평신도 신학운동의 불쏘시개, 성염

어린 시절과 신앙의 뿌리[1]

성염(成稔)(돈 보스코) 선생은 1942년 7월 11일 전라남도 장성에서 부 성홍기(成洪基), 모 김도곡(金陶谷)의 5남매(성금심, 성염, 성준, 성찬성, 성훈) 중 둘째로 태어났다. 선생의 조부인 성재원(成在遠, 1926년 작고)은 1910년대에 장성 지역에서 개신교 신앙을 받아들인 집안이었다. 선생의 증언에 따르면 "할아버지가 동료 몇 분하고 힘을 합쳐 전주에서 목사님을 모셔와 장성에서 첫 교회인 소룡리 교회를 세우셨다"고 한다. 할아버지의 영향으로 선생의 부친도 청년 시절 광주 YMCA에서 활동을 하다 같은 단체에서 활동하던 여자를 아내로 맞는 등 개신교 신앙에 깊이 심취했다. 선생이 고3 때 쓴 글에서 조부에 대한 기억의 단초를 엿볼 수 있다.

내 아버님께서는 나를 만나실 일이 있을 적마다 나의 성소는 할아버지께서 끼치신 보람이라고 하셨다. 나의 조부께서는 장로 교회의 장로이셨으며, 덕성과 아량으로써 성자라고 불리우셨고, 또한 자선가이셨다 한다. 나는 조부님의 얼굴을 뵙지는 못했으나 천주께서는 총애받는 자

[1] 선생의 증언 대부분은 2025년 4월 1일, 수유리 자택에서 진행한 인터뷰에 근거하고 있다.

에게는 대대로 은혜를 베푸시는 사실이 구약과 우리 선조의 교회사에 뚜렷한 것으로 미루어 아버님의 말씀은 스스로 동의하는 자부심을 가지고 있다.²

선생이 7살 되던 1948년, 집안에 큰 변화가 생겼다. 선생의 증언에 따르면 "아버님이 광주 지역에 '한국의 프란치스코'라고 불리는 이현필(1913~1964) 선생이라는 분이 일으키는 수도원 운동에 아주 깊이 감복돼, 장성에 있는 집과 모든 전답을 다 팔고, 그해에 추수한 것까지 다 싣고 광주로 올라와 '동광원'³이라는 일종의 수도원에 다 헌납하고 일가족을 거느리고 수도생활을 시작하시게" 된 것이다.

---

2 성염, 「지원기 생활」, 《Bosco》 제1집 (전남 광주 사레지오 수련소, 1962), 34쪽.
3 동광원은 근본적으로 그리스도를 닮아가려는 삶을 추구한 한국 최초의 개신교 수도공동체다(1943년). 동광원이란 이름은 1950년 광주에 세워진 고아원의 이름이었다. 이 고아원을 평소에 빈곤층과 약자들에 관심이 많은 이현필 선생과 그를 따르는 제자들이 맡아 운영하면서 동광원이라는 이름을 얻게 되었다. 사회적 실천이 강한 수도 공동체인 동광원의 시작은 이보다 조금 앞선다. 1947년 이현필 선생이 남원 서리내에서 소년소녀 14명과 함께 성경공부를 하면서 교육공동체로 발족한 것이다. 이현필 선생은 성경 말씀을 하느님과 인간에 대한 지극한 사랑을 실천하라는 명령으로 받아들였다. 그래서 이들은 예수의 고통에, 사회의 아픔에 동참하기 위한 훈련으로 탁발을 시작했다. 광주 양림동 다리 밑에서 거지 생활을 하면서 찬송으로 새벽을 열고, 낮에는 시내를 돌아다니며 음식들을 구걸하고, 그 음식과 시장터에서 주워온 채소잎을 끓여 나눠 먹는 탁발행위는 1953년부터 1954년까지 계속되었다. 이러한 삶이 이현필에게 '한국의 성 프란치스코', 혹은 '맨발의 성자'라는 별칭을 얻게 했다. 1980년 남원으로 이주한 현재 동광원 본원에는 여성 수도자인 언님들 23명이 모여 살고, 남자 수도자 8명은 인근 마을에 흩어져 살고 있다. 언님들은 하루에 두 번 식사를 하는데, 밥 한 끼씩을 모아 어려운 사람들을 돕자는 이현필 선생의 일작운동(一勺運動)을 지금까지 실천하고 있다. 김오성, 「기독교수도공동체 기행3: 한국 최초의 기독교 수도공동체 동광원 본원」, 《기독교사상》 제677호(2015년 5월호), 156~158쪽 참조.

훗날 동광원에서 선생의 부친과 인연이 있었던 김승명 장로를 만나 전해 들은 이야기를 선생의 아내 전순란 여사는 다음과 같이 적고 있다.

> 아버님이 한 번은 이현필 선생님을 찾아가 물으셨단다. "어떻게 하면 예수를 잘 믿을 수 있겠습니까?" 이현필 선생님이 "가난해야 잘 믿을 수 있지요." 그 한마디에 아버님은 고향 장성으로 돌아가서 전답과 집을 팔고 그해의 가을걷이까지 싣고서 전부를 동광원 이현필 선생에게 가져갔단다. 식구들도 다 데리고 속세를 끊고 동광원으로 들어가신 것이다. 그때가 1948년경이었다고 김 장로님은 기억하고 있었다.[4]

돈을 받은 이현필 선생은 본인도 가난하게 살기로 작정한 사람이니, 그 돈이 필요 없다면서 수지 '갈보리'[갈벌, 갈벌리, 지금은 길촌(褐村)]에 교회를 세우는 데 쓰게 해서 그 동네에서 유일하게 기독교를 믿던 김승명 씨가 나서 땅과 건축을 도맡아 교회를 세우고, 첫 예배를 선생의 부친이 인도했다. 선생의 증언에 따르면 광주 지역에서 수도 공동체 동광원은 지금은 흔적이 별로 남아 있지 않다. 여자수도자만 광주교구의 인가를 받은 교구 수도회(예수의 소화수녀회)[5] 소속으로 남아 있다.

---

[4] 전순란, 「맨발의 성자 이현필 선생님과 아버님, 그리고 김승명 장로님」, 지리산휴천재일기(2010.9.5).

[5] 《한겨레》의 조현 기자, 예수의 소화수녀회 누리집에 따르면 이현필의 제자 김준호(레오)의 가르침 아래 1956년 6월 무등원(동광원 무등산 분원)이라는 이름의 수도 공동체 생활이 시작되었고, 이러한 삶이 소화데레사 성녀의 삶과 일치한다고 판단한 광주대교구 윤공희 주교에 의해 1999년 1월 18일 교구 설립 수녀회로 인준되었다.

이현필 선생이 세운 수도공동체를 이어가는 동광원은 현재 남원(대산면 운교리)에 자리하고 있다. 한국전쟁 발발 직전, 시대적 격변기에 유년 시절을 보낸 선생은 어려서부터 시대의 풍파와 가난을 몸소 겪으며 성장했다. 신생 수도 공동체인 동광원으로 가족이 이주하면서 이어진 수도 공동체 생활은 그에게 어린 시절부터 깊은 인상을 남겼다.

'맨발의 성자'라고 알려진 이현필 선생의 고행과 수도생활은 지금도 '동광원'이라는 개신교 수도회로 맥을 잇고 있지만, 검정 고무신에 삭발을 하고 지내시던 그분은 간간이 나를 무릎에 앉히고서 내가 못 알아들을 성스러운 얘기를 들려주시곤 하였다. 내 기억에 또렷이 남는 것은 그분의 부드러운 음성과 당신 순갈로 먹여주시던, 시금치 통조림 같은 입에 선 음식맛이다.[6]

선생에 따르면 "남원에 있는 동광원 수녀들은 서로를 '언님'이라고 불러요. 나이도 80, 90을 넘어 100세 가까이 되신 분들인데, 저도 한두 번 강연으로 와달라고 해서 가면 아주 흐뭇한 시선으로 바라보는 눈길을 느끼곤 합니다. 제가 어린 꼬마였을 때 아장아장 걸어 다니는 걸 보셨거든요." 선생은 한국전쟁 때 피난길에 병으로 죽은 선생의 누님도 동광원에서 수련기와 비슷한 생활을 했다면서 이러한 신앙적 배경에서 자랐고, 1957년에 돌아가신 어머니도 돌아가시기 전까지 광주대교구 남동성당을 다녔다고 했다. 한편, 선생의 부

---

6 성염, 「나는 왜 그리스도인인가?」, 《경향잡지》 2002년 6월호.

친은 1955년 다른 여인과 가정을 꾸리면서 집을 떠났기 때문에, 어머니가 돌아가신 1957년에 선생과 형제들은 고아처럼 됐다고 전했다. 선생의 증언에 따르면 집안에 종교적 분위기가 할아버지, 아버지를 지나 어머니로 이어지면서 가톨릭으로 넘어온 셈이다.

선생은 1953년 광주서석국민학교 2학년으로 입학했다. 동광원에서 생활하다 보니 학교에 입학할 형편이 되지 않아 또래보다 입학이 4년이나 늦었다. 이때는 부친이 동광원에서 독립해 '평화원'이라는 고아원을 광주극장 옆에 설립해 운영을 시작한 해였다. 선생의 증언에 따르면 동급생보다 나이는 많았어도 키는 작았던 탓에, 보기보다 나이가 많다는 뜻의 '나배기'로 불리던 시절이었다고 한다. 평화원 옆이 광주극장이었던 인연으로 이 시기에 선생은 공짜 영화 관람을 숱하게 했다. 광주서석국민학교는 1896년 11월 6일 전라남도 관찰부 공립소학교로 개교한 이래 여러 차례 이름을 바꿨다. 서석국민학교로 바뀐 때는 1950년 4월 1일이었다.[7] 2학년으로 입학한 선생은 학교 측 배려로 4학년, 5학년, 6학년 과정을 거쳐 4년 만에 초등학교를 졸업했다. 한편, 이 시기에 가정에 또 한 번의 큰 사건이 일어났다. 1953년도 부친이 설립한 평화원이 잘 운영되고, 인기가 좋았는데 아이들을 돌보는 예쁜 보모가 들어오면서 부부 사이에 불화가 생겼고, 결국 1955년에 부친과 보모가 살림을 차린 것이다. 그렇게 집을 떠난 선생의 부친은 1998년 5월에 돌아가셨는데, 전순란 여사는 '지리산휴천재일기'에서 여사의 시아버지이자 선생의 부친에 대해 다음과 같이 적고 있다.

---

7 광주서석초등학교 누리집(http://seoseok.gen.es.kr/page.php?id=107).

내 뇌리에 시아버님은 부정적으로만 각인되어 있어서 아버님을 긍정적으로 받아들이기가 좀처럼 쉽지 않았다. 작은 부인 때문에 버림받은 어머님의 가난과 분노, 화병으로 42세 나이에 영양실조(지금쯤이면 암이라는 진단을 받으셨을지 모른다)로 돌아가시던 절망, 돌아가실 적의 그분의 감정이 내게 이입되어 생전에 아버님을 긍정적으로 받아들이기가 좀처럼 쉽지 않다. 집에 오셔도 형식적으로 최소한으로만 며느리의 도리를 하고 그쳤다. 당신도 아들 집에서 하루 이상 못 주무시고 곧장 계모님께로 달려가시긴 하였지만 말이다.

내가 이처럼 부정적으로 기억하고 있는 아버님의 자취를, 그것도 가장 큰 피해자였던 큰아들 보스코가 찾아 나선다는 것이 이상하기도 하고 기특하기도 하였다. 아버님 살아생전에 시집 쪽 어른들이 보스코더러 아버님께 잘해드리라고, 아버님은 훌륭한 분이었다고 설득하는 말을 내 귀로도 여러 번 듣기는 했다. 그러나 보스코의 태도는 퍽 차가웠다. 보스코에게는 아직껏 중학교 1학년의 소년으로 고통스럽게 죽어가던 어머님의 임종을 혼자서 지키던 상처가 생생히 살아 있기 때문이려니 하였다. 그를 사랑하는 아내로서는 충분히 이해되는 태도였다.

그러나 1998년 5월, 우리가 로마에서 안식년을 지내고 있을 적에 아버님이 돌아가셨고 한 시간이라도 빨리 가려고 제일 비싼 비행기표를 사던 그를 보고, 아버님 시신 옆에 말없이 하염없이 짓던 눈물로 그의 가슴속에 쌓였던 원망을 씻어 내는 모습을 보고 죽음이란 인간의 애증의 모든 인연의 고리를 풀어내는구나 하였다.[8]

운명을 결정한 살레시오회와의 만남, 그리고 어머니의 죽음

선생이 서석국민학교를 졸업한 1957년 어간은 아버지의 부재, 고정적인 벌이가 없이 어머니 홀로 4형제를 부양해야 하는 어려운 시절이었다. 당시 광주에서는 서석국민학교를 나와 광주서중을 거쳐 광주일고를 가는 것을 최고의 엘리트 코스로 여겼다.[9] 선생도 담임 선생님의 추천으로 광주에서 명문으로 알려진 광주서중에 지원하였는데 성적은 신통치 않았다. 그러던 중 우연히 알게 된 '사레지오중학교'(당시 명칭) 홍보 전단지를 보고 입학시험을 치르게 되었고 수석으로 합격하였다.[10] 사레지오중학교는 선생의 평생 벗이 될 김수복 선생을 만나게 된 곳이기도 한데, 선생보다 두 살 아래인 김수복 선생은 훗날 이렇게 증언하고 있다.

> 성염은 전국에서도 머리 좋다는 호남의 수재들이 모두 모여드는 서중학교를 2등으론가 합격하고, 명문 광주고등학교를 수석 합격하고, 그 부인 말로는 교황청립 가톨릭 대학에서 수학처럼 어려운 라틴어 문학 박사 학위를 A플러스로 취득한 수재, 천재 부류에 속한다. 성염이가 자

---

[8] 전순란, 「맨발의 성자 이현필 선생님과 아버님, 그리고 김승명 장로님」.
[9] 이춘삼, 「지역 수재들의 두 요람 전통 이어 앞서거니 뒤서거니」, 《시사저널》 2009. 12.8.
[10] 당시 중학교에 들어가기 위해서는 입학시험을 치러야 했다. 1953년 이전에는 국가 연합고사 시험에서 받은 성적에 맞춰 중학교에 지원했는데, 1954년부터 중학교 자체에서 시험을 보는 방식으로 제도가 바뀌었다. 광주처럼 중학교가 많던 도시에서는 전기(前期), 후기(後期)로 나눠 학교 자체에서 입학시험을 치렀다. 한국교육30년 편찬위원회, 『한국교육 30년』(문교부, 1980) 참조.

기의 천재성을 자랑하는 말을 가장 가까운 내가 한 번도 들어본 적이 없고 다른 사람에게도 누설한 적이 없을 것 같아서 한 번쯤 내가 대신 자랑해주어도 괜찮으리라 생각하여 이 말을 하는 것이다.[11]

당시 사레지오중학교는 선생이 입학하기 1년 전인 1956년 3월 19일에 광주교구장인 현 하롤드 주교 집전으로 낙성식을 하고, 4월 14일에 개교해, 첫 신입생 선발 고사에 780명이 응시해 3대 1이라는 사립학교 중 가장 높은 경쟁률을 기록했다.[12] 1956년 4월 개교 후 10개월이 지나 1957년 2월 15일에 12학급으로 설립인가를 받아, 초대 교장으로 아르키메데 마르텔리 신부가 취임했다.[13] 살레시오회는 중학교 개교와 함께 소신학교도 함께 운영했다. 당시 한국에 설립된 소신학교는 서울의 성신중·고등학교가 유일했다. 하지만 지역적으로 광주에서 너무 멀리 떨어져 있고, 입학 인원 등 제약이 많아 지방의 지목구들은 어려움을 겪었다. 장차 광주지목구 구역 내에 소신학교를 운영하려 했던 현 주교는 우선 사레지오중학교에 소신학교를 설립해 운영을 살레시오 회원들에게 맡겼다.[14] 수도회 지원자들은 기숙사에서 지내며 지원기·청원기를 보냈다. 소신학생들은 방학 때만 집에 갈 수 있었다. 1956년, 1957년에 입학한 1, 2기생들은 고등학교 졸업과 동시에 살레시오회 수련소에 들어갔고, 1년 동안 수련을 받고 다음 해 첫서원을 했다.[15] 1958년까지 기숙사에는

---

11 김수복, 「성염 예찬」, 《든·봄》, 1996년 9월호.
12 《Bosco》 제1집 (전남 광주 사레지오 수련소, 1962) 문집.
13 『Don Bosco in Korea』 (살레시오회 한국관구, 2005), 75쪽 참조.
14 같은 책, 84쪽 참조.

집이 멀어 통학하기 어려운 일반 학생도 같이 살았다. 선생은 일반 학생으로 기숙사에 들어갈 수 있었는데, 그 과정을 다음과 같이 적고 있다.

> 마 신부님과 부자관계보다 더한 인연이 맺어진 것은 그해 5월이었던가? 홀몸인 어머니가 접시닦이 일을 나가시던 식당 주인 아들에게 과외공부를 해주던 광주고등학교 학생이 있었다. 어머니한테서 내 얘기를 듣고서 그 청년이 사레지오중학교를 찾아가 서양인 교장 선생님께 면담을 청했단다. "이번에 수석입학한 학생인데, 하도 가난해서 홀어머니 밑에서 점심 도시락도 못 싸오는 처지입니다. 이 학교에 기숙사도 있다는데, 교장 선생님이 선교사로 한국에 오셨다면, 이런 학생을 받아들여 먹이고 재우고 공부시켜주셔야 하지 않겠습니까?" 훗날 마 신부님께 들기로는, 당신을 찾아온 고3짜리 한국청년이 하도 거리낌 없이 해오는 당당한 요구여서 엉겁결에 그렇게 하마고 대답하셨단다. 한 주간 뒤 나는 당시 광주교구 소신학교를 겸하던 살레시오 기숙사에 들어가서 하루 세 끼 따뜻한 밥에 침대가 갖춰진 서양식 기숙사에서 공짜로 먹고 자고 일용품 받고 공짜로 학교 다니는 6년간의 행복한 중고등학교 시절을 시작했다.[16]

살레시오회의 배려로 학비와 기숙사비 걱정 없이 중학교 1학년 시기를 보내던 그해 9월 4일 선생에게 또 한 번의 큰 사건이 일

---

15 《가톨릭시보》 1963.6.2, 3면; 1964.3.8, 3면 참조.
16 성염, 「마르텔리 신부님이 이루신 살레시오 교육의 견본을 꼽으라면」, 《살레시오 가족잡지》 2018년 12월.

어났다. 선생의 증언에 따르면 수업 일과를 마치고 기숙사에 있었는데, 외할머니로부터 어머니가 위독하시다는 연락을 받았다. 부지런히 집으로 갔는데 어머니는 그날 저녁 돌아가셨다. 집에 도착했을 때 남동성당 신자분들이 어머니한테 대세를 주었다. 그분들이 선생한테 남동성당에 가서 주임 신부님을 모셔 오라고 심부름을 보냈다. 어머니가 언제부터 성당을 다니셨는지는 정확히 기억나지 않지만, 당시 광주 시내에는 성당이라곤 북동성당, 남동성당 두 곳뿐이었다. 어머니는 성당에 다니셨고, 선생은 중학교 입학 전까지 형제들과 동네 예배당에 다녔다. 선생의 전갈을 받은 남동성당 신부는 밤늦게 도착해 임종 예식을 집전하고, 다음 날 새벽 성당에서 처음으로 미사를 드렸다. 어머니 장례 절차 이후 선생은 학업을 위해 다시 기숙사로 돌아갔고, 선생의 동생들은 목포에 있는 고아원으로 보내졌다.

고아원으로 보내졌던 동생들은 후에 순차적으로 큰형이 지내는 살레시오 소신학교 기숙사에 모일 수 있었다. 살레시오회 신부님들의 배려 덕분이었는데, 4형제 모두 기숙사에서 지내며 살레시오중·고등학교를 졸업했다. 선생의 기억에 4형제 중 셋째 찬성은 고아원으로 보내졌다가 고아원을 나와 1년 정도 섬에서 잔심부름을 하며 지냈다. 고아원 가출 후 1년 정도 지나 찬성은 공부가 하고 싶어 살레시오중학교로 큰형을 찾아왔다. 그때의 기억을 선생은 이렇게 증언한다.

> 동생 찬성이와 둘이 오랜만에 만나 눈물 바람도 하고 이야기를 나누는 걸 수사님이 보셨던 모양입니다. 동생들을 살레시오 기숙사로 데려오게 된 과정을 먼 훗날 알게 됐는데, 그때 수사님 몇분이 이야기를 나누

면서 제 동생들을 기숙사에 받자고 이야기했대요. 그런데 원장 신부님이 그래도 중학교라도 가면 받자고 반대하셨던 모양입니다. 그러니까 처음 제안하신 수사님들이 3일 동안 단식 데모를 했다는 거예요. 그러니까 마 신부님이 하는 수 없이 손을 들었다고 해요. 그러면서 초등학교 4학년짜리가 소신학교 기숙사에 들어온 거예요. 아주 엄하고 규율이 센 기숙사였는데 그 녀석이 오고나서 규칙이 다 깨져버렸고, 기숙사에서 가까운 초등학교를 다녔어요. 그다음에 막내도 같은 방식으로 고아원에서 데려와 4형제가 다 같이 지낼 수 있었어요.

전순란 여사는 이때의 이야기를 선생 지리산휴천재 일기에 다음과 같이 적고 있다.

보스코네 4형제의 살레시오 교육은 이렇게 시작했다. 찬성이 서방님(초등 4학년)이 고아원에서 도망쳐 나가 섬으로 떠돌다 돌아왔단다. 기숙사에 살던 큰형한테로. 둘이는 소성당에 들어가 기도했단다. "성모님, 도와주세요. 저흰 엄마도 없는데……." 또 목포 어느 고아원으로 혼자 보내졌던 막내는 어느 날 맏형과 함께 찾아오신 살레시오학교 교장 기 신부님에게서 "이 담에 중학교에 들어가면 살레시오 학교에 와서 함께 살자"는 말씀을 들었고, 먼 훗날 훈이 서방님은 그날 그 말씀에서 난생처음으로 '희망'이란 단어를 배웠노라는 글을 썼다.[17]

---

[17] 전순란의 휴천재 일기, 2011.12.8(http://lifebible.co.kr/flipbook/diary).

성염 4형제 왼쪽부터 성훈, 성준, 성염, 성찬성.

이렇듯 선생을 비롯한 4형제, 유년 시절의 든든한 뒷배가 되어준 살레시오회와의 만남을 통해 선생은 살레시오회 회원이 되고 싶다는 생각을 자연스럽게 갖게 됐다. 어머니가 돌아가시고 다음 해인 1958년 부활 때 세례를 받은 선생이 살레시오회의 창립자 '돈 보스코'라는 세례명을 받은 것도 이러한 맥락에서였다.

평생의 친구, 김수복 선생과의 만남

선생은 김수복 선생과 1학년부터 같이 기숙사에서 지냈기에 이미 잘 알고 지낸 사이였다. 두 사람이 친해진 시기는 2학년 여름방학 기간을 김수복 선생 집에서 같이 보낸 것이 계기였다. 1학년 여름방학 때는 돌아갈 집이 있었지만, 어머니가 돌아가시고 맞이한 2학년 여름방학이 문제였다. 살레시오회 신부들은 방학 때 지낼 곳이 없었던 성염 선생이 지낼 곳으로 김수복 선생 집을 택했다. 1956년 개교한 사레지오중학교 건물 건축 공사를 맡았던 김창섭(김수복 선생의 부친) 선생에게 살레시오회 신부들이 부탁하면서 이뤄진 일이다. 선생은 2학년 여름방학을 다음과 같이 회고한다.

> 1958년 여름이었다. 수복이네 집에서 한 여름방학을 먹고 자면서도 소갈머리 없던 나는 갓 배우던 장기판을 놓고 곧잘 그와 티격태격하였다. 전 해에 어머니가 돌아가셔서 고아가 된 나는 방학이면 학교 기숙사를 떠나 돌아갈 집이 없었다. 살레시오중학교 신부님들은 그 학교와 여러 교회 건물들을 건축하는 수복이 아버님께 얘기하여 그해 여름방학 동안 수복이더러 친구 하나를 집에 데리고 가서 먹이고 재우게 자상히 배려하였던 것이다. 그리고서 우리의 모든 동창생들은 여태까지 염이의 친구는 수복이, 수복이 친구는 염이로 알고 있다.

사레지오고등학교

선생은 사레지오중학교와 소신학교 기숙사 생활을 통해, 고아가 된 4형제에 대한 살레시오회의 배려와 환대의 기억, 그분들의 삶을 지켜보면서 자연스럽게 살레시오 회원이 되고 싶다는 생각을 가졌다. 1960년 3월 사레지오중학교를 졸업하고, 자연스레 사레지오고등학교로 진학해야 했다. 그런데 사레지오 기숙사 담당 사제들은 무슨 의도였는지 기숙생들에게 전기로 입시고사를 치르는 광주고등학교에 입학시험을 치르게 했는데, 선생이 수석 합격을 하는 바람에 (두 고등학교 당국자 간의 합의로) 한 학기 광주고등학교를 다녀야 했던 적이 있었다. 사레지오고등학교(기숙사)에서 학생 하나가 갯양방죽 건너 광주고등학교를 다니는 진풍경이 반년간 있었다.

선생이 입학한 해에 4·19혁명이 일어났는데 그해 광주고등학교 다니던 선생은 데모에 참가할 수 있었지만 2학기에 사레지오고등학교로 돌아온 후에는 다른 고등학교 학생들처럼 시위에 참여하지 못했다. 성찬성 선생의 증언에 따르면, 당시 사레지오고등학교는 종교 학교였고, 선교사들이 운영하며 정치적 간여에 신중하면서 교사들과 학생들의 시위 참가를 만류했다고 한다. 4·19혁명 이후에도 여러 시국 사건이 이어졌지만, 이때도 사레지오고등학교 학생들은 참여할 수 없었다. 선생도, 김수복 선생도 사레지오고등학교 다닐 때는 사회의식이 그리 없었고 그와 관련된 활동에도 참여하지 않았다고 했다.[18]

살레시오회 수련기

선생은 졸업 후 바로 살레시오회 수련소에 들어갔다. 애초엔 졸업 후 광주 대건신학대학교에 입학하기로 하고 시험까지 봐 합격한 상태였는데 수도회 방침이 바뀌어 수련을 먼저 하기로 했던 것이다.

---

[18] 성찬성 선생 인터뷰(2025년 7월 12일).

살레시오회가 처음 수련소를 운영한 곳은 광주 사레지오중·고등학교 학내였다. 1기 수련생은 사레지오고등학교 1회 입학생이 졸업하는 1962년 3월부터 수련을 시작했다. 당시 상황에 대해 살레시오회에 1기로 입회하여 유기서원기 때 수원교구로 적을 옮긴 변기영 몬시뇰은 다음과 같이 적고 있다.

> 1962년 전남 광주 태봉산 옆에 있던 살레시오중·고등학교 체육관 1층을 수련소로 삼아 제1회 한국인 수련자들 15명을 받아 수련을 시켰고, 이듬해 봄 3월에, 그중 6명이 첫 허원을 하게 하였는데, 그 첫 수련, 허원자들 중에는 필자(대신학교 3학년 때 고향 수원교구로 입적)와 김영배 신부(후에 차부제품 때 수원교구로 입적), 송기인 신부(부산교구로 입적)가 있다.[19]

선생이 속한 2기생들은 고등학교 졸업(1963년 2월)과 동시에 수련소에 들어갔다. 선생이 광주에서 수련을 시작한 1963년에 서울 대림동 살레시오회 본원에 수련소 건물이 완공되면서 2기생들은 광주를 떠나 서울에서 수련을 계속했다. 수련 착복식이 1963년 5월 23일에 있었고,[20] 만 1년이 된 1964년 2월 24일에 첫서원을 하고, 서원한 신학생들이 매주일 구로동 본당(그때도 지금도 살레시오 수도회가 사목을 담당하는 본당이다)에 가서 주일학교 등 사목을 돕기 시작했다.[21]

---

[19] 변기영, 「한국살레시오회 최초의 수련장 Victor Miller 白신부님 선종」(2012.8.21).
[20] 《가톨릭시보》 1963.6.2.
[21] 『Don Bosco in Korea』(살레시오회 한국관구, 2005), 128쪽 참조.

선생은 첫서원을 하고 서울 가톨릭신학대학교에 그해 3월 2일부터 통학을 시작했다. 이때 1기 수련자(구창복 수사, 송기인 수사)와 2기 수련자 가운데 서원한 신학생들(길홍균, 김일선, 김수복, 문철웅, 성염, 지흥래)은 대림동 수도원에서 마 신부가 준비해준 폭스바겐으로 같이 혜화동 대신학교로 통학하였다.[22] 선생은 1965년 12월 15일까지 2년여 동안 이렇게 통학하며 신학예비과정(신예과)을 마쳤다. 이 과정을 마치자마자 1967년까지 살레시오회의 중요한 양성 과정인 '아시스텐자'에 들어갔다. '아시스텐자'는 다른 수도회에서 유기서원자들이 하는 현장 사도직 실습에 해당하며, 살레시오회 예방교육에서 수도자들이 학생들 사이에 현존하면서 젊은이들과 함께 어울리면서 측근에서 교육적 보살핌을 제공하는 활동이다. 선생은 이 과정을 광주 살레시오중·고등학교에서 마쳤다. 1966년 광주 공동체 회원들은 수도원장 겸 사레지오중학교 교장에 노숭피 신부, 공동체 경리 안 알프레도 신부, 사레지오고등학교 교장에 마 신부, 사레지오중·고등학교 성무감 원선오 신부였으며, 선생과 구창복 수사가 지도 수사로 교육사도직을 실습하였다.[23]

살레시오회는 1960년대 중반부터 일본 관구로부터 독립지부로 승격하는 1970년대 전반부까지 격동의 세월을 보냈다. 이 시기에 한국 살레시오회는 관구장 대리 백 빅토르 신부가 병을 얻어 고국인 벨기에로 돌아가는 등 많은 선교사 회원이 본국으로 돌아가거나 살레시오회를 떠났다. 이 당시 수도회를 떠나야 했던 한국인 젊은 회원들로는 제1기 수련자였던 변기영 수사(1968년 수원교구로 이

---

22 같은 책, 129쪽 참조.
23 수련원 일지 1966년 1월 8일. 같은 책, 199쪽 참조.

적), 김영배 수사(1968년 수원교구로 이적), 송기인 수사(1969년 부산교구로 이적), 구창복 수사(1969년 마산교구로 이적), 이정헌 수사와 박윤세 수사(1972년 각각 퇴회)였다. 선생이 속한 제2기는 이수일 수사(1967년 인천교구로 이적), 김일선 수사(1967년 퇴회), 성염 수사(1969년 마산교구로 이적), 문철웅 수사(1969년 퇴회), 김수복 수사(1971년 퇴회)가 수도회를 떠났다. 이들이 수도회를 떠난 이유를 일률적으로 설명하기는 어렵다. 다만 양성장들 사이에 양성 방식을 둘러싼 갈등이 있었고, 수도회도 초창기라 운영이 미숙한 것이 원인이었다.[24] 선생은 1969년 살레시오회를 떠나 마산교구로 이적한 사연을 다음과 같이 기억하고 있다.

> 당시 살레시오 한국 수도회는 초창기였고, 양성 과정에 대한 회원들 간의 이견이 있었어요. 양성에 관해서는 수도회 양성 규칙에 따라 철저하게 가르쳐야 한다는 그룹이 있었고, 한국에서 남자애들은 전부 장군들이고 대장이니까 기를 살려가면서 양성해야 한다는 이런 갈등이었어요. 결국은 양성 규칙에 따라 철저하게 해야 한다는 사람들이 이겼어요. 그러면서 수도회 어른들이 서로 다투니까 양성 과정에 있던 이들이 나가버린 거죠. 그런 과정에서 저도 교구 사제로 노력해보면 좋겠다는 말씀을 드렸어요. 그랬더니 사태 수습차 한국에 임시 파견된 롯제두 신부님이 손수 저를 데리고 주교회의에 올라와 계시던 마산교구장 장병화 주교님[25]을 직접 만나 교구사제로 추천해주셨어요.[26]

---

[24] 같은 책, 161~162쪽 참조.
[25] 장병화 요셉 주교(1912~1990)는 대구시 남산동에서 태어나 1924년 세례를 받고, 1926년 대구 성 유스티노 신학교에 진학해 1938년 대구대교구 사제로 서품되었

전순란 선생과의 만남

마산교구 신학생으로 적을 옮긴 선생은 1971년 말까지 학부 과정을 모두 마치고 대학원 과정에서 부제서품을 앞둔 상태였다. 그때 당시 천도교 수련원인 봉황각(우이동 소재)에서 천주교와 개신교, 유교, 불교, 천도교 신학대학들의 대표들을 초대한 '종교제'라는 모임이 있었다. 본래 이 행사에는 4학년 학생회장이 참석하는 자리였는데, 기말시험을 앞두고 부담스러우니 대학원생인 선생에게 대신 참석해달라는 부탁을 받고 참석한 터였다. 당시 한국신학대학 총학생회 부회장인 전순란 선생은 학교 대표로 참석하였다. 이 모임에서 만난 두 사람은 깊은 관계로 발전했다. 다음은 친구 김수복 선생이 이 시기의 성염 선생에 대한 기억이다.

대신학교 6학년 때 일이지 싶다. 나는 수도원에서 통학을 하고 있었고, 성염은 교구로 옮겨 신학교에서 기숙을 하고 있었다. 그런데 졸업을 하고 신부가 되는 날도 얼마 남지 않았을 즈음에서 성염이 나와 할 말이 있다고 해서 만났다. 얼굴이 매우 수척해 보였다. 어디가 아프냐고 했더니, 아픈 데는 없는데 고민이 있다고 했다. 말해보라고 하니, 어떤

다. 1954년부터 1956년까지 벨기에 루뱅대학교에서 사회학을 공부했으며, 1957년 부산교구가 분할되자, 1960년 1월부터 부산교구 부주교로 활동하며 1963년 몬시뇰에 임명되었다. 1968년 9월 7일 제2대 마산교구장에 임명되었고, 같은 해 10월 7일 주교로 서품되고, 10월 30일 교구장에 착좌해, 1989년 2월 21일 교구장직에서 은퇴하기까지 20년간 교구장으로 재임하였다. 「장병화」, 『한국가톨릭대사전』 10권 (한국교회사연구소, 2004), 7324~7325쪽.
26 성염 선생 인터뷰(2024년 4월 1일).

처녀와 열애에 빠져 있다는 것이다. 내가 놀라서 어떻게 알게 된 처녀냐고 물으니, 대학 간 학술 발표 대회에서 한국신학대학 대표로 나온 여자라는 것이었다. 그 여자에게서 헤어날 수도 없고 부제품 받을 날도 얼마 남지 않았으니 어찌하면 좋겠냐고, 또 그 여자는 다른 남자와 약혼하다시피 언약을 해둔 사이로 자기 결단을 재촉하고 있다는 것이었다.[27]

선생의 결혼 고민을 들은 김수복 선생은 그동안 애쓴 보람도 없이 결혼해버리면 안 된다고 만류했다. 결혼을 고민하던 선생은 살레시오회 은사 신부들과도 고민을 나누었다. 선생이 사레지오중학교 2학년이었던 1958년 한국에 도착한 노숭피(로베르토) 신부가 선생에게 들려준 이야기가 결혼을 결심하는 데 영향을 주었다.

내가 부제품을 앞두고서 한 여인을 만나 사랑에 빠져 기로에서 헤맬 적에도 나더러 결혼하라고 격려하신 분은 노 신부님뿐이었다. "네가 이 나이에 이 일을 의논하러 그 먼 길을 달려왔다면 너는 일평생 사랑할 사람을 만난 셈이고 결혼을 하는 것이 네 행복이 될 게다. 우리가 너를 길렀지만 살레시안들이 베푼 것은 아버지의 사랑일 따름이고 어머니의 사랑은 아니었다. 너에게는 한 여인의 따뜻한 사랑이 필요하다. 사제직보다 결혼생활이 너에게 행복을 줄 게다. 우리 형님도 너와 같은 길을 걷다가 같은 결단을 내리셨단다. 지금 얼마나 행복하게, 얼마나 보람 있게 사시는지 모른다."[28]

---

27 김수복, 「성염 예찬」 참조.
28 성염, 「내 평생을 동반해 온 살레시안 삶」(새벽별, 2010), 홈페이지 글 참조.

혼배미사 공동집전 사제들과.

1973년 9월 부제품을 앞두고 있던 선생은 긴 고민 끝에, 그해 4월 학장 신부에게 결혼 결심을 이야기하고 신학교를 나왔다. 선생은 부제품을 받기 전에 결혼하기로 마음을 정할 수 있어 다행이라고 당시를 회상했다. 그해 10월 3일 광주 계림동 성당에서 이루어진 결혼식은 선생에게 아버지 같은 마르텔리 신부가 주례하고, 본당 주임 김성용 신부, 신랑의 직장상사 서인석 신부, 선생의 중고등학교 동창 강영식 신부가 공동 집전한 것으로 사진에 나와 있다. 전순란 선생과의 결혼식은 김수복 선생의 도움이 컸다. 당시 임동에서 아시아 예식장을 운영하던 김수복 선생은 예식장 사용에서부터 전순란 선생의 신부 화장이며, 드레스며 모든 것을 공짜로 해주었고, 자가용을 내주어 신부가 편하게 이동할 수 있게 도와주었다. 심지어 신혼여행지까지 차로 데려다주었다. 김수복 선생에 따르면 "직장 번듯한 부잣집 아들을 마다하고, 신학교 출신에 키는 작달막한 데다 가진 것이라곤 아무것도 없는 성염과의 결혼을 가족이 결사반대해서, 지금은 성염을 끔찍이 아끼지만, 신부의 가족이 결혼식장에도 내려오지 않을 정도"[29]의 상황이었기에 평생 친구에게 할 수 있는 최고의 결혼 선물을 한 것이리라. 김수복 선생은 신랑 측 들러리도 서주었다. 훗날 선생은 한 잡지의 기고글에서 아내에 대한 마음을 다음과 같이 적고 있다.

> 나를 아는 성직자와 수도자들이 나보다 더 반기고 늘상 나보다 더 사랑해주는 사람이 나의 아내(빵기 엄마)다. 성모님은 교회의 품에서 나를 고이 길러주시고는 서른이 넘어서도 마음이 헛헛해하는 내게 갈 길을 돌리시고는 이 짝을 맺어주셨다는 것이 지금도 내 믿음이다. 눈 녹을 적 수선화처럼 노란 옷을 입고 나타나 첫눈에 반하게 만들었던 처녀는 자기의 결혼을 한 주일 앞두고 집을 뛰쳐나와 내게로 왔다. 서로 많은 것을 포기하고서 이룬 사랑이었기 때문인지 우리는 내내 행복하였고 지금도 그러하여 둘을 맺어주신 성모님께 저녁마다 감사의 로사리오를 바친다. 오, 진리여, "늦게야 님을 사랑했습니다(sero te amavi). 이렇듯 오랜, 이렇듯 새로운 아름다움이시여, 늦게야 당신을 사랑했습니다!"(『고백록』 10.27) 아우구스티누스 성인이 영원한 진리를 예수 그리스도의 아버지 하느님에게서 발견하고 죽을 때까지 되뇌던 철학적 유언이다.[30]

1976년 대건신학대학교 석사 과정 졸업과 함께 《신학전망》 편집장 일을 그만두고, 서울로 다시 올라온 선생은 생계를 위해 여러 곳을 알아봐야 했다. 예수회가 서강대에 번역실을 만들면서 선생을 초대해 번역 일을 잠깐 도왔다. 또 고등학교 채용 순위고사에도 응시해 창덕여고에서 영어 교사로 초빙도 받았지만, 아내 전순란 선생

---

[29] 김수복, 「성염 예찬」 참조.
[30] 성염, 「걸어보지 못한 길」, 《경향잡지》 2002년 2월호 참조.

의 반대로 교편을 잡지는 않았다고 했다. 당시 분도출판사와 바오로 출판사 등을 통해 번역 일을 엄청 많이 수주했고, 번역료를 종잣돈으로 현재 수유리 집을 구입했다. 그 후 서울대교구 교리신학원에서 교리 편수위원제도를 두게 되면서 위원으로 있었는데 그때는 주로 번역일을 했다.

첫 직장, 《신학전망》 편집장과 대건신학 사태

1973년 서른 넘은 나이에 결혼해 가정을 꾸려야 하는 선생에게 생계를 찾아준 이는 그의 벗 김수복 선생이었다. 1971년 살레시오회를 퇴회한 김수복 선생은 수도회에 양해를 구해 그해 말까지 신학교를 다녀 신학 4년 과정을 이수하고 1972년 광주로 돌아왔다. 김수복 선생은 광주 대건신학대학교[31]에서 1968년 11월에 창간된 계간지 《신학전망》 편집일을 도왔는데, 자신이 하던 일을 친구에게 넘긴 것이었다.

---

31 대건신학대는 서울가톨릭신학대학만으로 성직자 수요를 충족하기 어렵다는 판단에 주한 교황 사절의 제안으로 설립이 시작됐다. 당시 광주대교구장이었던 헨리(현 하롤드) 주교는 예수회에 신학교 설립을 제안하였고, 1959년 1월 로마 교황청으로부터 설립 허가를 받았다. 헨리 주교가 미국으로 건너가 학교 신축 기금을 모금해, 광주시 상무동에 학교 부지 9만여 평을 확보하고, 연건평 2,500평의 학교 시설을 완비해 1962년 개교하였다. 1968년 전망 편집부를 발족하여, 《신학전망》을 발간하기 시작하였다. 1969년 11월 학교 운영권이 예수회로부터 관구 주교단으로 이양되었고, 1970년 1월 한국인인 이경우 신부가 4대 학장으로 취임하였다. 1973년에는 대학원이 설립 인가되고, 사제 양성에 필요한 교육 기간이 6년으로 조정되었다. 「광주가톨릭대학교」, 『가톨릭대사전』 제1권, 한국교회사연구소, 549쪽 참조.

내가 1973년 봄에 가톨릭 사제 되기를 포기하고 나니라는 처녀와 애정의 도피행각을 벌이자 나를 대건신학대학에 취직시켜준 것도 수복이었다. 지금도 광주가톨릭대학교에서 발행하는 학술지 《신학전망》 편집주간으로 나를 취직시켜 사회생활 초년생으로서 3년간의 직장 생활을 하게 해주었다. 이 학술지 편집인이시던 서인석 신부님께 수복이가 내 사정을 말씀드려 이루어진 일이었다.[32]

서인석 신부의 제안으로 선생은 편집주간 일을 하면서, 1974년과 1975년 2년간 대건신학대학교에서 대학원 석사 과정도 함께 밟았다. 《신학전망》 편집장으로 일을 시작한 다음 해인 1974년, 대건신학교는 교수 충원 문제로 교수진과 학교법인 이사진인 주교들과 갈등을 겪었다. 서울가톨릭대학과 함께 유일한 사제 양성기관이었던 대건신학대는 로마 교황청 원조로 9만 평 부지에 2,800여 평의 강당 강의실, 기숙사 등 시설을 갖추고 1962년 3월 7일 개교하였다. 1974년까지 충청, 경상, 전라, 제주도 지역을 위해 49명의 사제를 배출했고, 당시 290명(휴학생 포함)이 재학 중이었다. 대학 측은 1970년부터 학교법인 대건 학당의 이사진인 8개 교구 주교회의에 교수 충원을 건의했으나, 이사회에서 교수단 요구를 들어주지 않아 정상적인 강의에 큰 어려움을 겪어오던 터였다. 이경우 학장 신부 등 8명의 교수는 그해 6월 11일 교수회의를 열고 8월 말까지 충원이 안 될 경우, 대학원 연구 과정 강의는 중단할 수밖에 없다고 이사회에 통보했지만 이사회는 아무런 반응도 보이지 않았다. 이렇게 되

---

[32] 성염, 「그윽한 향기마냥 있는 듯 없는 듯」, 『그윽한 향기마냥 있는 듯 없는 듯: 김수복 선생 회갑 기념 문집』(도서출판 함께사는세상, 2004) 참조.

자 교수단은 연구 과정 학생 43명에게 '모라토리움(휴강 조처)'을 내리기에 이르렀다. 이 사태 이후 대구교구 이문희 주교는 아무런 사전통고나 협의 없이 대구에 부제학교를 세워 6명의 신부를 교수로 채용, 휴학 조처된 학생 중 대구관구(대구, 부산, 마산, 청주, 안동) 소속 상급반 13명을 입학시켜 10월 21일부터 강의에 들어갔다. 이에 대건신학대 신학생들은 10월 23일과 24일 이틀 동안 수업 거부 집단행동을 벌였고, 교수단은 휴교 조치 이후 사태 수습을 위해 11월 1일 이사 주교단에 결의문을 제출하는 사태로 치달았다.[33]

교수진의 결의문 제출 이후 주교단으로부터 11월 7일 "이사회(1974년 11월 6일)는 11월 1일 자로 제출한 결의사항을 전적으로 수락하지 못한다. 현 교수단을 개편하겠으므로 개별적인 사퇴서를 제출하라"고 통보했다.[34] 이에 대건신학대학 교수 신부단은 11월 7일, 기존 11월 1일 자 결의서에 천명한 대로 총사퇴할 것을 재천명하였고, 개별 사퇴 수리가 아니라 일괄 수리를 요청하면서 개별 수리는 무효임을 밝혔다.[35] 이후 11월 21일 개최된 이사회는 11월 7일 자 교수 신부들의 총사퇴서를 반려할 것과, 11월 1일 자 교수 신부단의 결의문을 수정하여 수락하기로 의결하고, 교수 신부 충원 명단을 보내왔다. 하지만 이사단의 태도로 미루어 교수단의 요구가 관철될 전

---

33 「대건신학대의 분규」, 《조선일보》 1974.11.22. 《조선일보》 외에 '교수충원' 문제로 발단이 된 휴강 사태와 관련해 《동아일보》(1974.10.26)는 「대건신학대 무기휴강」이란 제목의 보도를 했다.
34 「대건신학사태의 경위」, 《신학전망》 제28호(1975년 봄호), 11쪽 참조.
35 1974년 11월 7일 제출한 총사퇴서에 서명한 교수진 명단은 이경우 학장 신부를 포함해 박정일, 서공석, 정양모, 정환국, 서인석, 신상조, 김진소 신부 등 8명 전원이다. 같은 글, 11쪽 참조.

망이 보이지 않고, 문교 당국에 대한 책임이 가중됨에 따라 교수단은 일단 보충수업과 신입생 입학을 완료한 후 교단을 물러가기로 결의하고 이사회에 통보했다.[36] 이 같은 상황에서 주교회의는 예비고사 2차 지망생 합격자(서울지구 1차 지망 불합격자)들을 대건신학대학교로 입학시키겠다는 결정과 함께 3년 이내에 타지역으로 신학교를 옮긴다는 결정을 내렸다.[37] 이에 1975년 1월 18일 자로 보충수업을 끝낸 교수 신부 전원은 2월 10일 부로 사퇴서를 이사장 주교에게 제출하고 떠났으며, 새 학기 준비를 위한 교수단 구성을 촉구했다.[38]

대건신학대학교에서 진행된 일련의 사태는 선생이 편집장으로 있는 《신학전망》 제27호(1974년 겨울호)와 제28호(1975년 봄호)에 상세히 기록되어 실렸다. 특히 28호는 대건신학교 사태의 본질을 규명하기 위한 차원에서 교수 신부들의 '좌담회'와 '교회 내의 권위와 순종'을 특집 기획으로 다루었다. 특집 기획에 실린 5편의 글 가운데, 「교회생활의 민주화: 신약성서적 고찰」, 「교회의 권위와 순종에 관한 재고」 2편의 글은 선생이 번역해 실은 것이다. 당시 교수진, 신학생을 포함해 대건신학대 구성원은 교수 충원이라는 이슈가 겉으로 드러난 이유였지만, 대건신학 사태의 본질은 교회 직무의 봉사적 정신, 하느님 백성들의 대화와 협력, 교회 내 권위와 순종에 대한 재고찰에 대한 과제를 남겼다고 보았다. 나아가 이사진을 구성하는 교

---

[36] 「참고자료 16, 교수단이 이사회에 낸 교수 사퇴에 관한 건의문」, 《신학전망》 제28호 (1975년 봄호), 18쪽 참조.
[37] 「서울, 광주 양 대신학교, 전국 신학교로 운영」, 《가톨릭신문》 1975.1.19, 1면; 「참고자료 18, 본교사태와 전국 주교회의 결정을 전교생에게 통보한 학장 담화문」, 《신학전망》 제28호(1975년 봄호), 20~21쪽 참조.
[38] 「참고자료 19 교수단 총사퇴서」, 《신학전망》 제28호(1975년 봄호), 22쪽 참조.

구장 주교는 자신의 협조자이며 한 사제단을 이루는 사제들의 양성이 어떠한 조건과 계획 하에서 어떻게 운영되는지를 항상 유의하고, 자신들의 위임을 받은 실무자들의 고충과 노고와 결함이 어떤 것인지를 보살피며, 일정한 문제에 관해서는 비판적 견해와 의견도 인정할 줄 알아야 한다고 보았다. 하지만 일련의 사태는 합리성과 대화가 빠진 권위로 말미암아 파국으로 이어질 수밖에 없었다. 선생은 당시 대건신학교 사태와 관련해 신학교 설립 초기에 정말로 유럽에서 신(新)신학을 하고 오신 내로라하는 분들이셨는데, 그런 갈등 과정을 겪고, 떠나게 되면서 그분들이 초대해 일을 시작했던 선생도, 서인석 신부의 권유와 정달용 신부의 지도로 수업해온 석사 과정을 마무리하고, 그다음 해인 1976년에 조용히 학교를 떠나게 되었다.

『해방신학』 번역으로 맺어진 임 세바스티안 신부와의 인연

신학전망 편집장으로 일하는 동안 선생은 분도출판사 사장 임 세바스티안 신부와 인연을 맺게 되었다.

1973년부터 3년가량 저는 한 해에 네 번쯤 왜관으로 출장을 왔습니다. 제 첫 직장으로 광주가톨릭대학교 학술지 《신학전망》 편집을 맡았는데, 편집인이셨던 서인석 신부님은 분도인쇄소에서 인쇄하던 그 잡지의 O.K.교정은 인쇄소가 있는 왜관에 가서 직접 하게 저를 출장 보내셨습니다. 1976년 임 신부님[39]이 광주 가톨릭대학교 제 사무실로 찾아오셨습니다. 미국 메리놀회가 운영하는 오르비스 출판사의 책 한 권을 건네주면서 먼저 읽어보고 번역할 의사가 있으면 알려달라고 하셨습니다. 그 책이 구스타보 구티에레스의 『해방신학』이었고 저는 밤새워 책을 손에서 떼어놓을 수 없었습니다. 당시 군사독재에 항거하면서 투쟁하는 청장년의 애국지사들이 대안 없어 마르크시즘으로 경도되던 풍조를 안타까워하던 저로서는 기꺼이 번역에 착수하였고, 저자와의 공감에선지 퍽 빨리 번역을 마쳤습니다.[40]

선생의 번역으로 1977년에 출간한 『해방신학』은 분도출판사를 한국의 비판적 지성계에 널리 알리는 계기가 되었다. 하지만 교회는 이를 달가워하지 않았다. 보수적인 사제들이 출판을 공개적으로 반대했다. 이에 임 신부는 대구대교구에서 교회 인가를 받지 못할 것을 염려해 김수환 추기경으로부터 직접 출판 승인을 받았다. 당시 문화공보부는 이미 인쇄된 『해방신학』 전량을 당장 불태우라고 종용했다. 임 신부는 책을 다락방으로 숨기고 또 다른 곳으로 옮기면서 주문이 오는 대로 소포로 판매했다. 이렇게 초판 3,000부가 1년

---

[39] 분도출판사 편집장으로 퇴임한 강창헌은 임인덕 신부를 빼고 분도출판사를 말하기 어렵고, 혹시 지금도 누군가 분도출판사의 위상을 긍정적으로 기억한다면, 그것은 상당 부분 그의 헌신에 힘입은 바 크다고 말한다. 임인덕 세바스티안 신부는 1972년 분도출판사 사장으로 부임한 이래 20여 년간 400여 권의 책을 냈다. 강창헌, 「저무는 종이책 시대의 끝자락에서」, 《가톨릭평론》 35호 (2022년 봄호). 그는 책을 직접 쓰지 않았고, 영화도 직접 찍지 않았다. 그는 그 시대가 주는 소통 도구를 활용한 충실한 전달자였다. "나는 예수님의 말씀과, 자유와 사랑과 용서라는 그분의 가치관을 전하고자 이 땅에 왔습니다. 선교사는 주님의 말씀과 복음의 가치관을 전달하는 사람일 뿐입니다." 그의 짧은 두 문장 속에 그의 전 생애가 고스란히 녹아 있다. 복음적 가치만을 전달한 그는 분명 복음적 영성가일 터이다. 선지훈, 「한국가톨릭문화의 거장들, 임인덕 신부(상)」, 《가톨릭신문》 2016.5.29.
[40] 성염, 「임인덕 신부님 추도사」, 왜관 성베네딕토 수도원의 추도미사 (2013.10.31).

안에 판매됐고, 3,000부씩 무려 14회를 찍었다.[41] 선생은 이 책이 지닌 의미를 다음과 같이 적고 있다.

> 먼 훗날 돌이켜 보니 이렇습니다. 민주화에 투신한 사회 인사들 가운데 그 책에서 자기 행동 명분을 정리했던 분들은 개신교든, 가톨릭이든 종교인으로 남았습니다. 그런데 그 책을 접하지 않고 종교적 언사로서는 우리의 문제를 해결할 수 없다고 한 분들은 마르크시즘으로 직행하였습니다. 그쪽으로 가버린 크리스천들은 다시 돌아오지 않았습니다. 여기에 우리 사회에 끼친 이 책의 의미가 있다고 봅니다.[42]

구티에레스 신부의 『해방신학』 번역이 인연이 되어 임 신부는 대만 신학자 송천성의 『아시아인의 심성과 신학』, 스리랑카의 예수회 신학자인 알로이스 피어리스의 『아시아의 해방신학』, 에르네스토 카르데날의 『솔렌티나메의 복음』을 선생에게 번역하도록 청했다. 하지만 서슬푸른 군부독재 시절, 가난하고 억압받는 이들의 해방을 지지, 격려하는 이러한 번역서들은 불온시되기 십상이었다. 사달이 난 것은 1979년 추석날 밤이었다. 선생은 둘째 동생 성찬성 선생과 함께 중앙정보부 남산 지하실로 끌려가 10월 26일 새벽에 풀려나기까지 20여 일 동안 고초를 겪어야 했다.

1979년 유신정권 말기에 아우(성찬성)가 번역한 파울로 프레이리의

---

[41] 강창헌, 앞의 글 참조.
[42] 성염·홍인식, 「한국의 해방신학」, 《아시아문화》(2017.3), 아시아문화커뮤니티, 2017.

『페다고지(민중교육론)』를 펴냈다가 (구티에레스의 『해방신학』을 낸 전력까지 겹쳐) 남산 지하실에 끌려가 한 달간을 시달릴 적에 형제를 무사히 나오게 해 준 것도 두 사람의 사상이 불순하지 않음을 보장해준 주교님들의 진정서였다. 10월 26일 새벽에 형제는 풀려났고 그날 저녁 유신정권은 무너졌다.[43]

남산 중앙정보부에서 20여 일간 모진 고문을 받던 형제는 10월 25일 중앙정보부장 김재규를 만났고, 그다음 날 새벽 풀려났다. 선생과 임 신부의 이러한 인연으로 1986년 선생이 로마에서 늦깎이 박사학위를 받고 귀국을 앞두었을 때 선생에게 큰돈을 빌려주기도 했다. 선생의 증언에 따르면 가족이 돌아올 여비도 없는 지경에 고전 라틴문학 관련 연구 서적들을 구입할 돈을 마련하기 위해 임 신부에게 서적 구입비를 빌려주면 그 대금은 장차 도서 번역료로 공제해달라는 편지를 썼다. 이에 임 신부는 쾌히 큰돈을 빌려줘, 전공서적들을 사들고 귀국할 수 있었다.

평신도 사도직 운동과 정평위를 통한 천주교 사회운동 참여

선생은 1977년부터 1979년까지 서울대교구 평신도사도직협의회(이하 '평협') 홍보부 차장을 맡아 활동했다. 1977년 6월 25일자로 창간호를 낸 평협회지 《평협》(계간)의 발간이 주된 업무였다.[44]

---

[43] 성염, 「걸어보지 못한 길」, 《경향잡지》 2002년 2월호.
[44] 「평협 상임위, 교육활동 대폭 강화」, 《가톨릭신문》 1977.7.3, 1면.

큰 기대와 의욕 속에 창간된 《평협》은 여러 사정으로 1978년 1월 28일 제2호를 발행한 후 속간을 내지 못했다.[45] 성찬성 선생이 번역한 『페다고지』도 많은 출판사가 출판을 꺼리던 상황이었기에, 평협 이름으로 초판을 낼 수 있었다.

당시 평협은 평신도운동이 활성화되는 데 큰 계기가 되었던 제2차 바티칸 공의회의 영향으로 1968년 창립 이후 활발한 사회 참여 활동을 이어가고 있었다. 특히 1974년 전후로 지학순 주교가 평협 총재 주교를 맡던 시절, 평신도의 사회 참여 문제를 주된 과제로 삼지 않을 수 없었다. 총재 주교가 민청학련 사건 관련 혐의로 옥고를 치르는 등 독재정권으로부터 숱한 핍박을 받았기 때문이다.[46] 선생이 참여했던 1977년 9월 마산 가톨릭문화원에서 개최된 정기총회에서 평협은 100만 천주교 신자가 가야 할 바에 대한 결의문을 채택했다. 결의문의 주요 내용은 '첫째, 복음과 공의회 정신을 더욱 익혀 이 시대의 징표를 바로 읽어 고통받고 소외된 형제들의 편에 선다. 둘째, 이 시대의 예언자들, 특히 1976년 3·1 명동 사건에 관련되어 고통받는 애국인사와 사제들을 위해 계속 기도한다. 셋째, 이 땅에 만연한 부정과 부조리 척결을 위해 지도자들이 바른 표양을 보여준다'는 내용을 담았다.[47] 이후에도 평협은 1978년의 춘천 가톨릭농민회 사건, 1979년 안동 가톨릭농민회 오원춘 사건 등에도 적극 나섰다. 서울교구 평협은 1978년 동일방직 사건에, 전주평협은 경찰이 성당에 난입하고 신부와 수녀를 폭행한 1978년 7·6 사건과 오원춘

---

45 『한국평협 20년사』, 162쪽 참조.
46 박문수 외, 『1970년대 민주화운동과 천주교』(북멘토, 2024), 158, 163쪽 참조.
47 같은 책, 286쪽 참조.

사건 대응 과정에서 중요한 역할을 담당했다.[48] 선생은 로마 유학을 다녀온 10년 뒤였던 1987년부터 1988년까지 2년간 서울평협 홍보부 차장을 맡았다.

선생은 또한 1978년부터 1979년까지 주교회의 교리교육위원회 편수위원으로, 로마로 유학을 떠나기 전이었던 1980년부터 1981년까지 주교회의 정의평화위원회(이하 '정평위') 위원으로 활동했다. 주교회의 정평위 활동은 사회 참여에 적극적이었던 1979년까지 평협 활동의 연장으로 보인다. 1970년 8월 창립했지만 대외 활동을 거의 하지 못하던 정평위는 1975년 12월 제5차 총회에서 주교회의 상임위원회 직속 기구로 재발족하며 총재 주교에 윤공희 대주교, 회장에 문창준, 부회장에 김병상 신부와 최상선을 선임하며 민주화운동에서 중요한 역할을 담당하기 시작했다. 정평위는 천주교 공식기구였기에 주교회의 직속 기구로 재출발하는 것은 한국천주교회가 민주화운동 참여를 공적으로 천명한 셈이다. 1970년 창립총회 때 성직자와 평신도가 동등한 위원 자격으로 참여하기로 한 원칙은 재발족 과정에서도 그대로 이어졌다. 이러한 조직 형태는 1987년까지 총재 주교, 평신도 회장, 평신도와 신부 공동 부회장, 평신도 사무국장 체제를 유지했다. 총재 주교 역시 주요 결정 대부분을 회장단이나 위원들에게 일임하는 방식으로 평신도의 주도성을 인정했다. 선생이 유학 가기 전 2년간 주교회의 정평위 활동은 성직 중심주의적인 교회 문화 안에서 하느님 백성의 지체가 서로 협력하려는 의식적 노력으로 오늘날 시노드 교회가 지향하는 방향과 부합하는 것이었다.

---

[48] 강인철 외, 『한국민주화운동사 2: 유신체제기』, 민주화운동기념사업회(돌베개, 2009), 385~386쪽 참조.

로마 유학 시절(1981~1986)부터 서강대 철학과 임용까지

선생은 1981년 9월 말, 당시 한국 살레시오회 관구장이었던 윤선규 신부의 편지와 가방 하나만 달랑 들고 로마 살레시안 대학교를 찾아갔다. 살레시안 대학을 선택한 것은 선생이 살레시오회 지원자였던 점도 있지만 장학금이 가능하다는 것이 더 큰 이유였다. 하지만 살레시오 회원도 협력자 회원도 아닌 평신도가 '라틴문학'을 공부하러 오는 건 당시 살레시안 대학교에서는 흔치 않은 일이었다. 지금까지 평신도를 받아 본 적이 없었고 외국인 입학을 위해서는 7월부터 9월, 10월까지 언어 코스를 이수해야 하는데, 이 과정을 생략한 채 9월 말 가방 하나만 달랑 들고 막무가내로 쳐들어왔기 때문이다. 한국 살레시오회 추천서를 받은 살레시안 대학은 논의 끝에 나이든 한국의 늦깎이 평신도 학생의 입학을 허가하고 사제들만 묵던 기숙사에 머물게 해주었다. 장학금도 함께였다. 선생이 로마에 도착하고 6개월이 지나 아내 전순란 선생이 8살, 3살의 두 아들을 데리고 로마에 왔다. 그러나 장학금은 1년 치 아파트 임대료로 다 나갔다. 장학금이 1년 기한이었다는 사실도 뒤늦게 알았다. 부랴부랴 윤선규 신부한테 사실을 알렸고, 수소문 끝에 독일 주교단 산하 '미씨오' 장학금을 받을 수 있었다.

> 독일 미씨오의 장학금을 받으려면 교구장의 추천이 필요했는데 윤 신부가 손수 김수환 추기경님께 추천의 편지를 들고 가서 사인을 받아냈다. 평신도에게 그러한 기회가 좀처럼 허락되지 않던 터였지만 추기경님은 윤 신부의 체면을 보고 서명해주셨다고 전해 들었다.[49]

그렇게 선생은 독일 미씨오 장학금으로 공부를 이어갈 수 있었다. 장학금만으로는 생활이 어려워, 한국에서 번역일을 했던 바오로딸 출판사와 이야기해 나중에 번역하기로 약속하고, 가불을 받기도 했다. 선생의 가족은 독일 장학금으로 둘째 해 1년을 생활해보았으나, 네 식구 생활비로 충당하기에는 역부족이었다. 선생은 장학금을 보내준 미씨오에 이런 사정을 전하는 편지를 성적표와 함께 보내면서 장학금을 인상해줄 것을 요청했다. 되면 좋은 일이고, 안되더라도 손해 볼 일은 없으니 일단 시도해본 것이다. 뜻밖에도 편지를 받은 미씨오에서 장학금을 두 배로 올려주었고, 전년도 부족분까지 채워 주었다. 유학 시절 인연을 맺은 이들과의 관계에서도 이들이 선생 가족에게 건넨 환대의 이야기는 차고 넘쳤다.

80년대 베니스에 사는 폰타나 가족도 여름이면 자기네 아파트 한 켠을 아예 우리 가족에게 내주고 알프스 휴가나 베니스를 방문하는 한 두 달 우리 네 식구를 거두곤 했다. 오늘 안부 전화를 하니 카를라가 받으면서 남편 막시밀리아노는 더 이상 운신을 못하고 누워 지내며 전화를 받을 처지도 아니란다. 친아들이 있으면서도 한국 고아 둘을 입양하여 키운 그분들의 성의와 자녀들에게 철저히 사회정의를 교육하던 분들이다. 우리처럼 이들 가나 남이 덕만 입고 사는 '공짜클럽'으로 살다 보면 '할 수 있을 때 남에게 잘해주자'라는 답밖에 나올 게 없다.[50]

이런 '공짜클럽'의 삶 덕분에 선생은 공부에만 집중할 수 있었

---

49 성염, 「친구 예찬」 참조.
50 전순란, 「여섯 해를 우린 '공짜클럽'으로 살았다」, 지리산휴천재일기(2017.9.9).

고, 5년 만에 박사학위를 받을 수 있었다. 로마에 산다는 이유로 그렇게 많이 찾아오는 지인을 맞이하고 대접하고 로마와 이탈리아를 관광시키는 몫은 아내 전순란 선생의 담당이었다. 그래서 로마 교민 사회에서는 '부인이 관광 안내해서 남편 공부시킨다'는 소문이 나기도 했다. 그렇게 선생이 로마에서 늦깎이로 유학을 마치고, 1986년 귀국할 때 일이다.

유학 가기 전 수유리 집을 세주고 갔는데 돌려줄 전세금이 없었다. 이탈리아에서 귀국하면서 분도출판사 임 세바스티안 신부에게 돈을 빌려 각종 연구서를 구입했고, 귀국 여비와 이사 비용도 이탈리아 친구(마르텔리 신부 아우 조반니 씨)에게 꾼 처지였기 때문이다. 서울 수유리 집이 북한산 자락에 처음이자 마지막 집으로 산 건물이라는 것을 잘 알던 김수복 선생이 사정을 전해 듣고 전세금을 말없이 빌려주었다. 선생이 그 돈을 원금이나마 갚은 것은 그로부터 10년이 지나서였다.[51]

유학을 마치고 한국에 들어올 때만 해도 선생은 교수직은 꿈도 꾸지 않았다. 라틴문학을 전공한 마흔 가까운 나이든 박사를 써줄 학교가 있겠는가 하는 생각에서였다. 그러던 중 예전부터 알고 지낸 예수회 박홍 신부가 본인이 강의하던 서강대학교 교양 필수과목이었던 '철학적 인간학', '신학적 인간학' 과목을 자신과 나눠서 강의하도록 배려했다. 그렇게 한 학기를 지냈는데, 한국외국어대학교에서 중세철학 전공 교수를 뽑는다는 소식을 듣고 지원해서 임용돼 2년 정도 강의했다. 그렇게 지내다 서강대학교에서 중세철학을 가르치

---

51 성염, 「그윽한 향기마냥 있는 듯 없는 듯」 참조.

던 정의채 신부가 은퇴하면서 박홍 신부 주선으로 서강대학교 철학과 교수로 임용되었다. 선생은 외국어대학교에서 채 3년을 채우지 못했고, 서강대학교 철학과로 옮겨간 1990년부터 2003년까지 13년간 학생들을 가르쳤다.

비인가 천주교 사회운동 단체를 통한 신도운동 전개

로마 유학에서 돌아온 뒤, 선생과 천주교 사회운동과의 인연은 주로 '비인가' 신도운동과 연결된다. 선생이 참여한 (구)천주교정의구현전국연합[52]은 1988년 10월 23일 발기인 모임[53]에 이어, 11월 14일에 창립총회를 개최했다. 대표회장에 유현석 변호사를 비롯해 김승훈 신부, 김병상 신부, 한용희 전 전국평협 회장, 황인철 변호사 등 7명을 공동의장으로 선출했다. 천주교 신앙과 양심에 따른 사회정의 구현과 제2차 바티칸 공의회 정신에 따른 교회쇄신 그리고 조국의 통일과 민족의 복음화를 목적으로 창립된 (구)천정연은 당시 국가적 이슈였던 5·18 광주항쟁과 5공 비리 진상규명을 위한 성명서 발표 등 굵직한 사회 현안에 대한 신앙인의 목소리를 내기 시작했다.

---

[52] 1991년 12월 15일 창립한 '천주교정의구현전국연합(천정연)'과 구별하기 위하여 (구)천주교정의구현전국연합'으로 표기했다. 천정연은 기존의 천주교사회운동협의회(1984년 창립)와 (구)천정연(1988년 창립)이 통합하여 재창립한 것이다.
[53] 당시 발기인 대표로 김승훈 신부, 정호경 신부, 김병상 신부, 문정현 신부, 이돈명 조선대 총장, 유현석 변호사, 한용희 전 전국평협 회장, 황인철 변호사 등이 참여했다. 《가톨릭신문》 1988.11.13.

당시 천주교 사회운동의 대표격인 단체로 1984년, 가톨릭농민회와 노동사목협의회, 가톨릭대학생연합회 등 천주교 대중 활동 단체들의 모임이었던 '천주교사회운동협의회(천사협)'와 1988년 명망가 중심으로 꾸려진 (구)천정연이 대표적이었다. 천주교정의구현전국사제단을 포함해 이 단체들은 모두 교회 공식 단체가 아닌 비인가 단체였다.

1980년대 후반 이후 여러 비인가 천주교 사회운동 단체(전국가톨릭청년단체협의회, 가톨릭민중교육연구회, 천주교도시빈민협의회, 가톨릭문화운동연합 등)가 생겨나고, 1989년 정의구현사제단에서 문규현 신부를 평양에 파견하는 일이 벌어지면서, 교회 안에서 공인, 비공인 단체에 관한 논쟁이 일어났다. 이는 1980년대 교회의 사회 참여를 둘러싼 갈등과 통제에 기인한 바 크다. 예컨대 창립 이래 평신도 회장과 사무국장 체제였던 주교회의 정평위가 1987년 말 성직자 중심 체제로 개편된 일, 1987년 3월 주교회의가 전국평협과 가톨릭농민회의 회칙 승인을 취소하면서 잠정적으로 활동 정지를 명령함과 동시에 전국가톨릭대학생총연맹에 대해 주교회의가 인정한 바 없음을 밝혔던 일 등이다. (구)천정연의 출범은 이러한 흐름의 연장이었다.

1992년 12월 대통령 선거를 앞두고 (구)천정연과 천주교정의구현전국사제단은 11월 11일 서울 아현동성당에서 '언론지키기 천주교 모임' 발기 창립대회를 갖고 체계적인 조직을 최대한 활용, 공정선거 보도감시에 나섰다. '언론지키기 천주교 모임' 대표로 안충석 신부(아현동 본당 주임), 성염 교수, 이필립 선생(천정연 교육조직위원장)을 선출했다.[54]

우리신학연구소와의 인연(1993~2002)

우리신학연구소는 1990년 창립한 '가톨릭청년신학동지회'와 '우리신학연구실'이 공동으로 우리신학연구소 추진위원회를 발족하고, 출자 회원 모집을 시작한 1992년부터 설립이 본격화됐다. 선생은 우리신학연구소 추진위원회 시절부터 인연을 맺어, 1994년 1월 창립 총회를 통해 초대 이사장을 맡았고, 김수복 선생이 초대 소장을 맡았다. 이후 노무현 정부의 교황청 한국대사로 부임하기 전인 2002년까지 소장과 이사장직을 번갈아가며 연구소와 인연을 이어갔다.

선생에게 우리신학연구소와의 인연이 어떻게 시작되었는지를 물으니, 연구소 창립 직전, 2년간 참여했던 '천주교사회문제연구소' 이야기를 꺼냈다. 천주교사회문제연구소(이사장 김병상 신부, 소장 장덕필 신부)는 천주교정의구현전국사제단의 함세웅 신부, 김병상 신부가 독일의 지원금을 받아 설립했는데 2년 남짓(1991~1992년) 운영되다 문을 닫았다.[55] 선생은 연구소가 외국의 지원을 받아 소모성 비용으로 사용하다 보니 장래성이 없었던 것으로 기억했다. 천주교사회문제연구소 사례가 우리신학연구소 설립의 반면교사가 된 셈이

---

[54] 「대선보도 감시 교회 나섰다」,《가톨릭신문》1992.11.29.
[55] 천주교사회문제연구소가 대외적으로 드러났던 공식 행사로는 1991년 5월 21일 명동 가톨릭회관 7층 대강당에서 개최한 '노동헌장 반포 100주년 기념 심포지엄'이 확인된다. 이날 심포지엄에서는 김종민 교수(효성여대)가 「가톨릭 사회교리의 성과와 한계」, 호인수 신부(인천 김포본당 주임)가 「한국천주교 주교단을 중심으로 고찰한 노동헌장에 대한 한국 천주교회의 이해」, 김한기 신부(원주 사북본당 주임)가 「가톨릭노동사목 전국협의회를 중심으로 90년대 가톨릭노동사목의 방향과 전망」을 각각 발표했다.《가톨릭신문》1991.5.26, 3면.

다. 이에 대해 박영대 우리신학연구소 전 소장은 다음과 같이 적고 있다.

> 연구소 설립이 본격 추진되면서 추진위원회를 구성했는데, 젊은 우리 말고도 함세웅 신부, 문규현 신부, 성염 교수 등이 참여하였다. 추진위 사무실은 가톨릭정의평화연구소가 있던 연남동의 한 건물에 두었다. 외국 원조에 기대어 만들었다가 별 성과도 없이 해체된 천주교사회문제연구소 사례는 우리에게 반면교사 구실을 하였다. 외국 원조나 특정 개인에게 의존한 연구소는 오래갈 수 없다고 생각했다. 뜻을 함께하는 사람 안에서 십시일반 설립 기금을 만들고 모두가 평등하게 참여하는 연구소를 만들어야 한다는 데 공감하였다. 공동체운동 연구 과정에서 알게 된 스페인 몬드라곤 공동체 사례는 이 같은 고민을 가진 우리에게 많은 영감을 주었다.[56]

선생은 우리신학연구소가 설립 취지에 동의하는 사람들이 십시일반 출자금을 내고, 연구소 운영도 외부 재원이 아니라 자체로 해결해야 한다는 생각으로 고생을 각오하고 해왔기 때문에 살아남을 수 있었다고 평가했다. 선생은 추진위 시절, 함세웅 신부가 함께 논의 과정에 참여했던 일을 두고, 사제단과 연구소가 함께 걸어갈 수 있는 단위라 생각했는데 몇 차례 논의 과정에서 추진위의 연구소 청년들이 너무 성숙한 어른처럼 느껴졌다고 했다.

---

[56] 박영대,「우리는 나아가면서 길을 만든다: 우리신학연구소의 탄생」,《가톨릭뉴스 지금여기》2010.1.24.

우리신학연구소 추진위 시절 찍은 사진.

지금도 사제단 실무자들을 보면 그냥 수족이 돼주잖아요. 사제단에서는 그런 수준을 요구하는 것 같더라구요. 그러면 이렇게 따로 가야지 사제단에 의존하다가 더군다나 재정적으로 의존하면은 안 되겠다는 생각이 들었어요. 그런 면에서 독립적인 연구소를 지향했기 때문에 여러분이 살아남았다고 나는 생각하거든. 그게 사제단의 보조단체로 들어갔으면 이렇게 오래 남아 있기 어려웠다고 봐요.[57]

1994년 창립하고 다음 해 우리신학연구소 서울연구실이 연남동에서 쌍문동으로 이사했다. 이사간 집은 선생과 친한 이웃이 싸게 빌려준 저택이었다. 위치는 선생의 집으로 들어가는 골목 앞이었다.

---

[57] 성염 선생 인터뷰(2025년 4월 1일).

선생은 1998년 서울과 인천 연구실을 통합해 합정동으로 이사하기까지 4년 남짓한 시간 동안 가까운 거리에서 연구소의 울타리가 되어주었다. 선생은 가까운 곳에서 연구소를 좀 더 들여다보는 기회는 되었지만, 이사장이나 소장으로서 연구소 재정에 도움이 되지 못한 점에 아쉬움을 표했다.

주(駐)교황청 한국대사 시절(2003~2007)

선생은 2003년 5월 26일 노무현 대통령으로부터 주교황청 한국대사로 임명됐다. 6월 11일 정동 프란치스코 회관에서 임명 축하미사와 축하식이 천주교인권위원회 주관으로 열렸다. 천주교정의구현전국사제단 안충석, 김병상, 전종훈 신부의 공동 집전으로 봉헌된 축하 미사에 유현석 변호사, 함세웅 신부, 이부영 의원, 이길재 전 가톨릭농민회 회장, 윤순녀 평화의 샘 소장 등 교회 안팎의 인사 50여 명이 참석해 신임 대사의 여정을 축하했다.[58] 당시 한국 정부의 대북포용정책이 북핵 문제로 어려움에 처해 있었고, 국제사회가 6자회담을 비롯해 평화적 노력을 지지하고, 국내 및 국제사회의 대북원조가 원활하게 이루어지게 하는 외교적 노력이 필요한 상황이었다. 이러한 상황인식은 선생의 교황대사 신임장 제정사에 그대로 묻어난다.

---

[58]「성염 교수 바티칸 대사 임명 축하미사」, 《가톨릭신문》 2003.6.22.

성하의 부정(父情)어린 말씀을 경청하고 다른 곳으로부터 오는 조언에 힘입어 우리 대한민국의 정치지도자들, 특히 노무현 대통령과 김대중 전 대통령께서는 최근 10년간 남한과 북한 사이에 평화와 통일이 이루어지도록 각별한 노력을 기울여왔고 지금도 기울이고 계십니다. 그러나 상호간의 긴장을 완화시키고 전쟁의 위험을 일체 피하기 위해서는, 특별히 우리가 무력에 호소하는 유혹을 받지 않고 더구나 핵무기의 공포로부터 벗어나려면, 복음의 신성한 지혜에서 우러나는, 성하의 고견을 필요로 합니다. 제가 여기에 온 것도 이러한 고견을 구하기 위함입니다.[59]

선생의 대사 신임장 제정사에 대해 성 요한 바오로 2세 교황은 한반도의 번영을 위해 남북한 사이에 간극과 긴장을 완화해달라는 취지로 답사했다.

섭리의 도우심이 있어 나는 귀하가 대표하는 나라를 두 번이나 방문하였습니다. 그 기회에 나는 …… 단일 민족이 사는 반도가 강제로 쓰라린 분할을 겪고 있음에 대해서 많은 이들이 고통스러워하고 있음을 눈여겨보게 되었습니다. …… 이제 (남북한 사이에) 갓 시작된 결속을 보더라도 갈등을 해소하여 평화로운 화해를 도모하려는 신실한 의지가 있고 그것이 상호 존중과 신뢰 깊은 명분들을 갖추면 얼마나 훌륭한 결실을 낼 수 있는지 보여주고 남습니다.
지나간 시대의 고통이 보다 나은 시대를 내다보는 자신감을 감소시

---

[59] 「제10대 주교황청 대사 성염 교수의 요한 바오로 2세 교황에게 드리는 신임장 제정사」, 성염 교수 홈페이지의 '살아온 이야기'에서 인용.

켜서는 안 될 것입니다. 오히려 정반대로 인간에 대한 존중, 정의와 평화의 항구한 추구라는 굳건한 바탕에서 한국의 현시대와 미래를 정위시켜야 할 것입니다. 이를 달성하려면 산적한 현안 문제들 외에도 무기 특히 핵무기가 점진적으로, 평등하게, 또 결연하게 폐기되어야 할 것입니다. "오늘날 평화를 담보하는 최고법은 현안 문제가 논의될 적에는 동등한 군사력을 과시하는 데서가 아니라 오로지 상호신뢰로 풀어나가야 한다는 것입니다. 다른 모든 법은 이 법 밑에 종속되어야 합니다."

선생이 대사 임기를 시작한 2003년은 한국과 교황청 수교 40주년이 되는 해였다. 이에 주교황청 한국대사관은 공식 외교 관계 수립 40주년을 기념해 12월 11일 한인신학원에서 기념행사를 개최했다. 이날 열린 기념미사에는 교황청 국무원장 안젤로 소다노 추기경과 한국천주교 주교회의 의장 최창무 대주교를 비롯해 교황청 국무차관 레오나르도 산드리 대주교, 인류복음화성 차관 사라 대주교 등 교황청 고위 임원들과 로마에서 유학 중인 한국인 사제들이 공동 집전했다. 교황청 국무원장 안젤로 소다노 추기경은 미사 강론을 통해 한국과 교황청 사이에 항상 호의와 우정이 함께 했음을 지적하면서 교황 요한 바오로 2세가 지난 1984년 서울을 방문했을 때 바친 기도 "사랑으로 우리를 한데 묶어주소서! 갈라진 우리 땅에 평화를 주시고 만민에게 희망을 빛을 주소서"를 인용해 남북한의 화해와 일치를 기원했다.[60]

선생은 대사 재임 기간 중 가장 기억에 남는 일로 성 요한 바오

---

[60] 「한국-교황청 수교 40주년 기념행사 이모저모」, 《가톨릭신문》 2003.12.21.

교황청 한국대사 신임장 제정일에.

로 2세 교황의 마지막을 지켜본 일을 꼽았다. 2005년 3월 27일 부활절, 거실 창문에 힘겹게 모습을 보인 교황은 강복을 하고, 소다노 추기경이 대독한 부활 메시지에서 'Mane nobis cum Domine!'(엠마오 제자들이 주님의 옷소매를 붙들고서 '우리와 함께 머무시지요!'라고 드리던 호소)를 무려 여덟 번이나 되풀이했다. 그것은 지구상의 엄청난 비극들을 눈앞에 둔 채로 인류와 교회를 주님께 맡겨드리고 역사의 뒤안길로 길이 니기는 한 목자의 간곡한 기도였다.[61]

선생은 후임 교황인 베네딕도 16세 취임 후 2005년 5월 12일 열린 교황청 주재 외교단 공식 알현에서 '현존하는 세계 유일의 분단국 대사로서 분단의 쓰라림을 아시는 교황께 한국민을 대신해 축

---

[61] 「가톨릭인터뷰, 성염 전 교황청 주재 대사」, 《가톨릭신문》 2007.9.16.

하한다'는 뜻을 전하면서, 교황의 남북한 동시 방문을 요청했다.⁶² 선생은 같은 해, 7월 2일 교황청 의전실에서 의전장 톰마소 카푸토 몬시뇰로부터 후임 교황인 베네딕도 16세가 수여한 "비오 기사회 대십자훈장"을 받았다. 비오 기사회는 1559년 교황 비오 6세가 설립했으며, 그 서훈은 교황령에서 귀족의 작위를 부여하는 것이었으나, 1939년 비오 12세가 귀족 작위 수여 제도를 폐지해 지난 세기부터 교황청 주재 대사들에게 수여해온 훈장이다.⁶³

선생은 2003년 6월부터 시작된 4년간의 대사 임기를 마치고, 2007년 9월 15일 교황 베네딕도 16세에게 이임 인사를 한 뒤 16일 귀국길에 올랐다. 귀국 후 언론과의 인터뷰에서 선생은 지금까지의 삶 전부가 그랬던 것처럼 대사로서 4년도 오로지 거저 주시는 은총이었다며, 한반도뿐만 아니라 세계 문제를 함께 바라볼 수 있었던 것도 크나큰 배움이었다는 소회를 밝혔다.⁶⁴

정의·평화·민주 가톨릭행동을 통한 신도운동 참여

선생은 2014년 11월 15일 가톨릭청년회관에서 열린 우리신학연구소 20주년 기념 심포지엄에서 "평신도 신학운동 20년, 그 회고와 전망"을 주제로 기조 강연을 했다.⁶⁵ 강연에서 선생은 '평신도' 대

---

62 「성염 대사, 교황에게 남북 동시 방문 요청」,《가톨릭신문》 2005.5.22.
63 「'비오 기사회 대십자훈장' 받은 성염 대사」,《가톨릭신문》 2005.7.10.
64 「가톨릭인터뷰, 성염 전 교황청 주재 대사」,《가톨릭신문》 2007.9.16.
65 이날 강연 원고를 포함해 심포지엄 발표문은 우리신학연구소 신학총서 9권 『우리

신 '신도'라는 용어를 쓰자고 주장했다. '평신도'는 교회 내에서 성직자와 수도자와 구분하는 위계적 용어이고, '사회복음화'가 신앙인 본연의 사명이라면, 우리는 '평신도'로서 사회에 들어가 사는 것이 아니라 그리스도를 믿는 '신도'로 행동하므로 그러한 노력 역시 '신도신학'으로 불려야 한다고 말했다. 이러한 맥락에서 선생은 교회 공동체 내에서 신도의 위상을 정립하는 일보다 신도의 '세속적 사명'을 교우들에게 설득하는 측면에서 활동해왔다고 말했다. 그러니 로마 유학 이후 참여했던 '천주교정의구현전국연합', '언론지키기 천주교모임', '천주교인권위원회' 활동이 신도의 '세속적 사명'을 알리는 데 중점을 둔 활동이었던 셈이다.

　선생은 주교황청 한국대사 임기 이후 지리산 휴천재에서 평생의 소임인 번역으로 일상을 보내고 있었다. 선생을 신도운동으로 다시 소환한 것은 2013년 박근혜 정부 집권 초기 '국정원 대선 불법 개입 진상규명과 책임자 처벌을 요구하는 천주교 평신도 1만인 시국선언'이었다. 자고 일어나면 눈덩이처럼 불어나는 국정원의 대선 개입 의혹에 2013년 부산교구 사제단의 시국선언을 시작으로, 마산교구, 광주대교구에 이어 보수 성향이 강한 대구대교구에서도 교구 설정 이후 처음으로 시국선언이 발표되는 역사를 기록했다. 이후 9월 4일 의정부교구 사제단의 시국선언과 시국미사 봉헌으로 군종교구를 제외한 전 교구에서 2,165명의 사제가 시국선언에 동참했다. 8월 24일에는 남녀 수도자 4,502명이 시국선언을 발표하고 시국미사를 봉헌했다.[66] 이러한 흐름은 자연스레 평신도로 이어져 9월 11일 오

시대, 우리신학을 말하다』(우리신학연구소, 2018)에 전문이 실려 있다.
[66] 「2013 가톨릭뉴스 지금여기 10대 뉴스」,《가톨릭뉴스 지금여기》 2013.12.31.

전 11시 여의도 새누리당사 앞에서 1만인 시국선언 기자회견을 열고, 같은 날 저녁 7시 30분 청계광장 동아일보사 앞에서 시국 기도회를 열었다. 선생은 1만인 시국선언 추진위원으로 참여하면서 평신도 시국선언을 주도했다. 같은 날 저녁, 청계광장에서 열린 시국기도회에서 선생은 대표 발언을 통해 '천주교 평신도들이 오늘 여기 모인 것은 먼저 하느님과 국민 앞에 가슴을 치며, 지난 50년 동안 사회악에 눈 감고 입을 다물어온 신자들의 비겁함을 사죄하기 위함'이고, '정의 없는 국가는 이미 국가가 아니고 강도떼라고 하신 아우구스티누스 성인의 가르침대로, 강도떼의 주구 노릇을 해온 국정원을 해체하고, 공안정국으로 국민주권을 말살하려는 정권을 저지하러 모인 것'이라 천명했다.[67] 이날 기자회견 후,《가톨릭뉴스 지금여기》와 가진 인터뷰에서 선생은 시국선언의 의미를 다음과 같이 평했다.

> 평신도들이 교회의 주인임에도 불구하고 성직자 위주로 움직여 왔던 것이 사실이죠. 그러나 이번에 평신도들이 앞장서서 시국선언을 시작한 것은 상당히 성숙한 모습이라고 봅니다. 현대는 평신도들의 시대이며, 평신도가 이 시대 전체를 끌고 가야 합니다. 이렇게 결집하고 목소리를 내는 것이 하나의 증거입니다. 또 하나는, 최근 교회 전체가 사회교리를 내세우고 그것에 교회의 명운을 걸고 있다는 것입니다. 신앙인들이 사회와 역사를 책임지지 못하면, 그리스도교가 살아남을 명분이 없다는 긴박감이 있는 것이죠. 그런 고민이 오늘날 사제들과 평신도들의 시국선언과 같은 행동으로 나오고 있는 것입니다.[68]

---

[67] 「우리의 시국미사를 웃어넘기지 마시오」,《가톨릭뉴스 지금여기》 2013.9.24.
[68] 「이제 평신도가 앞장서 시대 이끌어야: 인터뷰 성염 전 주교황청 한국대사」,《가톨

평신도 1만인 시국선언 추진위원회는 시국선언 이후 '묵주기도 100만 단 봉헌운동'을 비롯해 지역별 시국기도회를 개최하고, 2013년 11월 16일, '평신도 시국회의 구성을 위한 만민공동회'를 개최하고 민주주의 회복을 위한 상설 기구를 평신도 차원에서 마련하기로 했다. 이를 통해 전국적 평신도 단체인 '정의평화민주 가톨릭행동 추진위원회'를 구성해 12월 23일 서울 대한문 앞에서 첫 시국미사를 봉헌했고, 2014년 1월 24일 정동 프란치스코 회관에서 개최된 시국기도회를 통해 공식 출범했다.

선생은 민주주의 회복을 위한 시국기도회뿐 아니라 2014년 1월에 진행된 '개혁적 추기경 임명' 청원 서명운동에서도 주도적 역할을 했다. 그해 교황청은 2월 22일, 성 베드로 사도좌 축일에 추기경 회의를 소집해 새 추기경 서임식을 거행할 예정이었고, 관례적으로 새 추기경 명단은 1월 20일을 전후로 발표가 예상됐었다. 당시 기준으로 교황 선거권을 가진 80세 미만 추기경은 106명이었고, 통상 선거권이 있는 추기경 정원이 120명이므로 14명 안팎의 신임 추기경 임명이 예상되었다. 이에 그동안 미뤄져 왔던 한국천주교에도 새 추기경 탄생의 전망이 예상됐는데, 주교황청 한국대사를 역임했던 선생은 이러한 상황을 미리 알고, 가톨릭행동을 통해 청원 서명운동을 제안했던 것이었다. 청원 서명운동 진행 중에 염수정 대주교가 추기경으로 임명되면서 서명운동의 취지가 무색해졌지만, 서명운동의 취지와 서명에 참여한 8,000여 명의 신자들의 뜻을 교황청에 전달하는 것이 좋겠다는 선생의 제안을 따라 '정의평화민주 가톨릭행동'

릭뉴스 지금여기》 2013.9.11.

은 서명 청원자 명단과 관련 자료를 취합해 이탈리아어와 영어로 번역, 1월 10일 교황청에 전달했다. 이어 5월 15일에는 한국교회의 분열을 야기한 염수정 추기경을 비롯해 일부 성직자들과 '대한민국수호천주교인모임'의 실상에 대해 교황청에 알리고 엄밀한 조사와 응분의 책임을 물을 것을 청원하는 2차 청원서를 교황청에 전달했다.

프란치스코 교황 방한과 4·16 세월호 참사 진상규명 운동

2014년 교황청과 한국천주교 주교회의(의장 강우일 주교)는 3월 10일 프란치스코 교황의 한국 방문을 공식 발표했다. 대전교구에서 열리는 제6회 아시아청년대회 참석과 8월 14일부터 18일까지 4박 5일 일정으로 사목방문을 하기로 한 것이다.

선생의 기억에 의하면 2013년 11월 28일, 로마를 방문한 기회에 프란치스코 교황이 카사 산타 마르타 소성당에서 드리는 아침 미사에 참석할 수 있었다. 후일 주한국 교황대사를 지낸 수에레브 몬시뇰[69]이 주선해준 미사참례였다. 미사 후 참석자들이 교황과 악수 인사를 나누던 기회에 선생은 프란치스코 교황의 손을 꼭 붙잡고 "한 가지 부탁을 드리겠습니다. 지금 전 세계에서 유일한 분단국이 한국입니다. 부디 맨 먼저 우리나라를 방문하셔서 통일의 영성을 일으켜주시기 바랍니다"라는 말씀을 드렸다. "교황님은 내 눈을 지긋

---

[69] 프란치스코 교황은 2018년 2월 26일 교황청 재무원 사무총장이던 수에레브 몬시뇰을 주한 교황대사로 임명하고, 그해 3월 19일 로마 성 베드로 성당에서 주교 서품을 하였다. 《가톨릭신문》 2018.3.25.

이 바라보시며, '무슨 말씀인지 알겠습니다, 대사님'이라고 대답하셨다"고 회고했다.

'정의평화민주 가톨릭행동'과 '천주교정의구현전국연합'은 교황 방한 결정 직후, 교황 방한을 환영하는 한편으로 정치적 목적에 이용되어서는 안 된다는 내용의 기자회견을 열었다.[70] 미국의 가톨릭 매체인《내셔널 가톨릭 리포터(NCR)》도 프란치스코 교황의 방한 일정과 각종 추문을 불러왔던 꽃동네 등의 방문 장소가 과연 교황이 즉위 1년간 강조해온 가난한 이들과 함께하는 교회 모습에 부합하는지에 대한 논란을 전했다. NCR은 교황의 방한이 오랜 기간 곪아온 교회와 정부 간 불화, 심지어는 한국천주교 내부의 일부 갈등을 드러내면서 논쟁이 시작되었다고 전했다. 이러한 논란은 방한 일정이 조정되기를 바라는 기대를 담고 '정의평화민주 가톨릭행동'의 청원운동으로도 이어졌다. 2014년 1월에 진행됐던 '개혁적 추기경 임명 청원 서명'과 5월의 청원 서명에 이은 3차 청원운동이었다.

2014년 4월 16일 세월호 참사가 있기 전까지 국가정보원의 대통령 선거 불법 개입 문제를 둘러싼 논란이 끊이질 않았다. 교황 방한을 성사시킨 또 다른 주인공인 대통령이 대다수 사제와 수도자 그리고 평신도로부터 사퇴 요구를 받는 점을 감안한다면 교황 방한이 교회의 안위를 걱정하는 이들에겐 양적 재도약의 기회로, 정권에겐 부정 선거 논란과 세월호 진상규명 요구를 잠재우는 이벤트로 치러질 가능성도 배제하기 어려운 상황이었다. 선생이 공동대표로 있는

---

[70] 이 기자회견에서 평신도들은 프란치스코 교황의 방한이 정치적으로 이용되고 있으며, 방한 일정이 가난한 이들과의 연대를 포함하고 있지 않다고 비판했다. 「교종 방한에 대한 한국천주교 평신도들의 입장」,《가톨릭뉴스 지금여기》 2013.3.17.

'정의평화민주 가톨릭행동'은 7월 이후 국회 앞과 덕수궁 대한문 앞에서 세월호 특별법 제정을 촉구하는 매일 미사를 시작했다.[71] 그해 9월에는 '세월호 진상규명을 위한 천주교 연석회의'가 발족돼 11월에 '세월호 참사 진상규명을 염원하는 13만 936인이 참여한 천주교 선언'이 발표됐다. 이 연석회의에는 주교회의 정의평화위원회, 전국 15개 교구 정평위, 천주교정의구현 전국사제단, 한국천주교 여자수도회 장상연합회, 남자수도회 사도생활단 장상협의회, 천주교정의구현 전국연합, 정의평화민주 가톨릭행동 등이 참여했다.[72]

문재인 정부의 교황청 특사단으로 로마 방문

2017년 5월 9일 선거는 헌정사상 최초의 대통령 궐위로 인한 선거였다. 문재인 정부가 출범과 함께 제시한 5대 국정지표 가운데 하나가 '평화와 번영의 한반도'였다. 문재인 정부는 출범 직후, 당시 한국천주교 주교회의 의장이었던 김희중 대주교를 교황청 특사로 위촉해, 주 교황청 한국대사를 역임했던 선생과 함께 특사단으로 교황청을 방문해 프란치스코 교황을 만나 대통령의 친서를 전달케 했다. 김희중 대주교와 로마를 방문한 선생은 2017년 5월 24일 바티칸에서 프란치스코 교황과 면담하고, 남북한 화해와 한반도의 평화 정착을 위한 교황의 지지를 요청했다.[73]

---

[71] 「가톨릭행동, 대한문 앞 세월호 특별법 촉구 매일 미사 봉헌」, 《가톨릭뉴스 지금여기》 2014.7.30.
[72] 「세월호 진상규명 염원 천주교 선언 발표」, 《가톨릭뉴스 지금여기》 2014.11.10.

이번 특사단의 우선 과제는 교황이 도널드 트럼프 미국 대통령을 만나기 전에 우리 정부의 뜻을 교황에게 전달하는 것이었다. 교황과 트럼프 대통령의 회담은 24일 오전으로 예정되어 있었다. 이에 따라 특사단은 23일 국무원 총리 파롤린 추기경을 만나, 한반도 문제 해결에 대한 한국의 의견을 제시하고, 한국의 의견이 교황과 트럼프 대통령 대화에 반영되도록 요청했다. 성 전 대사는 "교황과 트럼프 대통령이 무슨 이야기를 나누었는지는 모르지만, 한반도에 관한 주제가 있었다면 교황께서 한국의 의견을 반영해 말씀을 하셨을 것으로 기대한다"고 말했다.[74]

트럼프 대통령의 교황 알현차 이루어진 이튿날의 정상회담에서 교황은, 특사단의 요청대로, 트럼프 대통령과 김정은 위원장과 직접 회담을 권유하고, 회담 분위기를 조성하는 뜻에서 휴전선의 군사훈련을 중단하기 바란다고 조언한 것으로 훗날 밝혀졌다.[75]

한반도 평화 정착을 위한 이러한 노력이 구체화되기까지 그리 오랜 시간이 걸리지 않았다. 2018년 평창겨울올림픽(2018.2.9~25)을 마중물 삼아 한반도 냉전구조를 해체하려는 움직임이 크게 일어

---

[73] 「교황청 특사단, 프란치스코 교황에 친서 전달」, 《연합뉴스TV》 2017.5.25.
[74] 「교황청 특사로 로마 방문한 주교회의 의장 김희중 대주교」, 《가톨릭신문》 2017.6.4.
[75] 특사단 파견 다음 해인 2018년 7월 4일 교황청 외무장관 폴 리처드 갤러거 대주교가 정부와 주교회의 초청으로 방한했다. 정부와 주교회의는 한국과 교황청 수교 55주년을 맞아 갤러거 대주교를 초청한 것인데, 교황청 외무장관의 방한은 처음이었다. 당시 문재인 대통령은 프란치스코 교황에 대해 특별한 존경과 감사를 전하며 남북 정상회담과 북미 정상회담의 성공에 아주 큰 힘이 됐다고 말했는데(《가톨릭신문》 2018.7.15), 선생은 당시 갤러거 대주교와 가진 교황대사관 환영만찬 장소에 참여했는데, 갤러거 대주교가 따로 선생과 나눈 대화에서 북미정상회담이 이뤄지는데 2017년 특사단의 역할이 중요했다는 언급을 한 것으로 말했다.

났다. 2018년에만 남북 정상이 세 차례 만났다. 4월 27일 판문점, 5월 26일 판문점, 9월 18~20일 평양에서다. 이와 함께 문재인 대통령은 북·미 정상의 두 차례 회담을 주선했다. 2018년 6월 12일 싱가포르 1차 북·미 정상회담, 2019년 2월 27~28일 하노이 2차 북·도에 불던 훈풍이 급속도로 꺼지긴 했지만, 한반도 평화 체제 정착을 위한 노력의 배경에는 2017년 문재인 정부의 교황청 특사단 파견과도 깊은 관련이 있다.

평생의 소임, 교부문헌 번역

선생은 개인 홈페이지에 '아우구스티누스 도서실'을 운영할 정도로 가톨릭교회 교부 성 아우구스티노(354~430)의 신학과 신앙의 정수를 알리는 데 평생 힘써왔다. 아시아인으로는 처음으로 로마 교황청립 살레시안대에서 라틴문학 박사 학위를 받은 것도, 교부들의 중요 문헌에 대한 라틴어 원서 번역 작업의 밑돌이 됐다. 교황청 한국대사를 끝으로 현직에서 물러난 선생은 경남 함양 지리산 자락 휴천재(休川齋)에 머물며 성 아우구스티노 연구와 번역에 매진하고 있다. 그가 번역해 분도출판사의 '교부문학 총서'에 라틴어-한글 대조본으로 간행된 아우구스티노의 15권 넘는 저서들은 성인에 대한 그의 열정이 어느 정도인지 알 수 있다.

선생은 그리스도교 역사에서 가장 위대한 교부로 일컬어지는 성 아우구스티노가 21세기 현대 교회와 사회에 주는 가장 긴요한 메시지는 그의 『신국론』에 나오는 '사회적 사랑'이라 강조한다. 아우구스티노 성인은 이미 1600년 전에 '사회적 사랑'을 외쳤음에도 가톨릭 교회는 사회적 사랑에 대해 침묵만 지켰다고 말하면서, 1891년 노동헌장을 통해 비로소 교회는 사회적 사랑에 눈을 뜨기 시작했다고 보았다.[76] 이러한 노력의 결실로 2004년 서우철학상[77] 제16회 수상자로 선정됐다. 아우구스티누스의 역저인 『신국론』을 한국어로 정확하게 번역한 학문적 성과를 인정받아 번역 부문 수상자로 선정된 것이다. 2020년 11월에는 아우구스티노의 『삼위일체론』으로 제24회 한국가톨릭학술상 본상을 수상했다. 수상 소감에 선생이 전하고자 하는 아우구스티노 신학의 핵심이 압축적으로 잘 드러난다.

> 아우구스티누스는 『신국론』에서 인간 개개인이나 일정 정치사회적 집단이 어디에 소속하느냐를 '두 사랑이 있어 지상국과 신국, 두 도성을 이룬다'고 선언합니다. "두 가지 사랑이 두 도성을 건설했다. 하느님을 멸시하면서까지 이르는 자기 사랑이 지상 도성을 만들었고, 자기를 멸시하면서까지 이르는 하느님 사랑이 천상 도성을 만들었다."(14,28) 다른 저술에서는 좀 더 구체적으로, "두 사랑이 있으니 하나는 사회적 사랑(amor socialis)이요 하나는 사사로운 사랑(amor privatus)이다. 하나는 상위의 도성을 생각하여 공동의 유익에 봉사하는 데 전념하고, 하나는 오만불손한 지배욕에 사로잡혀 공동선마저도 자기 권력 하에 귀속시키려는 용의가 있다. 하나는 이웃을 다스려도 이웃의 이익을 생각하

---

[76] 「사회적 사랑, 현대 교회와 사회에 가장 중요」, 《가톨릭신문》 2025.8.24.
[77] 서우 철학상은 서울대 철학과 교수를 지낸 고 서우 최재희 박사의 학덕을 기리기 위해 1989년 제정돼 매년 철학 분야에서 탁월한 학문적 업적을 이룩한 학자들에게 수여해왔다.

선생이 번역한 아우구스티누스의 저서.

여 다스리지만 하나는 자기 이익을 위하여 다스린다. 천사들로부터 시작해서 한 사랑은 선한 자들에게 깃들고 한 사랑은 악한 자들에게 깃들어서 두 도성을 가른다"(창세기 문자적 해석 11,15,20)라고 하였습니다.

교종 베네딕토 16세는 당신의 첫 회칙에서 아우구스티누스가 1,500년 전에 말한 '사회적 사랑'이란 다름 아닌 '정치'라고 단언했으며(「하느님은 사랑이십니다」 29항) 현 교종 프란치스코는 한 달 전 인류에게 건넨 회칙 「모든 형제들」에서 아우구스티누스의 '사회적 사랑'을 '정치적 사랑(l'amore politico)'이라고 못 박았습니다. 그 '정치적 사랑'이란 "모든 인간 존재를 형제요 자매로 인식하고, 만인을 포괄하는 사회적 우정을 모색하며 …… 실제적 가능성을 담보하는 효과 있는 구제 방법을 찾아내는 결단과 능력"(180항)이라고 했습니다.[78]

---

[78] 제24회 가톨릭학술상 수상 소감에서 발췌(2020.11.5).

선생은 레오 14세 교황이 성 아우구스티노 수도회 출신이면서 교황명으로 '레오'를 택했다는 사실에 주목하면서 노동헌장을 발표한 레오 13세 교황의 행보를 이어가는 동시에 아우구스티노의 신학을 중시하는 사목을 펼칠 것으로 기대했다.[79]

교회의 품에서 살아온 가정, 살아갈 가정

우리집 문패에는 '성염, 전순란, 빵기, 빵고' 넷이 나란히 적혀 있어 "왜 이름이 빵기예요?"라는 물음을 자주 받는다. 두 아이는 〈빵과 포도주의 말세리노〉의 주제곡을 자장가로 들으며 자랐다. 큰애 세례명이 마르첼리노인데 어렸을 적에 살레시오 신부님들이 스페인어로 붙여주시던 '빵과 포도주(pan y vino)'를 아이가 '빵기'라고 따라한 데서 유래하지만 우린 그냥 "애가 빵을 좋아해서요"라고 대답한다. 아우는 돌림자로 '빵고'가 되었고 딸 아기가 태어나면 '빵끗'이라고 붙여주기로 했지만 여식이 귀한 집안이라 태어나지 않았다.[80]

선생의 삶은 무엇보다 '가정'이라는 공동체를 통해 완성되었다. 어린 시절 어머니의 품에서, 형제들과 함께 가난과 슬픔을 견뎌내며 뿌리내렸던 신앙은, 그가 성인이 되어 이룬 가정에서 다시 피어나고 열매 맺었다. 1973년의 결혼은 새로운 가정의 출발만이 아니었다. 살레시오 수련소와 신학대학에서 긴 시간을 보내며 사제의 길을 준

---

79 「사회적 사랑, 현대 교회와 사회에 가장 중요」, 《가톨릭신문》 2025.8.24.
80 성염, 「빵기네집 이야기」, 《경향잡지》 2002년 9월호.

비하던 그가, 교회와 세상의 경계를 넘어 '평신도'로 살아가는 선택을 한 순간이었다. 그 선택은 고뇌에 찬 선택이었지만, 노승피 신부가 건넸던 말처럼 한 여인과의 사랑은 그의 삶을 더욱 풍요롭게 하고, 동시에 한없이 따뜻하고 섬세한 삶으로 이어졌다. 교회는 여전히 그를 품었고, 그는 가정이라는 또 하나의 교회를 꾸려갔기 때문이다.

부부의 삶과 신앙은 그리스도를 중심으로 열려 있고, 소박하고 검소하다. 서울 수유리의 집을 첫 집이자, 마지막 집으로 여기며 지금까지 가꾸고 고치며 사는 것도 집이나 땅이 재산 증식 수단이 될 수 없다는 부부의 가치관에서 비롯됐기 때문이다. 지금은 주로 지리산 자락에서 머물고 있지만, 과거 이 집에는 사람들 발길이 잦을 뿐 아니라 집이 비어 있으면 열쇠 두는 곳을 알고 있는 이웃이 문을 따고 들어와 밥과 김치를 가져갈 정도였다. '성염 전순란 빵기 빵고'라는 문패에서 '평등가정' '평등부부'로 알려진 이들 가정의 모습을 엿볼 수 있다.[81]

교황청 한국대사 임기 이후 선생 부부가 함양 지리산 자락 '휴천재'에서 함께 써 내려간 삶의 일기는, 평신도 일상의 영성을 보여주는 살아 있는 삶의 기록이다.[82] 전순란 선생은 매일의 삶과 계절의 변화를 담담하게 기록하면서, 남편과 나눈 대화와 손님들의 발걸음을 소소하게 나누고 있다. 그렇게 '휴천재 일기'는 선생의 사유와 신앙이 꽃피는 집의 풍경을 세상과 나누는 창이 되었다.

선생은 단지 가족만을 위한 기도를 올리지 않았다. 1984년 돈보스코 성인의 고향 베키에서 성모님께 드렸던 가정 봉헌의 기도는,

---

81 「일치 주간에 만난 사람: 성염, 전순란 씨 부부」, 《평화신문》 2003.1.19.
82 「페이스북에 10년간 지리산 휴천재 일기 써온 전순란 씨」, 《가톨릭신문》 2019.8.25.

2012년 작은아들 성하윤(도미니코 사비오)의 사제 서품(살레시오회)으로 이어졌고, 40년이 지난 2024년 여름에 손주 성시아 임마누엘, 성시우 프란치스코의 이름으로 다시 바쳐졌다.

성모님께 시아네 가족을 봉헌하는 기도

신자들의 도움, 티 없으신 성심, 우리 가족의 어머니시여,
성모님은 할아버지의 네 형제를 살레시오 신부님들의 손으로 키우시고 할머니의 집안에도 깊은 그리스도 신앙과 봉직의 은혜를 베푸셨으며 저희 외갓집에도 가톨릭 신앙을 골고루 나누게 하시어 아버지와 어머니가 가톨릭교회 품에서 저희를 낳고 기르게 하셨습니다.

할아버지와 할머니에게 사회와 교회 안에서 은혜로운 삶을 안배하셨으며 같은 신앙에 힘입어 저희 부모님이 전 세계 난민들과 나누는 삶에 헌신하고 작은아버지는 살레시오회 수도사제로서 봉직하게 부르셔서 감사드립니다.
저희도 조부모님과 부모님과 삼촌의 모범에 따라 하느님 섬기고 이웃에 이바지하는 삶에서 보람을 찾게 해주십시오.

할아버지와 할머니, 우리 아빠와 빵고 삼촌이
1984년 돈 보스코 성인의 고향 베키의 소성당에서
도움이신 마리아께 드린, 저희 가족의 봉헌을
저희 시아 시우도 40년 만에 다시 드립니다.

할아버지에게는 겨레와 교회에 봉사하는 삶을 끝날까지 주시고
할머니에게는 늘 주위에 기쁨과 행복을 나누는 건강을 주시며
두 분이 한날한시에 주님 품에 드는 특은을 허락해주십시오.

저희 친가와 외가의 모든 친척과 친지, 저희 학교와 이웃 친구들,
저희를 사랑하고 기도해주는 모든 이를 성모님 손에 맡겨드립니다.
너그러우신 마리아님, 자애로우신 마리아님, 아름다우신 동정 마리아님.

2024년 8월 11일 함양 성당 성모상 앞에서
성시아 임마누엘, 성시우 프란치스코가 부모님, 조부모님과 함께

성염 선생이 걸어온 길

1942.7.11 전남 장성 출생.
1948 광주 동광원으로 가족 이주.
1953 광주 서석국민학교 2학년으로 입학.
1957 사레지오중학교 입학.
1960 살레시오고등학교 입학.
1963.2 살레시오고등학교 졸업. 살레시오 수련소 입소(서울 대림동 본원).
1964.2.24 첫서원.
1964.3.2 서울가톨릭신학대학교 입학.
1965.12.~1967 살레시오회 아시스텐자(임장 사도직) 시작(광주 살레시오중·고등학교).
1972 가톨릭대학교 신학사(B.A., Catholic University).
1973.4 대건신학대학교 《신학전망》 편집부 입사.
1973.9 전순란 선생과 결혼.
1976 광주가톨릭대학교 신학석사(M.A., Kwangju Catholic University).
1976 대건신학대학교 《신학전망》 편집부 퇴사.
1977 『해방신학』 번역 출판.
1979.10 둘째 동생 성찬성과 함께 남산 중앙정보부 구금(20여 일간 고초).
1981.9 로마 살레시안 대학교 유학.
1986 교황청립 살레시안대학교 라틴문학박사(Ph.D., Pontificia Studiorum Universitas Salesiana).
1988~1990 한국외국어대학교 철학과 교수.
1989~1991 천주교사회문제연구소.

1990~2005 서강대학교 철학과 교수.

1992.11 언론지키기 천주교 모임, 안충석 신부, 이필립 선생과 공동대표.

1992~1993 우리신학연구소 추진위원회 참여.

1993~2002 (사)우리신학연구소 소장 및 이사장.

1993.2.28.~1995.3 천정연 2차 정기총회에서 부회장 선출.

1994~1996 (사)서양고전학회 회장.

1994~2003 한국서양중세철학연구소 이사.

1994~1996, 1999~2001 서강대철학연구소 소장.

2001~2003 우리사상연구소 소장.

2001~2003 한국가톨릭철학회 이사.

2003~2007 주교황청 한국대사.

2004 제16회 서우철학상 수상(아우구스티누스『신국론』번역).

2013~2014 정의평화민주 가톨릭행동 공동대표(평신도 1만인 시국선언, 개혁적 추기경 청원운동 전개).

2017.5 문재인 정부 교황청 특사단 일행으로 교황청 방문.

2020.11 제24회 한국가톨릭 학술상 본상 수상(아우구스티누스『삼위일체론』번역).

번역·저술 목록

저술

『라틴어 첫걸음』, 경세원, 2002.

번역

G.구티에레스,『해방신학』, 분도출판사, 1977.

송천성,『아시아인의 심성과 신학』, 분도출판사, 1982.

알로이스 피어리스,『아시아의 해방신학』, 분도출판사, 1988.

레오나르도 보프,『세상 한가운데서 하느님을 증언하는 사람들』, 분도출판사, 1990.

아우구스티누스,『신국론』 제1권~10권, 분도출판사, 2004.

아우구스티누스,『신국론』 제11권~18권, 분도출판사, 2004.

아우구스티누스,『신국론』 제19권~22권, 분도출판사, 2004.

아우구스티누스,『교사론』, 분도출판사, 2019.

아우구스티누스,『그리스도교 교양』, 분도출판사, 2011.

아우구스티누스,『독백』, 분도출판사, 2018.

아우구스티누스,『삼위일체론』, 분도출판사, 2015.

아우구스티누스,『선의 본성』, 분도출판사, 2019.

아우구스티누스,『아카데미아학파 반박』, 분도출판사, 2016.

아우구스티누스,『영혼 불멸』, 분도출판사, 2018.

아우구스티누스,『영혼의 위대함』, 분도출판사, 2019.

아우구스티누스,『자유의지론』, 분도출판사, 1998.

아우구스티누스,『질서론』, 분도출판사, 2017.

아우구스티누스,『참된 종교』, 분도출판사, 2011.

아우구스티누스,『행복한 삶』, 분도출판사, 2016.

마르쿠스 툴리우스 키케로,『법률론』, 한길사, 2021.

프란치스코 교황,『가슴 속에서 우러나온 말들』, 소담출판사, 2015.

프란치스코 교황·마르코 포짜,『우리 아버지: 프란치스코 교황과 함께 드리는 주님의 기도』, 한마당, 2018.

단테, 『제정론』, 경세원, 2009.

로마노 펜나, 『다르소의 바오로』, 성바오로출판사, 1997.

제임스 D. 화이트헤드·에벌린 이튼 화이트헤드, 『홀리 에로스: 원초적 생명의 에너지』, 성바오로출판사, 2014.

안토니오 피타, 『그리스도를 입다』, 바오로딸, 2023.

베른하르트 헤링, 『고해의 기쁨』, 성바오로출판사, 2012.

B. 오그라디, 『천주의 성 요한』, 성바오로출판사, 2008.

L.M. 에피코코, 『아버지 성 요셉』, 바오로딸, 2021.

C.M. 마르티니, 『마태오복음 묵상』, 바오로딸, 2023.

C.M. 마르티니, 『마르코복음 묵상』, 바오로딸, 2022.

C.M. 마르티니, 『루카복음 묵상』, 바오로딸, 2025.

칼럼, 소논문

「2000년대의 교회와 사회」, 《사목》 제131호(1989년 12월호).

「교계제도와 신도의 신원, '한국' 천주교의 신도는 얼마나 한국적인가?」, 《신학전망》 제107호, 1994.

「변화하는 세계와 평신도의 위상」, 『김몽은 화갑기념논문집 '21세기 한국 사회와 종교'』, 가톨릭출판사, 1996.

「21세기 한국교회의 바람직한 모습: 한국사회를 위한 예언자인가, 제관인가?」, 『한국가톨릭 어디로 갈 것인가?』, 서광사, 1997.

「나는 왜 그리스도인인가」, 《경향잡지》 2002년 6월호.

「걸어보지 못한 길」, 《경향잡지》 2002년 2월호.

「친구 예찬」, 《경향잡지》 2002년 7월호.

「나를 슬프게 한 것들」, 미발표 원고, 《경향잡지》 2002년 10월호 투고 원고.

「왜냐면 칼럼: 정진석 추기경의 '거짓 예언자' 발언에 대해」, 《한겨레》 2014.1.22.

「마르텔리 신부님이 이루신 살레시오 교육의 견본을 꼽으라면」, 《살레시오 가족잡지》, 2018년 12월호.

「임인덕 신부님 추도사」, 왜관 분도수도원 추도미사, 2013.10.31.

「성염·홍인식, 한국의 해방신학」, 《아시아문화》, 아시아문화커뮤니티, 2017년 3월.

「평신도 신학운동 20년, 그 회고와 전망」, 『우리시대, 우리신학을 말하다』, 우리신학연구소, 2018.

「교황 요한 바오로 2세와 가톨릭교회의 과거사 정리」, 《신학연구》 52, 한신신학연구소, 2008.

「영혼이 신체의 형상이면서 실체일 수 있는가?」, 《신학전망》 제141호, 광주가톨릭대학교 신학연구소, 2003.

「그리스도교의 종교적 관용」, 《신학전망》 제132호, 광주가톨릭대학교 신학연구소, 2001.

「피코 델라 미란돌라의 인간학과 르네상스적 배경」, 《중세철학》 7, 한국중세철학회, 2001.

「Si fallor sum: 아우구스티누스 인식론의 형이상학적 맥락: 「삼위일체론」을 중심으로」, 《중세철학》 5, 한국중세철학회, 1999.

「창조 개념의 철학적 난제에 대한 아우구스티누스의 패러독스 해법: 「신국론」 제12권을 중심으로」, 《중세철학》 4, 한국중세철학회, 1998.

「현대 라틴어 문법 이론과 교수법」, 《서양고전학연구》 12, 한국서양고전학회, 1998.

「세계시민사상의 그리스도교적 연원: 세계화 개념의 중세철학적 배경」,《중세철학》3, 한국중세철학회, 1997.

「요한 피코 델라 미란돌라「인간 존엄성에 관한 연설」」,《중세철학》2, 한국중세철학회, 1996.

「[해제] 요한 피코 델라 미란돌라,「인간 존엄성에 관한 연설」(Oratio de hominis dignitate)」,《중세철학》2, 한국중세철학회, 1996.

「단테 알레기에리「제정론(帝政論)」의 '두 개국의 궁극 목적'과 그 정치철학적 논변」,《중세철학》1, 한국중세철학회, 1995.

「베르길리우스「목가집」의 에피쿠로스적 주제」,《서양고전학연구》8, 한국서양고전학회, 1994.

「비성직자가 바라보는 사제상」,《가톨릭 신학과 사상》11, 신학과사상학회, 1994.

「「아이네이스」에 나타난 시적 정의감」,《서양고전학연구》7, 한국서양고전학회, 1993.

「아우구스티누스의 감각적 지각론에서 지향의 역할」,《철학과 현상학 연구》6, 한국현상학회, 1992.

「IUSTITIA의 어원학적 고찰: 초창기 라틴문학에 나타나는 IUS·IUSTUS·IUSTITIA 용례」,《서양고전학연구》4, 한국서양고전학회, 1990.

언론 칼럼 및 인터뷰

「이제 평신도가 앞장서 시대 이끌어야」,《가톨릭뉴스 지금여기》2013. 9.11.

「우리의 시국미사를 웃어넘기지 마시오」,《가톨릭뉴스 지금여기》2013. 9.24.

「염수정 추기경 서임, 신의 실수가 되지 않길」,《가톨릭뉴스 지금여기》 2014.1.15.

「저희 죄를 용서하시고 저희에게 평화를 주소서」,《가톨릭뉴스 지금여기》 2024.12.30.

「성염 전 대사 특별대담: 한국사회와 그리스도인」(장병일 편집국장 대담),《가톨릭신문》2016.11.20.

「제24회 한국가톨릭학술상 수상자 인터뷰」,《가톨릭신문》2020.10.18.

「성염 인터뷰: '해방신학' 번역에서 아우구스티누스까지」,《분도출판사 편집실》, 2012.11.5.

「성염 전 교황청 주재 대사: 가톨릭인터뷰」,《가톨릭신문》2007.9.16.

「성염 대사, 교황에게 남북 동시 방문 요청」,《가톨릭신문》2005.5.22.

「비오기사회 대십자훈장 받은 성염 대사」,《가톨릭신문》2005.7.10.

「교황청 특사단에 참여한 성염 전 대사 인터뷰」,《가톨릭신문》2017.6.4.

「사회적 사랑, 현대 교회와 사회에 가장 중요」,《가톨릭신문》2025.8.24.

[저술 안내] http://donbosco.pe.kr/xe1/?mid=writings

[저서 읽기] http://lifebible.co.kr/books

[고전 주해서] http://donbosco.pe.kr/xe1/?mid=juhaeseo

[아우구스티누스 도서실] http://lifebible.co.kr/library-2

[학술번역서] http://lifebible.co.kr/books

[일반번역서] http://donbosco.pe.kr/xe1/?mid=translation1

[집필논문] http://donbosco.pe.kr/xe1/?mid=research_article

[칼럼집] http://donbosco.pe.kr/xe1/?mid=newspaper

가난한 이의 교회와 인간발전,
'사회사목'의 산증인 최재선

'가난과 발전의 경계'를 평생 산 사람, 최재선

　한국천주교회에서 '가난한 교회' 또는 '가난의 영성'을 이야기한 이들은 적지 않다. 그러나 이 담론을 넘어 '개발'과 '발전'이라는 개념을 신앙의 언어로 받아들이고, 그 두 세계를 통합하며 평생을 실천해낸 이는 드물다. 최재선은 그 드문 사례 가운데 하나이자, 어쩌면 가장 일관된 궤적을 보여준 인물이라고 할 수 있다. 그는 언뜻 상충되는 듯 보이는 '가난'과 '발전'이라는 두 개념을 이분법적으로 나누지 않고, 오히려 그 사이의 긴장과 상호작용을 통해 신앙의 자리에서 그 실천을 모색해왔다.
　그에게 '가난한 교회'란 단지 시대정신을 반영한 표어가 아니라, 정서적으로나 물질적으로 풍요로워 보이는 오늘날의 교회일수록 더욱더 요청되는 신앙의 태도였다. 이 신념은 유년 시절, 할머니 손에 이끌려 새벽 미사를 향하던 길 위에서 잉태되어, 인성회와 사회복지위원회의 활동을 마무리한 뒤에도 그의 삶 전체를 관통하는 영적 뿌리로 자리 잡았다. 은퇴 이후에도 그는 줄곧 그 신념의 일관성 속에서 조건에 맞는 변화상에 순치된 삶을 살아왔다.

할머니에게서 배운 몸에 밴 신앙과 '애덕회' 활동[1]

1941년에 서울 아현동에서 5남매의 장남으로 태어난 선생은 다른 자식들처럼 주로 할머니 손에서 자랐다. 할아버지는 일찍 돌아가셔서 기억에 없지만, 매일미사, 조과(朝課), 만과(晚課) 등을 빼놓지 않고 바치는 '전통적인 구교 집안'으로 할머니한테서 신앙을 배웠다. 아침에는 아버지가 출근을 서두르다 보면 복잡하니 할머니 혼자 조과를 바치셨지만, 저녁에는 온 식구가 모여 함께 만과를 바쳐야 해서 어린 그에게 그 시간은 꾀가 나는 힘겨운 시간이었다.

> 할머니는 새벽 미사를 오래 다니셨어. 건강이 허락하실 때까지 새벽 미사를 계속 다니셨지. 내가 초등학교 때 할머니가 새벽 미사 가자고 깨우고 그래서 엄청 싫었던 기억이 나. 성당에서 복사를 서거나 한 건 아니지만, 어린 나이에 할머니 손에 이끌려 새벽 미사를 다니려니 그게 힘들었던 거지.

부모님은 할머니처럼 매일 묵주기도를 드릴 정도로 신심이 깊지는 않았다고 한다. 할머니 중심으로 가족들 모두 그런 신앙생활에 동참했던 것이었는데, 선생이 중학교 2학년 때 할머니가 돌아가시니까 성당도 눈치 봐가면서 안 가고 그랬다. 그러다가 우연이라고

---

[1] 제1차 인터뷰는 2025년 4월 11일 경기도 일산 자택에서 진행되었으며, 인터뷰어는 이미영과 경동현이다. 최재선 선생의 직접 구술을 바탕으로 구성되었고, 본문의 서술 또한 직접 인용뿐 아니라 서술 부분 역시 가능하면 그의 말투와 표현을 살려 쉽고 자연스러운 입말로 풀어내고자 했다.

보기에는 믿기지 않을 만큼 후일에 벌어질 일을 맞닥뜨린다. 아현동 성당에서 성당 주일학교 책임을 맡은 교리 교사에게 '붙잡혀' 그때부터 전과는 다른 본당 활동을 하게 된다. 1950년대 후반, 당시 여러 성당에서는 학생들끼리 모임을 만들어 활동하는 일이 많았는데, 그가 다니던 아현동 성당에서도 그 교사를 만나고나서 부터 '애덕회(愛德會)'라는 이름의 학생 활동이 시작되었다. 선생이 거의 평생 활동했던 장이 '카리타스(Caritas)'인데, 그것을 고등학교 때 시작한 것이니 흔치 않은 사례임에는 틀림 없다. 그 교사는 스무 명 남짓한 회원에게 '가난한 사람을 돕는 것이 카리타스'라고 설득했다. 선생은 그게 오늘날 의미하는 카리타스인지 아닌지는 불분명하지만 중요한 사실은 그 카리타스를 애덕회라 이름을 붙인 것이나 또 앞으로 평생 일하게 될 그의 일터가 바로 그 이름이라는 점에서, 그의 앞날을 예감한 비범한 인연이었음이 분명하다.

당시는 경제적으로 어려운 시절이어서 남가좌동 일대가 모두 농사짓는 땅이었고 빈민들도 많아 어떤 사람은 땅굴을 파고 살았다. 얼기설기 지은 판잣집에 사는 아이들은 초등학교도 다니지 못했다. 주변 상황이 그러다 보니 성당에서 최재선 선생을 학생회 활동으로 인도한 그 교사가 "이 아이들에게 한글을 가르치자"고 제안해 아이들을 가르칠 작은 강의실을 함께 지었다. 그러나 불행히도 아이들을 가르쳐보기도 전에 강의실이 태풍으로 무너졌다. 미완에 그친 활동이었지만 그의 생애에서 '카리타스' 또는 '애덕회'라는 이름을 만나게 된 첫 순간이었다.

'서강고등학교'에서 미국 신부들과 겪은 일들

선생은 서강대학교 1회 입학생으로 들어가 졸업하였다. 그는 서울고등학교를 졸업한 뒤, 당시 다른 서울고 졸업생들처럼 서울대학교 입학시험에 응시했으나 낙방하였다. 그때 담임 교사는 '미국 신부님들이 학교를 운영하는 새로운 대학이 생겼으니, 거기 가서 영어 공부도 하면서 재수를 준비하라'고 권유했고, 선생은 이 조언을 따랐다. 그의 회고에 따르면, 당시 이른바 '먹고 대학'이라는 표현이 과언이 아닐 정도로, 개강일이나 주요 시기에 한두 번만 출석하고 등록금만 납부하면 졸업이 가능한 학교들이 존재했다. 담임의 조언은 이러한 교육 현실을 반영한 것이었다. 실제로 선생뿐 아니라 다른 서울고 졸업생 중에서도 같은 조언을 받고 서강대학교에 입학한 이들이 적지 않았다. 상당수가 학적만 두고 재수를 하려는 목적이었다.

그러나 대다수의 예상과 달리, 서강대학교는 일반적인 '먹고 대학'과 매우 달랐다. 한 학기에 7회 이상 결석하면 해당 과목의 학점을 받을 수 없었고, 세 과목 이상에서 학점을 취득하지 못하면 퇴학 조치가 내려질 정도로 수업과 학사 규율이 엄격하였다. 이로 인해 중도 자퇴자가 상당수 생겼다. 실제로 선생의 동기 중 서울고 출신 약 20명을 포함해 서강대 1회 입학생 159명 중 졸업자가 단 62명에 불과했다. 특히 매일 예수회 신부들과 미국인 신학생들이 영어 수업을 진행하고, '5분 퀴즈' 같은 단기 시험이 일상적으로 이루어지는 등 강도 높은 훈련이 계속되어, 재수는 사실상 불가능한 상황이었다. 그러나 최재선 선생은 이러한 강행군식 교육이 오히려 자신에게 잘 맞았다고 회고한다.

아침에는 강의가 전부 영어였지. 매일 영어 시간이야. 신부님이나 미국 예수회 신학생이 와서 문 앞에서 서서 '굿 모닝!' 하고 인사하고 나면 이내 '따르르릉' 종소리가 나지. 그러면 들어가서 문을 잠가. 교실에 더는 못 들어오게 말이야. 도망가지 못하게 하려는 게 아니라 공부에 방해가 된다 이거지. 그렇게 굉장히 엄격한 교육을 받았어. 근데 나중에 보니까 그게 잘된 교육 같아. 서강대에서 공부하면서 곧 재수를 포기했는데 나한테는 예수회 교육이 잘 맞았어. 그 교육이 참 좋더라고.

선생이 긍정적으로 평가한 것은 단지 교육 방식만이 아니었다. 교수로 재직한 예수회 사제들의 열정적인 가르침, 학생 개개인을 세심하게 살피는 태도, 친절한 인간적 유대감 등은 서강대학교 특유의 학풍을 형성했다. 이러한 분위기는 입학 초기부터 그가 실질적으로 재수를 포기하게 만든 결정적 계기였다. 서강대에서 익힌 영어 실력은 훗날 그가 '교회 일꾼'으로서 국제 원조 및 연대 활동에 있어 매우 유용하고도 강력한 도구로 활용되었다.

3학년 때 일이었다. 라틴어를 강의하는 학장 신부가 어느 날 지나가는 말로 예수회 입회를 권했다. 선생에게는 이 권유가 다소 놀랍게 다가왔다. 어려서부터 성당에 다녔고, 또 미국 출신 예수회 교수들과 신학생들과 인격적으로 매우 가까운 관계를 맺고 있던 터라 입회 제안 자체는 그리 낯설거나 부자연스럽지는 않았다. 그러나 선생은 이를 달리 받아들였다. 신부란 '성소를 받은 특별한 사람'이 되어야 한다고 여겨왔는데, 평소 자신을 그런 '특별한 사람'으로 생각해본 적이 없었기 때문이다. 학장 신부는 이에 대해 "네가 하고 싶다면 할 수 있다"고 재차 격려하였고, 이 말은 선생에게 일종의 '숙제'

처럼 남았다. 군 복무 기간에 그 숙제를 잊은 것은 아니었지만, 그렇다고 특별히 깊게 고민하거나 결단하려 했던 것도 아니었다.

1960년 대학 입학 직후 경험한 4·19혁명이나, 2년 뒤 개막된 제2차 바티칸 공의회는 최재선 선생에게 즉각적인 영향을 주지는 못했다. 4·19혁명 당시 그는 서강대학교 '촌구석'에 갓 입학한 신입생이었다. 당시 국어 과목을 가르치던 조용한 성품의 시인 구상 선생이 "여기서 뭐하고 있냐"고 호통치는 바람에 밖으로 나가게 되었고, 그 길로 광화문까지 나가 여러 학교 학생과 함께 인파 속에 파묻혔다. 그날 그는 경무대에서 발포한 총에 맞아 사망한 이들을 직접 목격하기도 했다. 하지만 이 모든 사건은 선생에게 '단발적 경험'으로만 남았다. 자신에게 특별한 역사의식이나 시위의 당위성에 대한 자각이 있었던 것이 아니었고, 당시 서강대 분위기 역시 사회적, 역사적 의식과는 거리가 있었기 때문이다.

제2차 바티칸 공의회에 대해서도 학창 시절 신학 과목 수업 중 언뜻 언급되는 정도로 접했을 뿐이었다. 공부에 몰두하던 시기였기에 깊은 관심을 두지 않기도 했다. 이 점에 대해 그는 최근 종료된 시노드에 대한 신자들의 낮은 인지도를 예로 들어 설명하였다. 즉, 신자들 중 일부 관심 있는 평신도를 제외하면 대다수는 그 존재조차 잘 모르고, 내용이 평신도에게까지 전달되지 않는다는 것이다. 그럼에도 선생은 어린 시절 할머니로부터 물려받은 '할머니의 신심'이 그의 신앙의 밑바탕에 깔려 있었으며, 대학 시절 다양한 과목을 공부하면서 점차 새로운 신앙에 눈을 뜨게 되었다. 특히 신학 과목에 대한 흥미가 있었다. 하지만, 당시에는 학점을 위한 수단으로만 여겼기에 깊은 인상을 남기진 않았다. 그러나 훗날 되돌아보았을 때,

이 시기의 학문적 경험은 기존의 신앙심을 보다 넓은 시야로 개방해주는 계기가 되었고, 자신의 신앙관을 형성하는 데 중요한 전환점이 되었다고 평가한다.

가톨릭 구제회(CRS)와의 인연과 활동

군 복무를 마친 뒤, 선생은 서강대학교 학장 신부 배려로 약 2년 6개월 동안 서강대 부설 '랭귀지 랩(Language Lab)'에서 학생들의 영어 학습을 돕는 실무자로 일하게 되었다. 그 후 학교를 떠나 학장 신부 추천으로 취직하게 된 곳은 당시 명동에 새로 건설 중이던 조선호텔이었다. 당시만 해도 영어를 구사하는 한국인이 드물었던 상황에서, 미국인이 운영하는 조선호텔 측이 찾던 인재상이 바로 그였다. 면접을 보자마자 '내일부터 출근하라'는 통보를 받았다.

그러나 이 직장의 주 업무는 고객 접대와 비즈니스 관련 업무를 수행하며 술자리에 동참하는 일이었는데, 선생은 체질적으로 술을 전혀 마시지 못해서 오래 버티지 못하고 그만두었다.[2] 학장 신부는 이미 예상했던 것마냥, "너는 가난한 사람들을 위해서 일하는 데가야 네 적성에 맞는다"고 말하며 다른 곳을 소개해주었다. 이 소개를 통해 선생이 새로운 인생의 이정표를 만나게 된 곳은 바로 미국

---

[2] 이 인터뷰에서는 호텔에서 일한 기간에 대해서는 명확한 언급이 없으나, 《가톨릭평론》에 따르면 그 호텔은 "1주일 만에 그만두었다"고 한다. 편집부, 「천주교 사회운동을 지원한 인성회: 한국천주교 주교회의 인성회 전 사무국장 최재선」, 《가톨릭평론》 제25호(2020년 1월), 29쪽.

주교회의 산하 해외 원조 기구인 가톨릭 구제회(CRS, Catholic Relief Services) 한국 지부였다. 이곳에서 경험은 그가 이후 사회복지, 사회개발, 사회운동을 '사회사목'이라 명명하고 실행에 옮기게 되는 출발점이 되었다.

구제회 한국 지부에서 최재선 선생은 '사업부'에서 활동하며 전국에서 접수되는 다양한 지원 요청서를 심사하고, 이미 진행 중인 사업이 제대로 운영되는지 직접 현장 방문해 점검하는 업무를 맡았다. 매주 월요일마다 서울 사무실에서 간단한 보고서를 작성한 뒤, 전국 각지로 출장하여 사업장 실태를 파악하고 지원 여부를 판단하는 역할이었다. 구제회 현장 담당자 5명이 수백 곳의 농촌 마을, 복지시설, 개발사업장 등을 나누어 방문했고, 그때마다 구체적 상황을 면밀히 살피는 것이 일이었다. 이 활동은 단순한 행정 업무가 아니라 전국을 발로 누비며 직접 실천하는, 말 그대로 '현장 중심'의 과업이었다.[3]

> 우리가 하는 일이 현장 가는 거였어. 월요일날 아침에 지난주에 갔다 온 결과 간단한 보고서에 '지원' 또는 '지원 불가'로 제안하면 그렇게 결정이 되지. 또 진행 상황을 점검하러 현장을 직접 방문하는 거지.

당시 구제회의 지원 사업은 주로 농촌 지역이나 공소(公所) 지역을 중심으로 전개되었다. 사회복지시설은 대부분 수도회가 운영하는 고아원이나 양로원이었다. 1950년대에는 주로 무상 구호 형태

---

[3] 선생이 CRS에서 한 일과 관련해서는 같은 글, 30쪽 참조.

의 긴급 지원이 중심이었다. 1960년대부터는 점차 자립 기반을 조성하는 개발 지원으로 방향이 전환되었다. 주요 원조 품목으로는 미국 정부가 잉여 농산물 형태로 제공한 밀가루, 옥수숫가루, 혼합 곡류, 콩, 분유 등이 있었다. 이들 곡물은 반드시 무상으로 배분해야 했고 판매하거나 거래하는 행위는 엄격히 금지되었다. 해당 규정을 위반할 경우 법적 처벌이 가능할 정도로 강력한 관리가 이루어졌다.[4]

이 시기 선생의 기억 속에 깊이 남은 사업 중 하나는 음성 나환자촌에 대한 지원 활동이었다. 당시 사회적 낙인으로 나환자들은 일반 사회와 격리되어 외딴 산골 마을에 공동체를 이루며 생활하였다. 전국적으로 100여 곳의 나환자 정착촌이 있었다. 이들 중 절반 이상이 가톨릭 신자였다. 이들은 구제회의 지속적인 지원을 통해 생계 기반을 마련할 수 있었다. 대표적인 사업 형태는 양계 시설 설치였다. 나환우들은 이를 통해 달걀을 대량 생산하고 판매해 마을 공동체의 경제 자립을 도모했다.

이러한 사업을 점검하기 위해서는 오지 마을을 방문해야 했고

---

[4] 구제회 한국지부는 1950년대 한국전쟁 휴전 이후부터 1974년 한국에서 철수할 때까지 미 공법(Public Law) 480호에 의거해 식량원조로 밀가루, 옥수숫가루, 영양식품(CSM), 식용유, 분유 등의 먹을거리와 의약품, 의료기자재, 의류 및 주거용품을 전국의 본당 및 공소를 통하여 신자나 비신자를 가리지 않고 공급하였다. 최재선, '제6장 교회 사회복지 활동으로서 해외 원조' 『한국 천주교 사회복지 백서』(한국천주교 주교회의 사회복지위원회, 2001), 172쪽 참조(이 백서에는 저자명이 명시되어 있지 않지만, 최재선과의 전화 인터뷰(2025년 8월 3일)를 통해 「1장 교회 사회복지 활동의 정신과 영성」, 「6장 교회 사회복지 활동으로서의 해외 원조」는 자신이 썼고 나머지는 다른 집필진이 썼다고 확인해줬다). 구제회가 한국에 제공한 구호 물품의 총량은 기록이 거의 유실되어 확인할 길이 없지만, 현존하는 일부 기록에 따르면 1969년부터 1972년까지 4년 동안에만 전국에서 700여 개발사업을 지원했다. 같은 글 참조.

또 마을 주민들이 숙박을 꺼렸기 때문에, 택시를 대절해 당일치기로 다녀오는 일도 적지 않았다. 당시 나환자촌을 기반으로 한 개발사업은 '가톨릭 나사업'으로 불리며 빠르게 연합체가 구성되었고, 한국 주교회의 공식 인준도 받았다. 선생은 이처럼 가난한 이들의 현실 삶에 도움을 주는 활동을 구제회에서 4~5년간 헌신적으로 수행했다. 이는 그가 이후 '가난한 이의 자존심'과 '현장 중심의 사회사목'을 강조하는 삶을 살아가게 되는 결정적 토대가 되었다.

결혼과 신접살림, 그리고 배우자의 유학

선생은 1972년에 결혼했다. 아내와의 인연은 예수회 소속 박고영 신부가 조직한 '아퀴나스 합창단'을 통해 시작되었다. 고등학생 시절부터 본당과 학교에서 테너 파트로 합창단 활동을 해온 선생은, 대학 시절에도 아퀴나스 합창단에서 테너 파트를 맡았다. 이 합창단은 서강대학교를 기반으로 조직되었으나, 소프라노 파트는 주로 이화여자대학교 음악대학 재학생들이 맡았다. 이 합창단은 명동성당 주일 오후 5시 미사에서 성가를 담당하며 활발한 활동을 펼쳤다. 이후 박 신부가 유학을 떠난 뒤에도, 그는 자연스럽게 합창단을 대표하는 실무 책임자로 활동을 이어갔다.

집사람은 오르간을 쳤지. 오전에는 정동교회에서 반주하고 오후에는 명동 성당에서 반주하고 그러니까 미안하잖아. 그래서 내가 좀 친절하게 하고 커피도 좀 사고 그랬지. 어떤 때는 내가 집에도 데려다주고 그런 적이 있고. 그런 과정에서 둘이 서로 좋아하게 된 거지.

그의 아내는 이화여자대학교 음악대학을 졸업한 뒤 정동교회에서 제1 반주자로 활동하던 중, 수고비가 없는 조건에도 흔쾌하게 명동성당 반주를 맡아주었다. 두 사람은 합창단 활동을 계기로 가까워졌고, 자연스러운 교류와 배려 속에서 서로에 대한 애정이 깊어졌다. 결혼 이후에도 합창단 활동은 한동안 계속했는데, 단원 구성의 변화와 자녀 양육에 따른 부담이 커 활동을 중단하게 되었다.

신혼살림은 서울 홍제동 인근에 위치한 문화촌 아파트에서 시작되었다. 약 10평 규모의 이 소형 아파트는 방 두 개와 부엌, 화장실을 갖춘 간소한 구조였다. 선생은 이를 두고 '촌에서 시작한 생활'이라 회상한다. 이곳에서 10여 년간 거주한 후, 구파발 종점 기자촌으로 이사했고 1995년 현 거주지 일산으로 옮겼으며, 지금까지 같은 집에서 살고 있다.

경제적으로 넉넉하지 않았던 시절, 아내는 두 아이를 출산한 이후 유학을 결심하였다. 1973년에 첫째를, 그리고 3년 뒤 둘째를 낳은 뒤, 독일로 건너가 약 3년간 디플로마 과정을 이수하였다. 당시 두 아이의 양육은 대부분 양가 할머니들이 맡았다. 이미 이화여대에서 석사 과정을 마친 아내는, 학문에 대한 갈증과 동시에 현실의 한계를 극복하기 위해 유학이라는 도전을 감행했다. 귀국 후에는 성신여자대학교에서 시간강사로 교단에 섰고, 이후 전임에 임용되었다.

그의 아내는 부유한 집안 출신이었으나 장인의 사업 실패로 가세가 기울어 학창 시절부터 생계를 위해 아르바이트를 해야 할 정도로 어려운 형편이었다. 이러한 조건에서도 유학, 교수 임용, 가정 살림, 자녀 양육이라는 과업을 병행한 삶은, 당시 여성으로서는 매우 이례적이고도 힘든 길이었다. 선생은 양가의 할머니가 자녀 양육을 거의 전담하다시피 하지 않았다면 아내가 그러한 삶을 살아내긴 어려웠을 것이라 회상한다.

한국 카리타스 – 인성회 창설과 국내외 원조 활동

선생이 가톨릭 구제회(CRS)에서 활동하던 중, 1972년 8월 19일 원주교구 지역을 강타한 남한강 대홍수 당시 지학순 주교 요청으로 구제회는 선생을 현장에 파견해 피해 실태를 조사하게 했다. 그는 현장 조사 보고서를 작성하였고, 이 보고서를 토대로 구제회는 대량의 양곡을 지원해 수해 복구 사업을 도왔다. 이 일로 지 주교와 개인적 친분이 생겼다.

구제회 철수가 논의되고 후속 조직이 필요하다는 공감대가 형성되던 시점에, 당시 구제회 한국 대표였던 캐롤 몬시뇰(Msgr. George Carroll)은 선생에게 한국 카리타스 관련 서류를 건네며 로마 본부와 직접 접촉해 설립안을 만들 것을 요청하였다. 이때 처음 '카리타스'라는 용어를 접한 그는, 고등학교 시절 아현동 본당에서 활동했던 '애덕회'를 어렴풋이 떠올렸지만, 이후 이 일에 본격적으로 관여하게 되리라고는 예상하지 못했다.

카리타스 설립안 관련 서류를 주시더라고. 그런데 서류만 봐서는 잘 모르겠어서 '어떻게 하면 되느냐'고 물었지. 그랬더니 로마 본부에 요청하면 설립 방법 등에 관한 서류를 받을 수 있다면서 교황대사님을 소개시켜줬어.

최재선 선생은 루이지 도세나(Luigi Dossena) 교황대사를 통해 로마 본부와 연락을 취했고, 외교 행낭을 활용해 서류와 공문을 신속히 주고받을 수 있었다. 이 과정에서 선생은 카리타스가 복지 기구들을 설립해 운영하는 데가 아니라 복지 기구나 단체들의 '조정 기구'라는 점을 명확히 인식하게 되었다. 그러니까 직접 사업을 운영하는 기관이 아니라, 교구 단위나 복지 기구들의 다양한 활동을 총괄협의 조정하는 기구였던 것이다.

선생은 카리타스의 국제 구조에 대해서도 이해의 폭을 넓혀갔다. '카리타스 인테르나치오날리스(Caritas Internationalis)'는 교황청 인준을 받은 세계 카리타스 연합체로, 의사결성은 회원국 총회를 통해 이루어진다. 반면 '꼬르 우눔(Cor Unum)'[5]은 교황청 직속 자선 및 원조 부서로, 교황청 산하 자선단체들 간의 교류와 조정을 담당하며, 원조 기구 대표들의 자문 기구 역할도 수행한다. 한국 카리타스는 이러한 국제 조직 체계 내에서, 한국천주교 주교회의 산하 전국위원회 소속으로 자리매김했고, 각 교구 단위의 카리타스 네트워크로 구성되었다.[6]

---

5 꼬르 우눔은 '한 마음(one heart)'이라는 뜻. 1971년 바오로 6세 교황에 의해 설립되었으며, 정식 명칭은 '교황청 꼬르 우눔 평의회(Pontifical Council Cor Unum).' 이 기구는 가톨릭 자선 및 인도적 활동을 총괄하고 조정하는 교황청 직속 기관으로 활동해왔다. 꼬르 우눔은 2017년 교황청 구조 개편에 따라 폐지되었고, 현재는 '교황청 온전한 인간발전 촉진을 위한 부서(Dicastery for Promoting Integral Human Development)'로 통합되었다.

한국 카리타스의 명칭을 둘러싼 논의에서도 선생은 중심 역할을 하였다. 그는 지학순 주교에게 다수 국가에서 'Caritas Korea' 같은 명칭을 사용하고 있음을 설명하였고, 이에 대해 지 주교는 "왜 라틴어냐"고 반문하며 자국어 사용의 필요성을 제기하였다. 이후 여러 국가의 사례를 듣고 난 뒤, 지학순 주교는 '仁成會(인성회)'라는 명칭을 직접 제안하였다. 이 이름은 '어질 인(仁), 이룰 성(成)'이라는 뜻을 담아 '어질게 이루라'는 의미를 지닌다. 실제로 홍콩은 '명애회(明愛會)', 대만은 '보애회(普愛會)', 필리핀은 '나사(NASSA: National Secretariat for Social Action)' 등 다양한 명칭을 사용하고 있었다. 이처럼 '인성회'가 공식 명칭으로 정해졌고, 국제적으로는 'Human Development Committee', 즉 '인간발전위원회'라는 명칭을 사용하였다.

이후 인성회는 사업 방향과 구조를 교구 및 관련 단체들의 자율성을 존중하면서도 조정과 연계의 중심축 역할을 수행하는 형태로 정립하였다. 직접 복지사업을 운영하는 구조가 아닌, 교구 단위의 실천을 조율하고 지원하는 네트워킹 기구로 자리 잡아갔고, 한국천주

---

6 최재선 선생은 《가톨릭평론》과의 인터뷰에서, 1974년 가을 주교회의 총회에 구제회 후속 기구 설립안으로 자신을 통해 안 몬시뇰이 제출한 카리타스 설립 제안서와 꼬르 우눔 한국지부 제안서가 각각 올라왔고, 주교회의는 이 두 안을 제안한 실무자 두 명을 그즈음 필리핀에서 열리는 아시아 카리타스 대륙회의에 파견하도록 결정했다고 설명했다. 그 뒤 한국 카리타스 설립이 결정되자 구제회는 한국천주교회 공식 기구이므로 구제회가 쓰던 사무공간과 집기를 모두 물려주었다. 지학순 주교는 카리타스의 기초를 마련한 선생에게 함께 일하기를 권하였고, 이렇게 해서 사무국장으로 지 주교와 함께 처음부터 인성회 일을 시작하게 된다. 편집부, 「천주교 사회운동을 지원한 인성회: 한국천주교 주교회의 인성회 전 사무국장 최재선」, 31~33쪽 참조.

교회의 사회사목 체계 안에서 핵심적인 한 축을 담당하게 되었다.

인성회와 사회운동과의 관계

1970년대 후반으로 접어들면서, 인성회는 국내 구호 및 원조 사업의 중심 기구로서 역할에서 점차 그 기능과 방향을 재정립하게 된다. 서구 원조 기구의 지원이 기존의 구호 중심 사업에서 벗어나 농민, 빈민 등 기층 민중의 자조개발 사업과 사회운동 지원으로 활동의 지평을 넓게 된 것이다. 선생은 이 과정을 단순한 구조 변화가 아니라, 구호와 개발, 사회운동, 사회복지를 아우르는 '인간발전(human development)'이라는 하나의 사목적 전망 속에서 통합적으로 이해하였다.

그는 발전이란 단선적 경로, 즉 직접 원조에서 개발, 복지로 이어지는 일직선적 단계가 아니라 각 나라와 지역의 구체적 현실에 따라 상이하게 나타날 수 있으며, 또한 복수의 단계가 복잡하게 얽히고설킬 수 있다는 것을 경험적으로 알고 있었다. 그럼에도 그는 이러한 모든 실천적 차원이 사회사목에 통합되어야 하며, 이를 실현하기 위해서는 인성회와 같은 조직이 각 교구 단위에도 설립되어야 한다고 확신하였다. 교구가 교회의 기본 조직이기에 교구 인성회 설립이 중요했으나 초기에는 설립이 부진하였다.

인성회 일을 하면서 그걸 계속 느꼈다고. 그게 이뤄져야 하는데 안 이뤄지잖아. 조바심 나고, 이거 해야 되는데 왜 안 하나 이런 게 있었지.

근데 가만 보니까 '아 그때는 우리가 정하는 게 아니로구나' 하는 생각이 들더라고……."

선생은 변화의 방향뿐 아니라, 그 변화가 이루어지는 '때', 즉 카이로스적 시간에 대해서도 성찰적 태도를 가졌다. 그에게 있어 조바심이나 당위론이 아니라, 어떤 변화는 인간의 의지나 계획만으로 되는 것이 아니라는 신앙적 인식이 깊이 배어 있었다. 나중에 인성회가 포괄적 사회사목을 지향하던 구조에서 사회복지위원회라는 보다 협소한 틀로 전환되는 과정을 지켜보며 실망을 느끼면서도, 이를 수용할 수 있었던 이유 또한 그와 같은 신앙적 통찰에 있었다.

가톨릭 기층 사회운동과의 관계 설정에서도 인성회는 일관된 입장을 견지했다. 인성회는 운동의 주체가 되기보다 외국 원조 기구와 국내 가톨릭 기층 사회운동 단체를 연결해주는 매개 역할에 집중하였다. 실제로 1970년대 말까지는 외국 원조를 기반으로 한 농민회 등 기층 조직에 대한 지원이 가능했다. 인성회는 신청 주체가 직접 외국 원조 기구에 접근하도록 유도하는 원칙을 세움으로써, 자율성과 주체성을 강화하고자 했다. 이 과정에서 인성회는 자신이 권력의 중심에 서지 않고 조정자 역할에만 충실하고자 했다.

이게 무엇을 의미하느냐 하면, 인성회는 권력을 소유하고 싶지 않다는 얘기야. 만약 인성회를 통해서 하면, 인성회가 권력기관이 돼.

이러한 원칙은 외국 원조 기구들의 입장에서도 신뢰를 얻는 요인이 되었다. 과거에는 한국 내에 신뢰할 만한 공신력 있는 창구가

1979년 5월 25일, 제9차 카리타스 총회 한국카리타스(인성회) 정회원 인준 총재 지학순 주교, 사무국장 최재선.

없어 지원 결정에 어려움을 겪는 경우가 많았지만, 인성회 출범은 이러한 공백을 해소해주는 환영할 만한 변화였다. 이에 따라 인성회는 단체의 직접적인 요청을 중시하면서, 외부 기관의 요청이 있을 때만 평가와 추천 기능을 수행하는 구조를 유지하였다. 네덜란드의 '세베모(Cebemo)', 독일의 '미제레오르(Misereor)' 그리고 '아시아개발협력체(APHD)' 등은 인성회를 통해 교회의 대표성과 신뢰할 수 있는 평가를 확보할 수 있었다.

교회 사회운동 단체와의 관계도 명확히 구분되었다. 예컨대 농민회나 도시빈민회 등과 같은 기층 민중 조직에 대해서는 인성회가 처음부터 농민운동과 빈민운동으로 인정하고 그러한 관점에서 지원을 아끼지 않았지만, 원조 기구를 통한 간접 지원에 머물렀다. 반면 일반 인권운동이나 시국 관련 사회운동에 대해서는 인성회 역할의 한계를 보다 분명히 했다. 선생에 따르면, 그것은 인성회 영역이 아니라 다른 조직이나 주체, 또는 정의평화위원회 같은 기구의 몫이었다.

> 인성회는 그 일을 하는 데가 아니야. 그건 무슨 단체나 조직에서 할 일이지. 인성회가 주교회의 공식 기구인데 사회운동을 직접 하는 건 안 되는 거지.

이러한 일관된 입장과 함께, 인성회는 1970년대에서 1980년대 후반에 이르기까지 한국교회 내 기층 사회운동의 기반을 형성하고 지원하는 데 적극적이었다. 인성회의 사회운동 지원은 세 방향으로 구체화되었다. 첫째는 교회 내 사회운동의 정체성을 명확히 하기 위한 신학적, 사목적 기반을 마련하는 것이다. 사회운동이 사회사목의 일부라는 인식을 심화시키기 위해, 해외의 풍부한 자료들을 번역 및 출판하고, 연수회, 묵상회, 피정 프로그램을 마련해 활동가들이 활동뿐 아니라 학습과 기도에 집중할 수 있는 시간을 제공하였다.

둘째는 '네트워킹' 방식으로, 전국에서 산발적으로 이루어지던 운동들을 분야별로 전국 협의체 형태로 조직화하도록 안내하고 조정하는 것이었다. 인성회는 조정 기구의 성격에 충실해 각 단체의 자율성을 존중하면서도, 전국적 협의의 틀을 만들 때 격려자이자 동반자 역할을 하였다. 이때 구성된 분야별 전국협의체는 주교회의의 공식 인준 여부와 관계없이, 인성회 전국위원회 교구 대표들과 함께

위원으로 활동할 수 있었다.

셋째는 사회운동에 대한 재정적 지원이었다. 인성회는 직접적인 사업 수행보다, 외국 원조 안내 및 지원을 통해 교회 내외의 다양한 사회사목 단위들이 지속적인 활동을 펼칠 수 있도록 물적 기반을 마련해주는 데 주력하였다.[7]

교회와 국가의 협력–필요성과 그 함정

선생은 사회복지 실천 과정에서 교회가 정부와의 관계를 어떻게 설정해야 하는지 명확한 기준이 필요하다는 점을 깊이 인식하게 되었다. 특히 가톨릭 사회사목이 국가 권력과 어떻게 협력하거나 거리를 두어야 하는지에 대해 오랜 현장 경험과 성찰을 통해 비판적 통찰을 쌓아왔다. 그는 선진 복지국가들처럼 교회와 정부가 사회복지 영역에서 긴밀히 협력하는 체계는 이상적 모델이지만 한국을 포함한 아시아 대부분 국가에서는 그러한 구조가 아직 제도적으로 정착되지 못했다고 진단했다.

1970~1980년대 인성회 활동 당시를 회상하면서, 그는 당시 한국교회 안에 팽배했던 정부에 대한 근본적인 불신과 조심스러운 태도를 언급했다. 이는 단지 신중한 태도에서 비롯된 것이 아니라, 권력구조 안에서 교회가 종속되거나 수단화될 수 있다는 현실적 우려에서 비롯된 방어적 입장이었다.

---

7 최재선, 「교황청 인간발전성과 한국 인성회」, 《가톨릭평론》 제6호(2016년 11-12월), 119~120쪽 참조.

교회가 두려워했던 것 중 하나는 아마도 '정부와 협력은 있을 수 없다'는 것이었는데, 왜냐면 정부와 협력관계를 갖게 되면 나중에는 상하 주종 관계가 된다고 봤기 때문이 아닌가 생각이 든다고. 정부가 권력을 갖고 있다는 말은 결정권을 갖고 있고 자기 일을 하는데 결국 교회를 이용하는 것밖에 안 되지 않을까 하는 우려가 사실 있었던 거지.

그럼에도 선생은 홍콩 카리타스를 비롯해 유럽 복지국가들의 사례를 접하면서, 교회와 국가 간 협력이 실질적인 복지 성과로 이어질 수 있다는 점을 확인했다. 특히 수백 개 시설이 영국 총독부의 재정 지원을 바탕으로 운영되던 홍콩 카리타스의 사례는 그의 인식에 중요한 전환을 가져왔다. 이후 그는 한국사회에서도 일정 수준의 교회-정부 협력이 필요하다는 쪽으로 입장을 정리해나갔다.

하지만 시간이 지나면서 그는 당시 자신의 판단이 다소 '순진했다'는 반성을 하게 되었다. 실제로 한국 정부와의 협력은 종종 교회의 사회복지 사도직의 자율성과 신앙적 정체성을 훼손하는 방향으로 작용했으며, 그 결과 교회가 고유의 사목적 방향을 유지하지 못한 경우도 있었다고 평가한다.

근데 내 생각이 어리석었어. 정부와의 관계 때문에 지금 교회의 사회복지가 쭈그러들고 있다고. 원하지 않는 것을 정부가 요구할 수도 있고, 또 그렇게 하다 보면 교회의 방향과 맞지 않는 일도 많이 하게 돼.

그는 이러한 인식을 바탕으로, 정부와의 협력이 단순히 예산 확보 문제로 환원되어서는 안 되며, 교회가 어떤 신학적·사목적 기준을 갖고 이 관계를 설정할 것인지에 대한 깊은 고민이 선행되어야 한다고 생각한다.

예컨대 IMF 외환위기 이후, 서울시가 종교 창구를 신설하며 교회와 정부 간 협업이 공식화되었지만, 이는 어디까지나 자율적인 파트너십이라기보다 정부 자금의 수혜 조건에 따른 종속적 구조로 변질된 측면이 있었다. 특히 사회복지 전문성이 부족한 공무원들이 현장의 필요나 맥락을 고려하지 않고 정치적, 행정적 기준에 따라 자원을 배분함으로써, 복지 실천이 왜곡되거나 방해되는 현실을 비판적으로 바라보았다.

이러한 경험을 바탕으로 그는 교회가 정부와 협력하더라도, 반드시 자율성과 비판적 거리를 유지할 수 있는 신학적이고 사목적인 기준이 필요하다고 강조한다. 교회가 단순히 재정 지원의 편의에 매몰될 경우, 사회사목의 정체성과 존재 이유 자체를 상실할 위험이

1983년 아시아주교단 한국 현장체험. 판문점 방문. 가운데 노기남 대주교.

있다는 것이 그의 근본적인 문제의식이다.

사회사목의 두 중심축과 인성회의 변화

선생은 '사회사목'이라는 용어를 처음 사용하면서 그 개념을 정립해가는 과정에서, 가톨릭교회 내의 두 주요 실천 기구인 카리타스(인성회)와 정의평화위원회(정평위)를 사회사목의 양대 축으로 구분하였다. 정평위는 인권, 민주화, 정의 문제에 집중하는 조직으로, 인성회는 기층 민중 조직에 대한 경제적 및 제도적 지원을 중심으로 활동하는 기구였다. 선생은 이 두 조직의 역할이 혼재되거나 중첩되는 상황에 대해 일관되게 부정적인 입장을 유지하였다.

정평위 영역과 카리타스 영역은 구분되는 거지. 그걸 섞으면 안 되는 거지. 카리타스가 정의평화위원회에 관련된 일을 하는 것만큼 안 맞는 거라고. 마찬가지로 정의평화위원회가 카리타스와 관련된 일에 관여하는 게 안 맞는 것처럼 말이지.

다만, 그는 이 구분이 결코 고정되거나 배타적인 원칙은 아니라는 점 또한 경험적으로 잘 알고 있었다. 실제로 해외 각국의 카리타스 사례를 살펴보면 국가별로 편차가 컸으며, 일부 유럽 국가들에서는 사회운동 지원까지 카리타스의 업무 범주에 포함되었다.[8] 다른

---

[8] 캐나다 카리타스는 사회운동을 '지원'하는 것뿐만 아니라 직접 '참여'한다. 1967년 창립된 호주 카리타스의 공식 이름인 '발전과 평화-캐나다 카리타스(Development

국가들에서는 긴급구호, 개발 원조, 교육 지원 등으로 세분화되었다.

반면, 한국의 경우 카리타스를 통한 사회운동 지원은 '보조성의 원리(principle of subsidiarity)'[9]에 철저히 따라야 했다. 그 역할은 직접 수행이 아닌 중개 혹은 매개를 통한 경제적, 제도적 지원에 국한되었다. 인성회가 수행할 수 있었던 실질적 역할은 연수회 개최, 교육자료 배포, 사업 평가 지원 등 비물질적 기여에 가까웠다.

그러나 1980년대 후반부터 복지 영역의 중요성이 부각되면서, 각 교구는 자율적으로 사회복지위원회를 설치하기 시작하였다. 이에 따라 인성회 기능은 원조, 개발, 사회운동 중심에서 '사회복지' 중심으로 전환되었다. 선생은 지학순 주교가 인성회를 담당하던 시절을 회상하며, 당시에는 공식 단체나 비인가 단체의 구분이 없었다고 한다. 이러한 체계는 교회 내부의 사회적 민감성, 즉 '민중과의 접촉면'을 유지하는 데 중요한 기능을 수행했다.

& Peace-Caritas Canada, DPCC)'는 제2차 바티칸 공의회와 바오로 6세의 회칙 「민족들의 발전」(1967)에서 영감을 받아, 1967년 캐나다 주교회의에 의해 설립되었다. DPCC 활동가 딘 디틀로프(Dean Dettloff) 박사에 따르면, 현재 DPCC는 34개국에서 78개의 현지 파트너 네트워크를 통해 주로 지구 남반부(global south) 지역의 개발과 평화 영역에서 활동하고 있다. 딘은 DPCC가 주교회의에서 만들어진 것이지만 1967년 총회 때부터 평신도가 의장으로 선출되어 평신도 중심으로 논의, 계획 수립, 활동이 이루어지고 있다고 설명했다. 이런 호주 카리타스의 경우는 최재선 선생이 규정한 카리타스의 활동 영역과 범주와는 다른 사례로 보인다. 딘 디틀로프, "진정한 시노드 교회의 가능성-평신도 중심의 캐나다 카리타스의 사례", 우리신학연구소 '우리함께 줌세미나'(2024.11.7) 참조.

[9] 보조성은 인간 존엄, 공동선, 연대성과 함께 '가톨릭 사회적 가르침(Catholic social teachings)' 또는 '사회교리'의 원칙 내지는 원리(principle) 가운데 하나다. 선생은 두 차례의 인터뷰에서 사회사목의 이론 또는 수행을 설명하면서 연대성보다도 자율성과 보조성을 특히 강조했다.

그게 축소가 아니야. 구호에서 개발로, 또 사회운동에서 그다음에 복지로 나아가는 변화인 거지. 원조를 받다가 10년도 안 돼서 외국 원조까지 갈 만큼 한국교회가 아주 극적으로 빨리 변화했거든.

한편 인성회는 사회운동 단체들과의 간접적 참여 구조도 모색하였다. 예컨대 농민회, 노동사목 협의회, 도시빈민사목 협의회 등 분야별 협의체 구성과 활동을 장려하였고, 이들 단체가 교회에 제안서를 제출할 수 있게 교량 역할을 수행하였다. 특히 공식 인준 단체가 아니어도, 인성회를 통하면 주교회의와 접촉할 가능성이 열려 있었다는 점은 인성회가 지닌 중요한 제도적 성과 중 하나였다.

비인준 단체인데 안 받아들일 거라고 생각하지만, 비인준 단체도 받아들일 수도 있는 거예요. 주교들을 설득할 수 있고 인성회를 통할 수도 있는 거지.

그러나 1990년대 이후 한국 사회운동의 위축과 교회 내부 구조의 변화가 동시에 진행되면서, 이러한 제안과 연결의 통로는 점차 소멸되었고, 교회 내부에서도 인성회의 그런 중개적 역할에 대한 인식은 희미해져 갔다.[10] 그럼에도 선생은 이 통로가 한때 분명히 존재

---

10 성직자, 특히 주교와 평신도 사회운동 단체 사이의 소통이나 통로의 마련은 성직주의의 공고화에 따른 성직 구조의 수직계열화로 말미암아 더욱 어려워졌다. 이미 주교회의는 1978년 전국평협, 가톨릭농민회, 가톨릭노동청년회, 꾸르실료협의회, 가톨릭대학생회 등의 단체들을 '전국 기구가 아니라 교구단위로 환원하며 전국기구로서의 명칭과 운영을 폐지한다'고 결정한다. 평협의 강한 저항에 부딪치자 해체안은 상정을 보류하기는 했지만, 그 뒤로도 이 기구들을 축소하려는 시도가 계속되었고,

했음을 강조하며, 오늘날에도 단순한 비판이나 회고에 머무르기보다 공적 소통 구조를 다시 창출하려는 노력이 필요하다고 강조한다.

'한마음 한몸 운동'의 기초 정립

한마음 한몸 운동 출범에도 선생이 깊이 관여했다. 세계 성체 대회를 준비하던 당시, 장익 신부가 실무 총책임을 맡았고, 그는 이미 '한마음 한몸'이라는 이름의 기구 설립을 구상하고 있었다. 장 신부는 평소 함께해온 인사들을 불러 실무 논의를 시작했고, 그중에는 선생도 포함되었다. 오태순 신부는 초기부터 실질적인 운영 책임자로 지명되었고, 그는 오 신부에게서 운동의 기초 개요서를 작성해달라는 요청을 받았다.

> 오태순 신부가 당시 천호동 본당에 있었는데, 하루는 나를 자기 방으로 끌고 가더니 종이하고 펜 주고 '한마음 한몸 운동이 뭔지에 대해 그걸 일반 신자들한테 알려줄 수 있는 개요서를 하나 쓰라'고 하는 거야. 그 자리에서 말이지. 그러더니 그냥 나가버리더라고.

선생은 별다른 사전 설명이나 회의 없이, 즉석에서 운동의 기본 개념과 방향을 담은 문서를 작성해야 했다. 그는 꼼짝없이 약 3시간 동안 그 자리에 앉아 개요서를 썼다. 이 문서는 이후 수정이나 검토

1987년에는 전국평협과 농민회의 잠정적 활동 중지를 결정했다. 성염, 「교계제도와 신도의 신원」, 《신학전망》 제107호(1994), 82~84쪽 참조.

과정을 거치지 않은 채 곧바로 인쇄되어 배포되었고 결과적으로 한마음 한몸 운동의 공식 문서가 되었다.[11]

선생은 한마음 한몸 운동 초기에 실질적인 총무 역할을 맡아 운동의 기초 운영을 책임졌다. 그는 주간에는 인성회 사무국장으로서의 업무를 수행하고, 퇴근 후에는 명동에 위치한 한마음 한몸 운동 사무실로 이동해 저녁 늦게까지 일하였다. 한편, 당시 오태순 신부는 한마음 한몸 운동 공식 출범을 앞두고, 다양한 직업군에서 전문성을 갖춘 평신도를 모집해 이들의 자발성과 헌신을 최대한 끌어내는 방향으로 운동을 조직하고자 했다. 이 평신도들은 의료, 법률, 행정, 교육 등 각기 다른 분야의 실무 능력을 가진 이들이었으며, 이들은 이른바 '평신도 군단'을 형성해 한마음 한몸 운동의 현장 실행에서 매우 높은 수준의 실무력을 발휘하였다.

사회복지 10년 만에 해외 원조로

최재선 선생은 한국 카리타스가 외국으로부터 원조를 받던 시기를 지나, 스스로 해외 원조를 시작하게 된 계기를 생생하게 회고한다. 1980년대 중후반, 그는 세계 카리타스 총회에 참석하면서 국제 원조의 흐름을 체감하게 되었다. 이 경험을 통해 "언젠가 한국도 원조하는 나라가 되어야 한다"는 방향성을 내면화하게 되었다.

---

[11] 그는 세계성체대회 이후 1989년에 발족한 '한마음 한몸 운동'이 한국교회 내에서 체계를 갖추고 해외원조사업을 본격 시작한 출발점이라고 본다. 최재선, 「교황청 인간발전성과 한국 인성회」, 174쪽 참조.

우리 한국도 언젠가는 저 친구들처럼 외국 원조를 해야 되겠구나……
그런 걸 예견하고 있었고, 해서 80년대 중후반에 실험적으로 몇 번 해
봤지.

그 시기 선생은 실험적으로 해외 구호 및 원조 활동을 제안하고 실행에 옮기기 시작했다. 특히 1980년대 중반 이후 해외에서 발생한 대규모 자연재해―지진과 화산 폭발 등―을 계기로,[12] 그는 국내 교구에 공문을 보내 국제 카리타스를 통한 해외 구호 참여를 공식적으로 제안했다. 예상외로 여러 교구로부터 호응이 있었고, 세 차례에 걸친 모금 활동을 통해 상당한 재원을 확보할 수 있었다. 이를 계기로 그는 한국 가톨릭교회가 국제적 연대와 지원을 수행할 준비가 충분히 되어 있다고 판단하였다.

이후 그는 한국 주교회의 사회복지위원장 박석희 주교가 지학순 주교 후임 위원장에 임명되었을 때 국제 카리타스 세계 총회에 동행하게 된다. 이 총회에 참석한 3명의 아프리카 지역 주교가 박 주교에게 서울 올림픽과 이듬해에 열린 세계성체대회를 언급하며, "한국이 경제적으로 대단히 발전했는데, 한국 카리타스가 우리를 도

---

[12] 『한국 천주교 사회복지 백서』에 따르면, 1980년대 중반부터 간헐적으로 해외 원조를 시작했는데, 특히 1984년 아프리카 에티오피아에 대기근이 발생했을 때, 인성회에서 1억 3,000여만 원을 지원했다. 멕시코 지진, 필리핀 지진, 콜롬비아 화산 폭발, 방글라데시 대홍수 등 1992년까지 약 6억 원에 달하는 액수를 해외에 원조했다. 이와 관련해 최재선, 「제6장 교회 사회복지 활동으로서 해외 원조」, 『한국 천주교 사회복지 백서』(한국천주교 주교회의 사회복지위원회, 2001), 174쪽. 「사설: 한국카리타스인터내셔널 설립 50주년을 축하하며」, 《가톨릭평화신문》 2025.1.25. 이 사설에 따르면, 1975년 인성회(仁成會)로 출발해 1993년 한국교회 공식 해외 원조 업무를 시작했으며, 32년 동안 775억 원을 해외 원조 기금으로 썼다.

1991년 로마 국제 까리따스 총회 고 박석희 위원장 주교님과.

와줄 수 있는가"를 물었다. 이 예상치 못한 요청은 귀국 후 곧바로 후속 논의로 이어졌고, 박 주교는 교구 대표자 회의를 소집해 해외 원조를 정식 안건으로 상정하였다. 회의에 참석한 대표 사제들은 이 안건에 대해 높은 관심과 지지를 보였고, 논의는 만장일치로 통과되었다.

당시 회의 장소로 준비되었던 유성온천의 고급 호텔을 인근 여관으로 급히 변경한 일화[13]는, 카리타스가 지향하는 '가난 정신'을 지키기 위

---

[13] 선생은 인성회 초반기부터 함께 근무해온 한현으로부터 회의 장소가 호텔로 이미 예약이 된 것을 알고 '가난한 사람들을 위해 일하는 기구가 어떻게 호텔에서 회의를 하느냐'는 항의를 받았다고 기억한다. 그는 이 인터뷰에서 한현에 대해 '영어 번역을 아주 잘하는', '가난 정신에 투철한', '아주 귀하고도 중요한 내용을 담은 소책자를 눈에 띄거나 화려하지 않게, 소박하게 만들기를 잘하는' 사람으로 묘사한다. 선생은 한현과 함께 사회교리 문헌, 국제 카리타스 관련 문헌, FABC 사회행동주교연수(BISA) 자료, 사회적 영성과 관련된 영문 자료 등을 번역해 핵심을 요약하고 쉽게 풀어낸 자료를 펴냈다. 또한 1987년부터 '천주교 민족자주 생활운동'을 표방하는 《하나되어》라는 정기 소식지를 펴냈고, 한현은 인성회를 떠난 후에도 개인적으로 그 정신을 담은 《참사람 되어》라는 부정기 간행물을 발간했다. 이와 관련해서는 편집부, 「천주교 사회운동을 지원한 인성회: 한국천주교 주교회의 인성회 전 사무국장 최재선」, 37~38쪽 참조.

1995. 르완다 난민촌 키발리사 캠프 방문 최기식.

한 선택이었다. 회의 진행을 위해 UN기구의 홍보 영상 자료까지 준비하여 설득력을 높였으며, 회의 결과 한국 주교회의는 사회복지주일 헌금을 해외 원조에 사용하자고 공식 결정하였다. 이는 한국교회가 본격적으로 '주는 교회'로 전환하게 되는 상징적 조치였다.

이와 동시에 인성회 사무실 운영비는 사회개발 및 사회운동 단체들에 대한 평가와 보고 업무를 수행한 대가로, 미제레오르(Misereor) 같은 해외원조 기관으로부터 계속 지원을 받았다. 이러한 구조는 단지 사무국의 생존을 위한 예산 확보 차원을 넘어, 국제적 신뢰와 협력 기반 위에서 한국교회가 자립적인 사회사목 주체로 성장했음을 보여주는 지표였다. 이러한 흐름 속에서, 한국 카리타스는 '원조를 받는 교회'에서 '원조를 주는 교회'로 전환하기 시작했으며, 이는 훗날 홍콩 카리타스의 캐시 젤버거(Kathi Zellweger)의 주도와 협력 아래 북한에 대한 인도적 지원으로도 이어졌다.

북한 원조와 홍콩 카리타스의 캐시 젤버거

1995년 북한의 대홍수를 계기로, 한국 가톨릭교회 내에서 북한을 향한 인도적 지원이 본격적으로 논의되기 시작했다. 그 출발점은 그해 5월, 로마에서 열린 카리타스 국제총회에서 비롯되었다. 이 회의에 참석한 최재선 선생은, 그 자리에서 홍콩 카리타스 회장 신부로부터 국제부장 캐시 젤버거가 이미 그해 4월 북한을 방문하고 돌아왔다는 소식을 접하게 되었다. 이는 한국과 북한 간 교류가 전무했던 당시 상황을 고려할 때 매우 놀라운 일이었다.

대홍수가 나자 제네바 주재 북한 외교관은 직접 국제 카리타스와 접촉하였다. 북한 측은 공식 국가 채널이 아닌 인도주의 협력 통로로 카리타스를 선택했고, 지리적·정치적 여건상 홍콩 카리타스가 그 첫 접촉의 책임을 맡았다. 당시 국제부장으로 파견된 캐시는 스위스 출신으로, 국제 카리타스 본부가 중국과 향후 관계를 염두에 두고 홍콩에 배치한 인물이었다. 그녀의 외교 감각과 사교적 역량, 그리고 홍콩의 특수한 정치적 지위가 맞물려 북한 방문이라는 돌파구가 열린 것이다.

이후 한국천주교 주교회의 사회복지위원회 위원장이었던 박석희 주교 지시에 따라, 위원회 사무총장 최기식 신부와 선생은 홍콩을 방문해 캐시 젤버거를 직접 만난다. 캐시의 보고 내용과 활동 경과는 한국 측에 깊은 인상을 남겼다. 이를 계기로 한국 카리타스도

대북 인도적 지원에 참여할 수 있는 가능성을 적극적으로 모색하게 되었다.

그래서 북한을 지원할 수 있는 조그만 틈 사이가 생겼지. 그렇게 해서 하여튼 우리도 해외원조를 시작해보니까 북한 원조도 할 수 있겠다는 생각이 들게 된 거지.

이후 국제 카리타스 로마 본부의 아시아 담당 신부는 선생에게 직접 전화로 연락하여, 공식 채널이 아닌 비공식 통로를 통한 소통을 요청했다. 이는 당시 한국 내의 정치적 긴장 상황과 통신 도청에 대한 우려 때문이었다. 이에 그는 주교의 지시를 다시 확인한 후, 외부 감시를 피하고자 다른 팩스 번호를 제공하고 한국 측의 지원 참여 의사를 전달하였다.

이후 한국 카리타스는 대북 인도 지원 사업의 공식 주체가 되었으나, 실제 사업의 실행은 홍콩 카리타스가 담당했고, 캐시 젤버거가 실질적인 책임자로 활동하였다. 그녀는 수년간 북한을 오가며 신뢰를 쌓았고,[14] 북한 외무성과 긴밀한 협조를 통해 국제 카리타스의 원조가 가능해졌다. 특히 당시 북한 외무성이 '큰물 피해 대책위원회'

---

[14] 캐시 젤버거는 1995년부터 북한 인도적 지원 활동 시작하고 이후 10여 년 동안 50회 이상의 북한 방문을 통해 고아, 임산부, 수유모, 노인 등을 위한 식량, 의료, 농업 프로그램 지원을 주도했다. 이와 관련해 "ASIA/NORTH KOREA – Ten years of aid for the most vulnerable, children, pregnant and nursing mothers, the elderly in the Democratic Peoples Republic of Korea: Caritas feeds the hungry and strives to guarantee food security", *Agenzia Fides*(Monday, 7 March 2005) 참조.

를 주도하면서 외국 NGO 및 교회 단체와의 협력 창구 역할을 하였고, 이 채널을 통해 교회의 대북 인도 지원도 구체화될 수 있었다.

이후 선생은 지학순 정의평화상 재단 이사 자격으로 캐시 젤버거를 수상 후보로 추천했고, 결국 그녀는 정의평화상을 수상하였다. 캐시 역시 이를 흔쾌히 받아들였으며, 이는 국제 카리타스 내부에 별도의 포상 제도가 존재하지 않았기에, 한국교회 차원에서 감사의 표시이자 상징적 행위로서 의미가 컸다.

'사회복지관 꼰대'의 꿈: 가난한 이들의 교회

1990년대 후반, 한국 사회복지 분야에서 '전문성' 담론이 확산되자, 선생은 그 흐름에 대해 우려를 표했다. 사회복지사 자격증 중심 제도가 강화되면서, 그는 오랜 현장 경험을 지닌 이들이 복지 체계에서 배제되는 현실을 목도하게 되었다. 어느 날, 양로원에서 평생 봉사해온 수녀가 자격증이 없다는 이유로 더는 일을 하지 못하게 되는 게 아니냐 물었을 때, 그는 다음과 같이 답했다.

수녀님 자격증 이미 받으셨잖냐. 그분한테! 평생 했으면 그 이상의 자격증이 없어요. 그건 하느님이 주신 자격증이에요.

자격증을 기준으로 신자가 아닌 인력이 복지 현장에 대거 유입되자, 그는 복지 현장에서의 교회적 신원과 복음적 헌신성이 훼손될 수 있다는 위기의식을 느꼈다. 일산 사회복지관 운영위원으로 참여했을 당시에도, 그는 가난한 이들에 대한 실질적인 관심과 실천이 부족한 현실을 마주했고, 소외된 이들을 중심에 두지 않는 복지 시스템에 회의를 품고 운영위원직을 스스로 사임했다.

> 교회에서 운영하는 복지관은 가난한 사람을 '찾아나가는 복지'를 해야 하거든. 그런데 그렇게 하는 게 아니라 책상머리에 앉아서 이상한 데다가 돈을 쓰더란 말이야. 얼마 전까지 지역 복지관에서 복지 자문위원으로 일을 하면서 그런 얘기를 했더니 싫어하고 심지어 거부하더란 말이지. 내가 생각하는 복지와 생각이 다른 거야. 그래서 그날부로 사임을 했어. 원래 복지라는 게 가난한 사람을 위해서 하는 일인데, 이제 모든 사람을 위한 복지라고, 명분은 그렇지만 내가 볼 적에는 가난한 사람들에게 관심이 없어졌어. 이제 대통령 바뀌고 민주당으로 정권이 바뀌었지만, 그 아래 수천수만 공무원의 의식이 바뀌지 않으면 어렵나 고 봐.[15]

선생은 자신이 살아온 길을 '30년을 가난한 이들과 함께해온 길'로 회고하였다. 유년기부터 가난을 체험했으며, 그 기억은 가톨릭 교리의 핵심인 이웃 사랑의 실천과 자연스럽게 연결되었다. 1975년 인성회 설립과 함께 열린 첫 교구 대표자 회의에서는 사순절 운동을 정식 안건으로 상정하였고, 모든 교구가 이를 만장일치로 지지함으로써 카리타스의 정체성과 실천이 본격화되었다. 이후 1992년 해외 원조가 시작되면서 그는 사명의 정점을 맞이하게 되었다.

---

[15] 제2차 인터뷰. 직접 인용.

그는 삶의 궤적을 따라 '가난한 이들의 교회'라는 본래의 비전을 회복할 필요가 있다는 점을 거듭 강조했다. 복지제도의 형식이나 제도적 외피보다 더 중요한 것은, 교회가 여전히 가장 어렵고 소외된 이들의 곁에 있는지를 성찰하는 것이어야 한다고 보았다.

가난과 그리스도교 영성[16]

선생은 그리스도교 영성을 단지 개인의 내면적 차원에만 한정하지 않고, '시대적 징표'를 읽고 그에 마땅하고 올바르게 응답하는 개인적, 공동체적 신앙으로 이해한다. 그는 하느님의 영에 민감하게 깨어 있고 그에 응답하는 영성이 필요하다고 본다. 이러한 영성을 아시아 교회와 FABC에서 강조하는 신앙 실천 과정에서 드러

---

[16] 제2차 인터뷰, 2025년 6월 12일 경기도 일산 정발산역 인근 카페. 인터뷰어 황경훈. 최재선 선생은 2009년경 우리신학연구소 산하 '아시아신학연대센터'(현 아시아평화연대센터) 프로그램의 하나로 필자가 박세철 부제(현 한국 외방선교회 사제)와 시작한 '아시아교회 공부모임(아공모)'의 초창기 멤버로서 10년 가까이 함께 아시아 교회에 대해 공부했다. 특히 인터뷰에도 몇 차례 등장하는 아시아주교회의연합회(FABC) 총회 문헌과 FABC '사회행동 주교연수(BISA)'를 비롯해 다양한 주교연수 관련 문서, 아시아 신학자들의 신학 서적을 공부했다. 참가자로는 선생을 비롯해 평신도로는 이미영과 경동현, 이준혜, 송현이, 홍태희, 노주현, 황미경, 정준교, 엄재중 제씨와 김숙희 수녀, 그리고 사제로는 순교복자성직수도회의 김성 및 김규상 신부와 베네딕도회 이연학 신부 등이다. 2020년 *Asia's Dynamic Local Churches Serving Dialogue and Mission*(James Kroeger, 2014)을 마지막 책으로 아공모는 공부모임을 정리했다. 당시 참가자들은 아시아 교회 문서들, 특히 FABC 문서들에 등장하는 인사들이 선생의 입에서 호명되고 이들과 얽힌 경험을 생생하게 듣는 기쁨을 누렸다. 이 자리를 빌려 참가자 전체를 대신해 선생에게 감사의 마음을 전한다.

나는 것으로 이해하는데, 즉 현실 분석과 그에 대한 성경과 사회교리를 바탕으로 한 신학적 성찰과 식별, 또 그것을 바탕으로 한 실천의 순환적 과정에서 체득되는 것으로 본다.[17] 그는 하느님의 영에 깨어 있지 않은 운동은 일반적인 사회운동과 다를 바 없다면서, "끊임없이 성령에 깨어 있고, 복음의 가르침을 따라 활동할 때 우리 신원이 확실해진다"[18]고 강조한다. 그 복음의 가르침의 핵심, 즉 그리스도교 신앙과 영성의 핵심을 '하느님 사랑과 이웃 사랑, 특히 가난한 이들에 대한 사랑'에서 찾는다. 그러나 고통받고 가난한 이들을 불쌍하고 측은히 여기며 심지어 '애간장이 끊어지는 아픔이 없기에 이런 이웃들을 외면한다'고 지적하고, 우리에게 그런 사랑이 없기에 연습을 통해 배울 필요가 있다고 제안한다. 곧 사랑은 연습을 통하여 배워가는 것, 즉 애덕(Caritas)의 실천이 필요하다면서 그 공동체적 실천 방안을 가난한 이들에 대한 구호 – 자조개발 – 사회운동 – 사회복지의 비전을 통해 제시한다.[19]

선생은 "가난의 문제나 가난한 사람에 대해서는 성경이나 교회

---

[17] 선생은 이 사목 방법론을 FABC에서는 '사목적 나선순환(pastoral spiral)'이라는 이론과 실천이 통합된 '아래로부터의' 경험론적 방법론으로 소개한다. 이와 관련해 편집부, 「천주교 사회운동을 지원한 인성회: 한국천주교 주교회의 인성회 전 사무국장 최재선」, 37쪽 참조. 이와 더불어 그는 '현징체험(exposure)'과 '현장생활체험(immersion)' 같은 FABC 교육 방법론도 인터뷰에서 여러 차례 강조한다. 선생이 1주일 동안 마닐라의 '쓰레기더미 마을'에서 그곳 주민들과 똑같이 생활하다가 파견 미사 때 겪은 '신앙이 새로워지는 세례와 회심의 체험'은 이런 현장생활체험에 말미암는다. 편집부, 「천주교 사회운동을 지원한 인성회: 한국천주교 주교회의 인성회 전 사무국장 최재선」, 32쪽 참조.
[18] 같은 글.
[19] 최재선, 「우리의 이웃은 누구인가」, 《사목》 제213호(1996년 10월호), 16~19쪽 참조.

전통, 또 교회 문서 어디에서나 찾을 수 있다"면서, 그리스도교 영성은 이러한 자선적 구호, 개발적 접근, 구조적 개혁, 사회복지의 실천을 다 포괄하지만 나라나 지역이 처한 상황에 따라 달리 구현된다고 설명한다. 그는 언젠가 한 인도 주교가 자신에게 한 말이 기억난다면서, 교회가 아무리 도움을 많이 준다고 해도 '빈곤이라는 큰 대양의 물 한 방울'에 지나지 않으니 할 수 있는 만큼만 하자고 한다. 그러니까 힘닿는 데까지 하는 것이지 꼭 돈을 많이 모금해서 도와준다고 잘하는 것만은 아니지 않냐는 얘기다. 그래도 가난한 이들이 있으면 가진 자들은 도와야 하고 가난한 이들은 도움을 받는 것이 두 당사자 간의 권리이자 의무라는 생각은 저버릴 수 없다고 한다. 이를 국가 차원으로 넓혀도 마찬가지인데, 한국처럼 물질적 성장을 이룬 나라와 교회에 가난한 나라들이 그 물질적 부를 나눠달라고 하는 요구는 '적선해 달라'는 동정 차원이 아니라 정당한 권리이고, 한국 정부와 교회는 마땅히 나눠줄 의무가 있다는 것이, 그가 인성회와 사회복지위원회에서 평생 활동하면서 지켜낸 원칙이었다.[20]

    선생은 2000년대에 들어서는 가난과 관련해 다른 상황이 펼쳐지고 있다고 본다. 곧 가난한 이들은 점점 더 보이지 않게 된 잊혀진

---

[20] '가난한 이들이 부의 분배를 요구하는 것은 권리'라는 최재선의 주장은 사목헌장에 바탕한다. 즉 "가난한 이들에게 쓰고 남은 것만을 주지 말고 참으로 가난한 사람들을 도와야 할 의무를 지니고 있다. 극도의 궁핍 속에 사는 사람은 다른 사람의 재산에서 자기에게 필요한 것을 취득할 권리를 가진다. …… 굶주림으로 죽어가는 사람에게 먹을 것을 주어라. 주지 않으면 그대가 죽이는 것이다."(「사목헌장」 69항) 최재선은 자신의 말과 글에서 이 항을 자주 인용한다. 최재선, 「받던 교회에서 주는 교회로」, 《경향잡지》 1993년 1월, 19쪽; 편집부, 「지상토론: 1993년에 한국천주교회는…」, 《사목》(1992), 64쪽; 최재선, 「300원이 뭡니까?」, 《경향잡지》 2000년 1월, 135쪽.

사람들 혹은 숨겨진 존재가 됐다고 보는 것이다. 얼마 전만 해도 가난한 사람들을 보고 또 직접 만나고 할 수 있었는데 이제는 보이지 않는다는 것이다.

그런 의미로 보면 오늘날 '시대의 징표'는 사라져가는 '숨겨져 있는 가난한 사람들, 그들을 찾아 나서는 일'이라고 보여. 눈을 돌려야 밖으로. 우리나라만이 아니라 가난하고 전쟁으로 고통받는 사람들, 저 우크라이나나 팔레스타인 사람들이 고통을 받고 있잖아. 그건 미디어에서 보여주니까 '아, 저 사람들이 가난하고 고통받고 죽어가는구나' 하고 알게 되지만, 다른 많은 가난한 사람들은 보이지가 않아. 숨겨져 있는 거지. 이런 사람들을 찾아내는 일이 굉장히 중요하다는 거고, 그런 의미에서 시대의 징표라고 할 수 있다는 거야.

선생은 이 대목에서 교회가 세상 안으로 나아가 가난하고 소외된 이들에게 먼저 다가가 복음을 전하고 봉사하는 교회의 모습을 강조하는 개념으로, 프란치스코 교황의 '출발하는 교회'(「복음의 기쁨」 20-24항)[21]를 언급하지는 않았지만 그 교회상과 상당한 유사성이 있다고 보인다.

---

[21] "복음의 빛이 필요한 모든 '변방'으로 가라는 부르심을 따르도록 요청받고 있는 것"(20항). "'출발하는' 교회는 선교하는 제자들의 공동체로 …… 복음 선포자들은 '양들의 냄새'를 풍기고, 복음을 전하는 공동체는 아무리 힘들고 기나긴 길이라도 한 걸음 한 걸음을 사람들과 '함께 갑니다'"(24항).

본당의 역할과 소공동체

선생은 그 사라지고 잊혀진 가난한 이들을 찾을 수 있는 방도로 본당을 제시한다. 본당의 단체 또는 구역이나 반모임이 그 지역과 지역민을 가장 잘 안다는 점을 근거로 삼는다. 그는 2000년 동안 제일 조직화가 잘된 것이 가톨릭교회라는 말을 듣는 이유가 바로 이런 하부 단위 조직이 여전히 존재하기 때문이라고 본다.

레지오 마리애에서는 회합 때 어려운 사람, 병든 사람 찾아가는 활동 등을 보고하게 돼 있잖아. 활동보고로 끝나지 직접 도움을 금전적, 물질적 지원을 하지는 않지. 또 어떤 곳은 빈첸시오 아 바오로회나 카리타스도 있고 말이지. 그런 심신 단체나 활동 단체도 한몫하지만, 그래도 반장이나 구역장이 동네는 제일 잘 알지. 그런데 반장이 그런 의식이 있으려면 누가 가르쳐주기는 해야 하지만 말이지.

선생은 '시대의 징표'를 구조적 분석이나 이념으로부터가 아니라, '숨겨진 가난한 이들'을 식별하고 응답하는 교회의 구체적 노력에서 출발해야 한다고 보았다. 그리고 이러한 식별이 실질적으로 이뤄질 수 있는 현실적 대안으로 본당을 제시하였다. 본당은 교회의 사목 행정 단위로만 그치는 것이 아니라, 지역사회 속에서 가난한 이들을 찾아내고 함께 살아갈 수 있는 실천적 기지로 기능해야 한다는 것이다.

특별히 1997년 'IMF 사태'로 통칭되는 국가 부도 위기 와중에서 그는 다시금 본당의 역할이 중요하다고 보았다. 전국 1,000여 개

본당 조직을 통해 "지역사회에서 가난하고 고통받고 소외된 이들을 찾아내어 이들의 문제를 알아내고 필요한 것이 무엇인지를 식별해 본당의 인적, 재정적, 기술적 자원을 동원해 지역 취약계층을 지원해야 한다"[22]고 제안했다. 이는 본당-교구-전국이라는 가톨릭교회의 통일적 체계라는 '조직상의 효율성'뿐만 아니라, 신앙에서 출발하는 교회 사회복지의 특성, 곧 자발성, 유연성, 헌신성이야말로 교회가 지역사회의 어려움을 극복하는 데 앞장설 수 있는 최적의 조건이라는 점에서 강조된다.

선생은 실제로 많은 본당이 실직 가정을 돕는 운동을 시작하였고, 많은 현장 조직도 실직 노숙자들을 위하여 긴급 구호 급식과 쉼터를 마련했음을 사례로 제시하고 있다.[23]

그는 하느님 나라의 표지로서 교회가 교회답게 변화해야 한다면서, '하느님 나라 운동에 투신할 일꾼들을 양성, 훈련시켜 본당별로 또 분야별 단체들로 조직화해 활성화시켜 나가야 한다'는 사목비전을 제시한다. 선생은 "신자 한 사람 한 사람, 그리고 공동체가 복음적인 삶을 사는 모습을 보여줄 때, 세상은 이 교회를 바라보며 희미하게라도 하느님 나라의 모습을 알아보게 될 것"[24]이라고 강조했다. 이를 위해 그는 두 가지를 제안했다. 첫째는 앞서 언급한 아시아 교회와 FABC에서 배운 '사목적 나선순환', 곧 한국 현실을 우선 제대로 분석하여 시대적 징표를 읽어내고, 복음과 사회교리를 통한 영성적 성찰을 통해 총체적인 사목 계획을 세우고 이를 수행해야 한다

---

[22] 최재선, 「정부의 사회 안전망 구축과 교회의 역할」, 《사목》 제242호(1999년 3월호).
[23] 같은 글.
[24] 최재선, 「영적 경쟁력을 가져야 한다」, 《경향잡지》 1994년 8월호, 33쪽.

는 점이다.[25] 둘째는 우리 자신의 편안함과 안락을 위한 '크고 아름다운' 성당을 짓는 대신, 본당의 수많은 공동체가 자기 지역 내에서 쉽게 친교를 이루도록 작은 공간을 확보하는 방향으로 눈을 돌리자고 촉구했다. 그는 "이는 도시 밀집 지역 '본당의 공소화'라는 사목 정책의 일대 전환으로 가능할 것"[26]이라고 단언했다. 이러한 선생의 생각은 한 토론에서도 확인된다.

> 교회의 권위를 가진 이들이 스스로 낮추고 교회 공동체의 구성원들을 섬길 때 진정한 친교와 일치가 이루어질 것이며 …… 현재의 비대화된 본당 중심의 구조로는 이것이 불가능하다는 판단이 이미 내려졌습니다. 이래서 작은 공동체 운동이 필요합니다. 사람이 많고 비대화된 구조가 드러내는 현상은 권위주의, 획일주의 …… 다수의 참여기회 박탈, 냉랭한 인간관계, 익명성, 행사 중심주의 등입니다. 이 틀 안에서는 진정 섬김과 사귐과 일치가 이루어지지 못합니다. 그래서 소공동체로의 방향 전환은 절대적 조건이 되는 것입니다.[27]

이렇게 볼 때, 그가 사목 활동의 기본 단위로서, 또 천주교회의 지역사회 활동의 전진 기지로서 본당과 그것의 개혁을 얼마나 깊게, 그리고 집요하리만큼 관심에서 밀어내지 않으려 애썼는가 확인할 수 있다.

그러나 그는 이러한 제안들이 이제는 거의 '불가능한 꿈'처럼 여

---

[25] 같은 글.
[26] 최재선, 「헌금, 이렇게 생각한다」, 《경향잡지》 1990년 8월호, 29쪽.
[27] 편집부, 「지상토론: 1993년에 한국천주교회는…」, 70쪽.

겨지는 현실을 어쩌지 못하고 인정한다. 본당의 역할과 소공동체 운동이 처한 현실을 낙관적으로 바라보지 않는다. 선생은 본당 공동체의 역할을 단지 행정 단위나 종교적 집합체로 보는 것이 아니라, 지역 내 가난한 이들에 대한 구체적 응답을 실천하는 장으로 보아야 한다고 강조했다. 그는 한국천주교회가 표면적으로는 가난한 사람에 대한 관심을 드러내지만, 실제로는 교회 자체의 운영과 생존에 더 관심이 집중되어 있다고 진단했다. 따라서 본당은 단순한 예배 공간을 넘어, 소공동체 차원의 교회가 현실적이고 지속 가능한 방식으로 가난한 이들에게 다가가는 구조를 마련해야 한다는 문제의식을 갖고 있었다.

그러나 실제로 그가 경험한 바에 따르면, 소공동체는 조직적으로는 존재하되 실질적으로 작동하지 않는 경우가 많다. 구역이나 반 모임은 노인들조차 참석하지 않을 정도로 무기력하며, 복음 묵상 교재 역시 참여자들이 따라가기 어려운 수준이라는 현실은 문제가 얼마나 심각한지를 말해준다. 이로 인해 신자들은 성경을 읽고도 자신의 삶과 연관지어 성찰하거나 말로 표현하는 데 익숙하지 않고, 결국 복음 묵상 자체가 실천적 의미를 갖기 어려운 구조에 놓여 있는 것이다. 이와 관련해 그는 현실을 다음과 같이 언급하였다.

> 소공동체 모임이다, 무슨 복음 묵상 교재다 하는 건 이론상으로는 얘기할 수 있는데, 실제로 와보면 그게 '불가능한 꿈(impossible dream)'이 아닌가 하는 생각이 든다는 거야.

이처럼 선생의 경험과 발언은, 소공동체 운동이 단지 프로그램 차원에서 그치는 것이 아니라, 신자들의 삶과 언어, 의식 수준에 맞는 방식으로 재설계되지 않는 이상 현장에 뿌리내리기 어렵다는 점을 드러내고 있다.

'타가이타이 비극'과 가난한 이의 자존심

선생은 20여 년간 아시아인간발전협의체(APHD)[28]의 집행위원으로 활동하며, 수많은 사업안을 심사하고 결정하는 역할을 수행했다.[29] 1973년에 출범한 이 기구는 아시아 지역 내에서 원조 지원국뿐 아니라 수혜국들도 함께 결정권을 행사할 수 있도록 설계된 보기 드문 국제 협력 모델이었다. 그러나 1990년대 중반 이후 서구 원조 기금이 감소하면서 운영에 어려움을 겪었고, 결정적으로는 APHD 내부 원칙을 둘러싼 갈등이 극단화되며 2005년 해산에 이르게 된다. 이 과정에서 결정적인 계기가 된 사건이 이른바 '타가이타이 비

---

[28] 이 기구는 1973년에 캐나다와 호주가 주도해 설립했으며 아시아 16개국 카리타스와 서구 6개국 원조 기구들이 기금을 함께 출연하여 공동으로 심의하고 결정해 아시아 빈국의 자조, 자립 개발사업을 원하는 것을 목적으로 창립되었다. 최재선, 「제6장 교회 사회복지 활동으로서 해외 원조」, 『한국 천주교 사회복지 백서』, 170~171쪽.

[29] APHD는 선생이 가장 이상적으로 여기는 원조 기구로, 20여 명의 집행위원이 1년에 2번 만나 300~400여 개의 사업을 공정하게 검토하여 만장일치로 공동합의에 이르는 결정 과정을 고수했다고 한다. 사업의 우선순위가 농민, 노동자, 빈민, 정치적 양심수 관련 등 사회운동과 민주주의와 관계된 기관들을 지원했으며, 한국에서는 가톨릭 농민회원들의 사업을 가장 모범적인 사업으로 적극 지원했다. 편집부, 「천주교 사회운동을 지원한 인성회: 한국천주교 주교회의 인성회 전 사무국장 최재선」, 35~36쪽 참조.

극(Tagaytay Tragedy)'이다.

선생에 따르면 이 사건은 마닐라 북쪽 타가이타이에서 열린 총회에서 발생했으며, 유럽 원조 기구들의 APHD 원칙 위반으로 인한 갈등이 핵심이었다. 그는 APHD가 창립되기 전, 캐나다와 호주 기구 대표 두 사람이 서구에서 열린 구호기구 회의에 참가했을 당시의 경험을 다음과 같이 전한다.

결정을 하는 걸 보니까, 무슨 결정방식이 권력을 가진 이들과 똑같더라는 거야. 또 이들이 아시아인이 아니라 백인임에도 유럽이 아닌 변방에서 왔다는 이유로 소외감 같은 걸 둘이서 느꼈다는 거지. 정치는 결정권(decision making power)을 누가 행사하느냐가 중요하잖아. 이게 마치 펀드 크기에 비례해서 권력이 정해지는 것 같은 분위기, 또 가난한 이들의 목소리를 들을 수 없었던 데 대해 실망한 거지.

이후 이들은 기구 대표 전원이 동등하게 참여하고, 펀드의 크기와 무관하게 동일한 권한을 갖는 기구를 아시아에서 설립하자고 결의했다. 그렇게 설립된 것이 APHD였다. 선생은 이러한 기원이 담긴 APHD가, 원조를 받는 나라들도 의사 결정에 참여할 수 있도록 하는 원대한 목표 아래 시작되었다고 설명한다. 선진국과 수혜국이 각자의 능력에 따라 펀드를 출연하되, 출연금의 규모와 관계없이 동일한 결정권을 갖는 구조였다. 그 정신은 "100만 불 낸 사람과 1만 불 낸 사람이 어떤 차이가 없다"는 표현에서 분명하게 드러난다. 또한 개별 국가가 특정 국가를 독자적으로 지원하는 '비공식 지원(back door funding)'을 철저히 금지하며, 모든 지원은 APHD를 통해 공동

논의를 거쳐 결정되어야 한다는 '배타성 원칙(exclusivity principle)'을 고수하였다.

그러나 타가이타이 회의에서는 그동안 은밀히 진행되었던 원칙 위반 사례가 수면 위로 떠오르며 갈등이 폭발하였다. 프랑스 원조 기구가 자신과 연고가 있는 단체를 APHD를 통하지 않고 독자적으로 지원한 것이 발단이었다. 이 사건은 파키스탄 대표의 격렬한 항의로 표면화되었고, 선생은 그 당시를 다음과 같이 회상한다.

> 파키스탄 대표는 그 타가이타이 총회 자리에서 서류를 집어 던지고 퇴장을 해버렸어. 그 대표는 성격이 괄괄하기는 했지만, 프랑스 기구가 자기 나라에서 백도어 펀딩을 한 사실에 대해 격노해서 그 자리를 박차고 나간 건 좀 그래. 원칙을 깬 데 대해 용납을 못하겠다는 건 이해하고 공감하지만, 말로 충분히 얘기하면 더 효과적일 수 있었을 텐데 그걸 그렇게 해야 했나 싶기도 하고.

이 사건은 단순한 감정적 충돌을 넘어, APHD 내부 공동 결정 체계에 대한 심각한 신뢰 위기로 이어졌다. 선진국 기구들은 내심 '내 돈을 내가 쓰는데 왜 말이 많냐'는 생각에 마음이 가 있는 듯했고, 반면 수혜국 대표들은 그러한 행위가 협의체의 근간을 흔드는 것으로 판단했다. 특히 아시아 현장에서는 '보거스 어필(Bogus Appeal)', 즉 사기성 단체들의 자금 요청에 속아 기금을 제공한 사례가 적지 않았기 때문에, 아시아 대표들의 반응은 더욱 예민할 수밖에 없었다. 그는 다음과 같이 당시 상황을 정리한다.

단지 돈의 문제가 아니라 이 기구에서 세운 원칙을 위반한 것이고 또 아시아 기구 대표들 처지에서는 아시아인으로서의 자존심을 상하게 하는 문제였다는 점에서 심각했던 거야.

결국 APHD 각국 대표들이 합의한 원칙은 무너지고 상호 신뢰는 회복 불가능한 수준으로 훼손되었다. 2005년의 해산은 단순히 주요 자금원이었던 서구의 펀드가 끊겨 발생한 재정적 한계 때문만이 아니었다. 오히려 협의체의 정체성과 창립 정신이 더는 유지될 수 없었던 데 기인한 것이기도 했다.

'타가이타이 비극의 치유자' 데스몬드 신부[30]

선생은 당시 아시아주교회의연합회 인간발전사무국(FABC-OHD)의 사무총장 데스몬드 드 수자(Desmond DeSousa) 신부와 긴밀하게 협력하며, 아시아 교회의 제도 운영 방식과 프로그램의 성격

---

[30] 데스몬드 신부는 인도 구속주회 소속으로 우리신학연구소 산하 아시아신학연대센터가 2004년에 문을 열고 2005년 처음으로 개최한 국제 심포지엄에 스리랑카의 인권활동가 페르난도 리드(Fernando Reid) 신부와 함께 강사로 초대됐다. 이어 2009년, 2011년, 2014년에 우리신학연구소와 올 포럼(ALL Forum) 주최로 서울과 수원, 인도 케랄라에서 각각 개최된 아시아 신학 포럼과 청년 프로그램에 강사로 초대되었다. 2016년 갑작스럽게 선종하기 전까지 데스몬드 신부는 아시아 청년들과 활동가들의 좋은 친구이자 '구루(guru)'였으며, 아시아 교회의 몇 안 되는 '예언자의 목소리'였다. 필자는 2014년 신학포럼에 제출된 논문을 모아 발행한 *Peace on Farmers-Genuine Human Development and Ecological Sustainability for Farmers in Asia*(2016)를 데스몬드 신부에게 헌정하고, 그 책 서문에 이렇게 썼다. "우리의 사랑

에 대해 구체적이고 실천적인 제안을 주고받았다. FABC-OHD는 1972년 교황청이 FABC를 공식 승인하기 전부터 활동을 전개했으며, 1980년대에는 데스몬드 신부가 사무총장으로 재직하면서 가장 활발한 시기를 맞이하였다. 그는 단순한 행정 책임자에 그치지 않고, 아시아 교회와 원조 기구 간 협력과 조정의 핵심 중재자이자 실행자로 평가된다. 특히 '타가이타이 비극'으로 알려진 사건에서 아시아 및 서구 원조 기구 대표들의 갈등을 치유하고 공동체의 신뢰를 회복하는 데 중심적인 역할을 했다.

> 데스몬드와는 죽이 잘 맞았어. 왜냐면 그 친구가 한국을 좋아했지. 한국에도 많이 왔고. BISA 프로그램을 만들 때 그 친구가 그런 걸 소리 없이 잘해. 아시아주교회의연합회 인간발전사무국 (FABC-OHD) 사무총장이었는데, 당시 OHD도 APHD 회원이었지. '타가이타이 비극'을 치유한 친구가 바로 데스몬드야.

앞서 언급한 것처럼 이 사건은 APHD의 원칙을 깨고 '백도어 펀딩(back-door funding)'이 드러나면서 아시아 대표들의 자존심에 깊은 상처를 남겼고, 그 과정에서 갈등이 극단적으로 표출되었다. 다수의 아시아 회원국은 파키스탄 대표처럼 극단적인 행동을 보이진 않았지만, 서구 기구들이 APHD의 원칙을 무시하고 연고 있는 단체

하는 스승이자 친구요 위대한 이야기꾼인 데스몬드 신부를 기억하고자 한다. …… 아시아 교회는 이 인도 구속주회 사제를 사회사목에 투철하게 헌신한 실천가로 기억할 것이다. 평소 그가 즐겨 '하느님 나라가 이미 와 있으니 우리는 이미 승리한 것'이라는 데스몬드 신부의 예언자적 목소리는 늘 우리를 일깨운다."

에 일방적으로 자금을 지원한 행위를 용납할 수 없다는 입장이었다. 데스몬드는 이러한 긴장 국면에서 특정 국가에 속하지 않은 FABC-OHD 사무총장의 위치를 바탕으로 중립적인 조정자로 나섰다.

> 데스몬드는 당시 FABC-OHD 사무총장이니까 특정 나라에 속한 게 아니잖아. 그러니 이 문제가 불거졌을 때도 어느 편에 속할 필요도 없으니까 '타가이타이 비극'이 벌어졌을 때 치유를 담당한 거고 아주 잘 했지. 어떤 결정을 했냐면 문제의 근원을 더 명확히 알아보기 위해 데스몬드가 조정자로 나서면 좋겠다는 데 다 동의했어. 데스몬드가 어떤 인물인지 대표들은 다 알거든.

이후 데스몬드는 모든 회원국을 직접 방문하며 APHD와 관련한 의견을 수렴하고, 각국이 드러내지 못한 내면의 입상을 경청한 뒤 이를 바탕으로 보고서를 작성했다. 선생은 당시 상황에 대해 "어린아이들 싸움 같다, 성숙하지 못하다"며, 그런 인상을 데스몬드에게 직접 전했다고 한다. 데스몬드는 조용하고 설득력 있게 각국의 입장을 수렴하며 보고 체계를 정비했고, 결과적으로 표면상으로는 분열을 치유하는 데 성공하였다.

한편 선생은 데스몬드에게 OHD의 BISA 프로그램을 각국 주교들이 참여하는 방식으로 확대할 것을 제안했다. 데스몬드는 그동안 FABC와 연관이 있는 주교들만 현장 체험에 참여하도록 했으나, 연관이 없는 주교들에게도 이러한 기회를 제공해야 한다는 제안을 수용하고, FABC-OHD 명의로 각국 주교회의에 공문을 발송하였다. 해당 공문에는 각국 주교들이 자발적으로 자국 내 빈민가나 농촌 등에서 현장 체험을 수행한 뒤 그 내용을 정리해 주교회의에 제출하고, 이를 BISA 참석 대표들이 공유하는 절차가 포함되었다.

그 체험을 정리해서 각 나라 주교회의에서 모으고 그걸 BISA에 참여한 대표들이 가져오게 한 적이 있지. 그건 내가 데스몬드에게 제안을 했고 데스몬드가 OHD 통해서 각국 주교회의에 전달한 거지.

그는 모든 주교에게 참여를 강요하지 않고 자발적으로 참여할 수 있는 기회를 열어두는 방식으로 조정하였다. 이후 한국에서도 일부 교구 주교들이 이에 따라 현장 체험과 BISA에 참여했고, 이러한 과정을 통해 BISA의 교육적 의미는 주교단 전체의 경험과 성찰로 확장되었다. 이처럼 데스몬드는 교회 구조와 리더십 차원에서 현장성과 연대의 감각을 강화하는 데 기여했으며, 주교들과 수도자 및 평신도와의 공동 프로그램도 여러 차례 조직한 탁월한 사목 활동가였다. 그는 언변이 탁월했으나 앞에 나서기보다는 뒤에서 조용히 움직이는 것을 선호했으며, 차분한 조율 능력과 설득력 있는 언어, 실사구시적 태도로 아시아 각국 대표는 물론 서구 인사들로부터도 깊은 신뢰를 받았다.

주교들도 가난 체험이 필요하다!

선생은 한국천주교회가 가난한 이들과의 연대를 공허한 말이 아니라 실제로 살아내기 위해서는 교회 지도자인 주교들 또한 '가난'을 삶으로 체험해야 한다고 보았다. 그는 이를 단순한 이상론이나 원론적 주장으로 여기지 않고, 실제 제도와 구조 속에서 실현 가능한 방식으로 제시했다. 선생은 가난한 이들의 삶을 조금이라도 경험해보지 못한 성직자는 진정으로 가난을 이해할 수 없다고 말했다. 그는 특히 교회 구조와 행정의 정점에 있는 주교들이야말로 가난의 삶을 체험하는 것이 더 절실하다고 강조했다.

그는 이와 관련하여 FABC에서 실시했던 '사회행동 주교연수(BISA)' 프로그램을 언급한다. 이 프로그램은 주교들이 짧은 기간이지만 지역 빈민들과 함께 숙식하며 일도 같이하고, 밥도 같이 먹는 일정으로 구성되었다. 이는 단순한 참관이 아니라 가난한 이들의 일상적 삶에 몸을 담그는 실질적인 체험이었다.

> 왜 매번 평신도 활동가나 BISA에 참여한 주교들만 현장체험을 하게 하냐고 말이야. 하고 싶지 않은 주교들은 빼더라도 원하는 주교들은 전부 참여하면 좋겠다는 말이지. …… 현장체험이 주교 개인에게는 물론이고 그 나라뿐 아니라 전체 아시아 교회에도 도움이 되는데 왜 각 나라 모든 주교들에게 그 귀중한 '은총의 시간'을 갖게 하지 않느냐 이 말이야.

데스몬드 신부는 이 같은 선생의 제안을 적극적으로 수용해 FABC-OHD 명의로 아시아 각국 주교회의에 공문을 발송했다. 공문의 핵심 내용은 각국 주교들이 자발적으로 현장생활체험을 한 뒤 그 내용을 문서화하고, 각국에서 참가하는 주교 대표가 BISA에 참여해 이를 공유하라는 것이었다.

그 말을 알아듣고 데스몬드가 OHD 이름으로 각국 주교회의에 공문을 보내서 각국에서 현장체험하고 체험한 내용과 결과를 보고서에 쓰고, 그걸 대표가 가지고 BISA에 참여하라고 공문을 보냈지.

이 공문을 받았을 때 선생은 "이 친구가 드디어 일을 벌였구나"라고 생각했다. 이후 그는 한국의 인성회를 통해 해당 배경과 의도를 설명하고, 한국 주교회의에 관련 안건을 상정해달라고 요청했다. 그 결과 한국에서는 총 7명의 주교가 BISA에 참가하게 되었다.

이와 같은 흐름은 단지 프로그램의 외형을 풍부하게 만드는 시도가 아니라, 아시아 교회 전체가 가난과 연대, 현장성이라는 영적 가치의 중심에 서기 위한 신학적, 사목적 전환을 촉진하려는 의지의 표현이었다. 선생은 이와 같은 체험이 주교 개인의 회심은 물론, 그가 속한 교회와 아시아 전체 교회의 방향성에도 중대한 영향을 미칠 수 있다고 확신하였다.

회심으로 나아가게 하는 현장생활체험

선생은 1974년 아시아 카리타스 총회를 앞두고 필리핀 마닐라의 톤도(Tondo) 쓰레기 마을에서 넝마주이로 생활했던 체험이 자신의 신앙과 삶의 방향을 결정짓는 전환점이었다고 고백한다. 그가 목격한 한 가난한 주민의 미사 봉헌—쓰레기 더미에서 자신이 찾은 것 가운데 가장 값나가는 양주병 하나를 하느님께 봉헌하는 모습—은 그의 표현에 따르면 '일생일대의 가장 큰 충격'이었으며, '신앙적 회심'의 순간이었다. 이 체험을 통해 그는 깊은 감동과 확신을 얻었고, 이후 가난한 이들과 함께하는 삶을 지속할 수 있었다고 회고한다.

선생은 이러한 체험이 단지 과거의 일이 아니라, 오늘날 교회 지도자들에게도 여전히 절실히 필요한 신앙적 전환의 계기라고 강조한다. 그는 BISA 프로그램에서 한국 주교들의 현장생활체험(immersion)을 예로 들며, 그 경험이 단지 봉사활동 차원을 넘어 주교 개인의 회심으로 이어지는 과정을 소개한다. 1984년 8월 27일부터 30일까지 한국 주교 7명이 농민, 노동자, 빈민 지역에서 나흘간의 현장생활체험 후 나누는 자리에서, 한국 주교들의 체험담을 들은 그는 다음과 같은 인상적인 고백을 전한다.

> 한국 주교들이 현장체험한 얘기를 듣는데, 마치 고백성사 듣는 것 같더란 말이지. '인간으로서, 신앙인으로서, 사제로서, 또 수교로서 내가 가난한 사람들을 얼마만큼 생각하면서 살았는지 모른다. 그런 것은 생각도 못해봤다.' 이런 고백을 하는 걸 보고 '아, 주교들도 이렇구나' 싶은 게, 참 감동이었어.

그는 김수환 추기경이 과거 직접 탄광 막장에서 생활했던 체험 또한 중요한 사례로 언급하며, 당시의 체험이 《경향잡지》나 《사목》, 《가톨릭신문》 등에 기록되었음을 상기시킨다. 그러나 그는 오늘날에는 가난한 이들이 사회적으로 보이지 않는 존재가 되어버렸고, 이들과 함께하는 삶을 실제로 체험하기가 과거보다 훨씬 어려워졌다고 진단한다. 오늘날 교회가 운영하는 대부분 봉사 프로그램이 제3자의 입장에서 가난한 이들과 '만나는 것'에 그치지만, 진정한 회심과 성찰은 함께 살고 몸을 담그는 '현장생활체험'을 통해서만 가능하다는 것이 그의 신념이다.

> 현장체험은 'exposure'라고 했고, 현장생활체험은 'immersion'이라고 했지. 잘하면 이 체험은 사람을 완전히 바꿔놓기도 하거든. 나의 톤도 체험은 내 삶을 거의 지배하는 체험이 된 거지. 내가 이 삶을 30여 년 살 수 있었던 것은 그때 느꼈던 불같은 게 내 속에 확 들어와 박혀 있기 때문인 거 같단 말이지.

최재선은 오늘날의 현실에서 장기간의 현장생활체험이 어렵다면, 최소한 일주일이라도 쪽방이나 빈민촌에서 함께 생활하는 방식의 체험이 필요하다고 제안한다. 그는 이러한 체험을 통해 교회 지도자들이 '삶과 신앙의 근본적인 변화를 경험할 수 있다'는 점을 거듭 강조하며, 회심과 교회의 쇄신은 책상 위에서가 아니라 현장의 삶 속에서 이루어져야 한다고 확신한다.

사목 일꾼의 지속적인 양성 필요성과 방향

선생은 과거 한국과 아시아 차원에서 시행되었던 사회정의, 평화, 종교 간 대화 및 에큐메니즘 관련 교육 프로그램들이 오늘날에도 여전히 사회사목 종사자들에게 유효한 형식이자 필수적인 과정이라고 강조한다. 그는 이러한 교육이 단지 기술적 훈련에 그치는 것이 아니라, 사목 일꾼들이 '왜 이 일을 하는가'를 성찰하고, 교회의 가르침에 기반한 신앙적 정체성을 형성하는 데 결정적인 역할을 한다고 보았다.

선생이 기초를 닦은 한국 카리타스-인성회는 사목 일꾼의 양성이라는 관점에서 교육과 연수의 중요성을 일찍이 인식했다. 인성회는 매년 전국 세미나, 피정, 연수회 등을 통해 사회사목 종사자들을 훈련했으며, 이는 양성의 자리이자 활동가들 사이에 교류와 연대를 촉진하는 장이 되었다. 그러나 현실은 그리 녹록하지 않았다. 서로 다른 분야 간의 오해와 선입견은 프로그램 운영의 큰 장애물이었다. 사회복지 종사자와 사회운동 활동가를 한데 모아 연수를 진행하면 양쪽에서 불만이 터져 나왔다. 사회운동 측은 인성회 방식보다 정의평화위원회의 운동 방식이 더 맞다고 주장했고, 사회복지 종사자들은 천주교 사회운동의 배경을 이해하지 못하는 경우가 많았다.[31]

그럼에도 그는 "사목 종사자 훈련은 항상 필요하다"고 단언하며, 단지 전문적 기술이나 역량보다도 더 중요한 것은 활동의 동기와 영성임을 강조하였다. 그는 이를 다음과 같이 표현한다.

> 하느님이 사랑하는 사람은 누구냐, 고통받는 사람들이다. 가난한 사람들이다. 이들을 사랑하는 게 하느님을 사랑하는 걸 증거하는 거다. …… 그걸 자꾸 고쳐시키는 거지. 교회는 그걸 고쳐시켜야 하는 의무가 있다고.

또한 그는 연수와 피정이 공동체적 연대감을 조성하는 계기라

---

[31] 편집부, 「천주교 사회운동을 지원한 인성회: 한국천주교 주교회의 인성회 전 사무국장 최재선」, 38~39쪽 참조.

는 점도 강조했다. 같은 현장에서 활동하는 이들이 서로의 고충을 나누며 연대감을 회복하고, 성서의 영성을 되새기는 자리가 되어야 한다는 것이다. 그는 이를 다음과 같이 덧붙였다.

'나만 그런 줄 알았는데 너도 그렇구나', '나만 힘든 줄 알았는데 너도 그렇구나' 하는 동료의식. 연대감(solidarity)이 거기서 나오는 거라고.

한편, 선생은 한국교회 내 아시아에 대한 연대 의식의 부재에 대해서도 비판적인 입장을 보였다. 그는 한국교회가 여전히 로마 중심주의에 경도되어 있으며, 아시아 주교회의연합회(FABC)와의 협력은 매우 미미하다고 지적했다. 과거 장익 신부, 김몽은 신부 등이 FABC 활동에 참여했던 사례를 언급하며, 한국교회가 아시아 교회와 수직적 관계가 아닌 '대등한 관계' 속에서 협력하려면, 국제적 감각과 언어 능력을 갖춘 인재를 적극적으로 배치해야 한다고 강조했다.

아시아 교회와의 연대: 필요성과 현실적 제약

오늘날 가톨릭교회가 '지구촌 시대'를 살아가고 있다는 인식은 더 이상 이념이 아니라 신앙적 실천의 당위로 여겨진다. 그럼에도 한국교회가 아시아 지역의 가난한 교회들과 진정한 연대를 이루고 있는가에 대해서는 비판적 성찰이 요구된다. 실제로 제도교회가 보유한 자산과 재정적 여유에 비해, 개발도상국 교회들과의 직접적 원조, 국제 연대, 사회운동 협력 등에 얼마나 적극적으로 자원을 투입

했는지는 분명치 않다.

 이에 대해 선생은, 한국교회가 '로마'와의 관계에는 적극적이면서도 '아시아' 교회들과의 관계에 있어서는 소극적이고 단절되어 있다는 사실을 지적한다. 그는 아시아 주교회의연합회의 핵심 활동에 한국인 사제나 주교들이 실질적으로 참여하지 못했던 현실을 언급하며, 이것이 단지 무관심의 결과만은 아니라고 본다.

 한국이 제일 중요한 게 아시아 지역교회와의 관계가 중요해. FABC가 그거라고. FABC와의 관계가 아주 돈독해야 하는데 실제로는 로마와의 관계만 돈독하다고. 로마와의 관계는 일방통행적이어서 한국을 내려다본다는 말이지. 아시아 교회는 동등한 위치에 있잖아. 그러니까 그런 대등한 관계를 발전시켜 나가야 하는 거지.

 그는 특히 한국교회가 아시아 교회와의 연대에 참여하지 못하는 가장 현실적인 장애물로 언어, 특히 영어 역량 부족을 꼽는다. 로마에서 유학하는 신부들이 주로 이탈리아어를 배우는 반면, 아시아 교회와의 실질적 협력에는 영어 소통이 필수적이라는 것이다. 이로 인해 한국의 주교나 사제들이 아시아 각국에서 열리는 회의나 협의체에 참석하기 어려운 상황이 반복되고 있으며, 이는 구조적 개선이 필요한 문제라고 지적한다.

 한국교회가 FABC나 해외 교회 문제에 관심이 적고 참가도 어려운 것은 언어문제가 크다고. …… CBCK 같은 데 영어가 능통한 사람 대여섯 명 정도만 있으면 좋겠다는 생각이야. 주교들도 영어가 되는 분들이 좀 들어와야 하는데, 로마에서 공부하면 이탈리아어는 배우지만 영어는 별로 안 쓰잖아. 아시아 지역에서는 이탈리아어를 별로 안 쓰니까 아시아 교회에서 소통하는 데 문제가 있지. 이게 어려움이야.

선생은 '왜 아시아의 가난한 교회까지 신경 써야 하냐'는 질문에 대해서는 단호하게 "그래야 한다"고 답해왔다. 그는 이러한 연대가 단지 도덕적 당위가 아니라, 한국교회가 지역교회로서 자기 정체성을 분명히 하고 보편교회로 살아가기 위해 반드시 실천해야 할 과제라고 본다. 한국교회가 스스로 아시아 교회 공동체의 일부로서 자리매김하려면 구조적 의지와 전략이 요청되어서라는 것이다.

가난의 영성과 오늘날 신앙인의 회심

선생은 가난한 이들과의 직접적인 만남과 체험을 통해 얻은 신앙적 회심이 단순한 감정적 자극이나 동정심이 아니라, 신앙의 근본을 다시 세우는 은총의 순간이었다고 여러 차례 밝힌 바 있다. 그에게 가난한 이들이 주는 깨달음은 교회 지도자들에게만 열려 있는 특권이 아니라, 모든 신앙인에게 주어진 선물이며, 그러한 의미에서 "가난한 이들은 감사해야 할 존재"라는 인식이 그의 신앙에 한 축을 형성한다.

이런 맥락에서 그는 '아시아의 가난의 영성이 라틴아메리카의 해방신학보다 더 깊고 값진 그리스도교 영성'이라는 일부 아시아 신학자들의 주장, 그리고 프란치스코 교황이 요한 23세 교황의 유산을 계승하며 강조한 "가난한 이를 위한 가난한 이의 교회"에 대해 전적인 동의를 표한다. 그에게 가난의 영성은 시대나 환경에 따라 변하는 실천 양식이 아니라, 종말까지 유효한 신앙의 본질이기 때문이다.

가난의 영성이 여전히 유효하냐고? 세상 끝날 때까지 유효하지.

선생은 가난의 영성을 상대화하거나 희석하려는 시도, 이를테면 '하느님은 부자와 가난한 이를 똑같이 사랑하신다'는 공평 논리의 문제점을 지적한다. 그는 성서 속 예수의 삶과 가르침이 그러한 평등주의적 관념을 따르지 않았다는 사실을 강조한다. 예수의 행복선언, 부자 청년 이야기, 최후의 심판 장면, 성전 정화 사건 등은 모두 하느님 나라의 논리가 인간사회의 보편적 공정성 개념과 다르다는 것을 드러낸다. 따라서 신앙인의 진정한 회심은 다음과 같은 자각에서 출발해야 한다고 말한다.

하느님은 가진 이들도 가난한 이들과 함께 똑같이 대우하신다는 믿음이 억지였음을, 성서에 나오는 이야기나 말씀은 물질적인 것이 아니라 영적이고 종교적이라는 억지 논리가 허구라는 사실을 깨닫게 될 때 진정한 회심이 시작된다.[32]

하지만 그는 오늘날의 사회 구조 속에서 이러한 영성을 실천하는 일이 과거보다 훨씬 더 어려워졌음을 인정한다. 예전에는 노동자,

---

[32] 최재선, 「가난한 이들과 하나 되는 사순절 운동」, 《경향잡지》 1988년 3월, 37쪽.

농민, 도시빈민 등 '가난한 삶'이 집단적으로 존재했기 때문에 접촉 자체가 쉬웠지만, 오늘날 이들은 사회적 공간 속에서 분산되고 은폐되며, 오히려 '가난한 사람을 찾는 일' 자체가 더 힘들어졌다는 것이다.

따라서 이제는 단순한 프로그램이나 단발적 캠페인으로는 가난의 체험에 도달할 수 없다고 말한다. 그는 특히 인간적 방식이 모두 막히는 시점, 즉 신앙의 한계에 도달했을 때야말로 하느님을 '붙들어야 하는 때'라고 강조한다. 그 순간에야 비로소 기도가 시작되며, 은총이 기적처럼 임한다고 믿는다.

> 그때가 비로소 기도가 필요한 때가 아닐까. 인간으로서 할 수 있는 게 막혔을 때, 그때 하느님을 끌어내야 하는 거지. …… '우리가 어떻게 해야 하는 건지 모르겠습니다. 그러니 당신의 발목이라도 잡아야 하지 않겠습니까', 이런 기도를 해야 할 거 같아. 그럼에도 은총의 순간은 기적처럼 찾아온다고. 하느님이 그렇게 하시는 거야.

선생은 이러한 체험이 제도화된 프로그램만으로는 가능하지 않으며, 교회 지도자의 의지와 공동체의 기도 및 연대가 반드시 선행되어야 한다고 강조한다. 특히 가난한 이와의 만남은 단지 '만남'으로 그쳐서는 안 되며, 한 걸음 더 나아가 그들과 삶을 함께 나누고, 그 존재가 되어보는 현장생활체험의 과정이어야 한다. 그렇게 할 때 비로소 그것은 신앙의 본질을 일깨우는 회심의 계기가 될 수 있다.

또한 그는 신앙인이 가난한 이들과의 만남에서 얻게 되는 감동과 변화가 자만으로 흐르지 않도록, 늘 겸손과 성찰의 태도를 잃지 않아야 한다고 경계한다. 그는 신앙 선조들의 지혜를 인용하며 이렇게 덧붙인다.

> 오른쪽 귀엔 천사, 왼쪽 귀엔 마귀가 있다. 오른쪽 귀로만 들어야 해. 왼쪽 귀로 들으면 마귀가 가만히 두지 않고 금방 자만심으로 끌고 들어가. 교만이 문제라는 거지.

이처럼 그에게 가난의 영성은 단지 과거의 시대정신이 아니라, 오늘의 신앙인에게도 유효한 성찰의 통로이며 회심의 자리다. 그것은 이론이 아니라 살아 있는 실천이며, 인간의 한계를 넘어서는 하느님의 은총이 머무는 자리다.

'가난의 영성'의 배반, '구조적 죄악'으로서 가난

오늘날의 가난은 단순한 물질적 결핍을 넘어, 신자유주의 체제 아래 제도적으로 지속되며 고착화된 '구조적 죄'로 이해될 수 있다. 이런 맥락에서 '가난한 이의 교회'나 '가난의 영성'이라는 표현은 때로 구조 안에서 착취당하는 이들에게 허위적이고 위선적으로 들릴 위험을 내포한다. 프란치스코 교황은 그리스도인들이 이와 같은 비정한 체제를 극복하는 데 헌신해야 하며, 교회는 단순히 연민을 표현하는 공동체를 넘어 불의한 질서에 맞서 싸우는 공동체가 되어야 한다고 강조해왔다.

이러한 요청에 대해 선생은, 지금 이 시대야말로 1970~1990년

대보다 더 정교하고 강고해진 구조적 현실을 명확히 인식하고, 이를 극복하기 위한 사회운동이 절실하다고 진단한다. 그는 오늘날의 체제가 가난과 착취의 구조를 더 은폐하고 있으며, 사람들이 그것이 '구조적 죄'라는 사실조차 인식하기 어렵게 만들었다고 지적한다.

> 오히려 지금이야말로 1970~1990년대보다 가난을 영속화하고 구조화하는 이런 체제를 극복하는 사회운동을 열심히 해야 하는 것은 맞아. 더 필요하지. 왜냐면 잘 보이지가 않잖아. 구조적 죄인지를 깨닫기조차 힘들게 되어 있다고. 그 때문에 그런 운동이 더 필요하지.

그는 동시에, 이러한 운동에 적극적으로 참여하는 일이 평신도의 삶의 조건 안에서는 매우 어렵고 고단하다는 점도 잘 알고 있다. 생계유지, 가족 부양, 자녀 교육 등 구체적 삶의 책임이 주어진 상황에서, 지배적 질서에 저항하는 삶을 선택하는 일은 신앙적 결단만으로는 감당하기 힘든 길이어서다. 그는 자신이 비교적 안정된 경제적 여건 속에 있었기 때문에 가능했다고 회상한다.

> 평신도는 생계 걱정을 해야지, 가족 부양, 자녀 교육해야 하니까 어쩔 수 없이 이 구조적 죄 속에서 살아야 하는 존재인데, 그 질서를 거역하면서 살아가는 삶이 너무 힘들지. 그 길을 택하기가 엄청 힘든 거지. 나는 그래도 여건이 좋았어……. 나는 생계 걱정을 안 해도 됐으니 그런 면에서 여건이 좋았지.

또한 선생은 교회 내 구조적 제약과 인식 부족이 현장의 실천을

2000. 국제 카리타스 사무총장 Duncan과 한국 카리타스 임원 및 직원.

가로막는 장애물로 작용한다는 점을 지적한다. 그는 동료 활동가의 실제 경험을 통해 이를 구체화한다. 한 활동가가 가정 형편상 봉급 인상을 요청했으나, 당시 주교는 '교회는 봉사하는 곳'이라며 이를 꺼렸고, 인상 시 다른 교구와 비교되어 문제가 될 수 있다는 이유를 들었다. 이 사례는 교회 내에서 사목 종사자들의 인간적 현실과 헌신의 구조적 조건이 충돌하고 있음을 보여준다.

그럼에도 그는 구조적 모순 속에서도 신앙과 삶의 일치를 향한 실천은 계속되어야 한다고 본다. 그는 하느님의 은총은 인간이 도달할 수 없는 경계에서 기적처럼 다가오며, 불의한 질서를 인식하고 이에 저항하며 살아가는 평신도와 교회 공동체의 노력이야말로 신앙의 본질을 드러내는 행위라고 믿는다.

사회교리의 중심축 '인간발전'의 전도사

'인간발전', 최재선의 신학 및 사목 실천의 발판

선생에게 신앙의 기반이 '가난의 영성'이라면, '인간발전(human development)'은 그의 신학적 이해와 사목적 실천의 출발점이라 할 수 있다. 물론 이 두 개념은 별개로 분리되어 작동하는 것이 아니라, 서로 긴밀하게 얽혀 하나의 신앙적 체계를 이룬다. 그러나 "인간이 발전한다는 것이 과연 무엇을 의미하는가?"라는 질문은 오늘날에도 여전히 명확하게 답하기 어려운 문제다.

가톨릭교회의 사회적 가르침(Catholic Social Teachings, CST), 혹은 그 한국적 표현인 '사회교리' 안에서 정의·평화·창조보전(JPIC)은 이제 일반 신자들에게도 어느 정도 인지되고 있다. 그러나 '인간발전'이라는 개념은 여전히 낯설고 복잡하게 느껴지며, 사목 현장에서도 종종 소외되기 일쑤다. 이러한 개념을 평생에 걸쳐 전파하고 가르치며 그 의미를 실천해온 인물이 바로 선생이다. 그는 인간발전에 대한 자신의 이해를 다음과 같이 간결하고도 분명하게 제시한다.

> 교회의 사회사목이 지향하는 바를 인간발전이라 부를 수 있다. 인간발전은 더욱 인간다운 삶을 살 수 있는 세상 만들기이며, 그러한 세상 속에서 인간이 개개인으로나 공동체적으로 완성의 길을 갈 수 있도록 하는 일의 총체를 말한다.[33]

---

[33] 최재선, 「인간발전과 정의로운 세상」, 《경향잡지》 1989년 1월, 32쪽.

선생은 역대 교황들의 사회 회칙과 사회교리가 공통적으로 하느님의 모상대로 창조된 인간이 더욱 인간다운 삶을 살아갈 수 있도록 하는 데 초점을 두었으며, 이러한 노력은 복음화의 사명으로 수렴된다고 본다. 따라서 인간발전은 단순한 경제적 향상이나 물질적 원조를 넘어, 하느님 나라를 준비하는 복음적 삶의 방식으로 이해되어야 한다. 그는 이를 다음과 같이 정리한다. 개개인과 공동체가 인간다운 삶을 살아갈 수 있는 세상을 만들고자 하는 모든 신앙적 실천이 곧 인간발전이며, 이는 그리스도인에게 복음화의 길로 연결되는 본질적 여정이다.

이러한 관점에서 인간발전은 개인의 내적 쇄신에 머무는 것이 아니라, 사회적 구조를 전환하고 공동체의 정의를 구현하려는 공적 신앙의 행위다. 그는 교회가 마땅히 수행해야 할 시대적 사명으로 정의와 해방에의 투신을 제시한다. 이는 그에게 있어 단순한 사회운동이 아니라 신앙의 실천이며, 교회의 본질적 역할이기도 하다. 그는 이렇게 말한다.

> 오늘날 우리가 보는 농민들의 아픔, 노동자들의 절규, 도시 빈민들의 외침은 바로 우리의 아픔이 되어야 하고 이들의 인간발전을 위한 해방의 투쟁은 우리의 해방 투신이 되어야 한다. …… '나의 정의에의 투신은 가난하고 고통받는 이들에 대한 우선적 선택에 뿌리를 두고 그들의 문제를 해결해주는 해결사가 아니라, 그들 스스로의 인간발전에 함께 길을 걸어가고 있는 연대감의 표시로서의 투신인가?'를 새삼 질문해보아야 한다.[34]

선생은 인간발전을 이루어가는 사목과 그 실천 행위가 본래적이고 본질적 의미에서 사목의 구성요소임이 분명한데도, '해도 좋고 말아도 좋은 특수 사목'처럼 취급되는 것은 문제라고 지적한다. 그런 의미에서 자신이 처음 제안해 쓰이기 시작한 이 '사회사목'[35]이라는 말도 사목과 사회사목을 이원화하고 분리시킬 위험성을 안고 있기 때문에 적절한 용어는 아니라고 지적한다. 그의 우려대로 어쩌면 사목과 사회사목의 유리는 이미 벌어지는 일로도 보인다. 왜냐면 총체적 인간발전의 도상에서 자선이나 사회복지는 받아들여지지만, 개발의 차원 또는 정의의 차원에서 이루어가고자 하는 '사회운동적 활동'은 아직도 제대로 받아들여지지 않는 실정이기 때문이다.[36]

'인간발전' 사회교리의 심화, 교황 바오로 6세와 프란치스코

선생은 '온전한 인간발전'을 처음 발화한 바오로 6세를 '위대한 교황', 그 사상을 그대로 담아낸 그의 회칙 「민족들의 발전」(1967)을 '위대한 회칙'이라고 불렀다.[37] 선생에 따르면, 바오로 6세의 위대

---

[34] 같은 글, 34~35쪽 참조.
[35] 선생은 가톨릭구제회 한국지부가 철수하고 뒤를 이을 후속 기구로서 지학순 주교의 명으로 한국 카리타스의 설립안을 작성하는 과정에서 처음으로 '사회사목'이라는 말을 쓰게 된다. 이와 관련해 최재선, 「교황청 인간발전성과 한국 인성회」, 117쪽 참조.
[36] 최재선, 「인간발전과 정의로운 세상」, 35쪽. 그는 여기서 "농민 사목, 빈민 사목, 노동자 사목을 위험한 좌경 다루듯이 생각하는 선입견은 오랜 군사독재 체제의 세뇌에 순응된 것은 아닐까?"라고 비판적으로 의문을 제기한다.
[37] 같은 글, 32쪽. 프랑스 도미니코회 루이 르브레(Louis J. Lebret) 신부는 이 회칙의 주요 초안자 중 하나다. '통합적 인간발전'이라는 용어도 바오로 6세 자신의 것이 아니라 사실은 그에게서 온 것으로 미루어 「민족들의 발전」의 핵심 사상에 직접적인 영향을 주었다고 할 수 있다. Denis Goulet, "The Search for Authentic

함은 요한 23세의 뒤를 이어 제2차 바티칸 공의회를 무사히, 안정적으로 끝냈을 뿐만 아니라 그로부터 2년이 채 지나지 않은 시점에 이 회칙을 반포함으로써 가난의 문제를 본격적으로 제기하고, 말만이 아니라 그것의 극복을 위해 실천적 행보를 보였다는 데 있다.[38] 교황은 필리핀 마닐라의 대표적 빈민가인 '쓰레기 마을' 톤도의 한 가정을 방문해 그 형편을 살폈고, 인도에서는 자신이 타고 온 리무진 차를 경매로 팔아 그 돈을 가난한 이를 위해 써달라고 마더 데레사에게 기부하는 등 지행합일을 실천하였다. 선생은 바오로 6세의 가난한 이들에 대한 이러한 태도와 「민족들의 발전」의 반포기 아시아 주교들로 하여금 가난의 문제를 사목적으로 어떻게 대처할 것인가를 논의하는 구조가 절실히 필요함을 깨닫게 했고, 종국에는 아시아주교회의연합의 창립으로 이어진 것으로 본다.[39]

인간발전이라는 표현은 이 회칙에서 최초로 등장하며, 성성에 나오는 거지 라자로의 비유를 통해 그 개념의 핵심을 선명하게 드러낸다. 즉, 인간발전은 거지 라자로가 부자들의 식탁에서 떨어지는 빵 부스러기로 연명하는 것이 아니라, 부자들과 함께 동등하게 식탁에 앉아 공동으로 식사하는 데서 시작된다는 것이다.(47항)

이러한 '평등의 정신'은 선생이 이해한 인간발전의 중심 가치이며, 이 회칙은 발전을 단순한 경제성장이 아닌 '평화의 새 이름'으로

Development", *The Logic of Solidarity: Commentaries on Pope John Paul Ⅱ's Encyclical On Social Concerns*, eds. Gregory Baum, Robert Ellsberg(New York: Orbis Books, 1989), pp.27~139 참조.
[38] 최재선과의 전화 인터뷰(2025년 8월 3일). 인터뷰어 황경훈.
[39] 같은 인터뷰.

정의함으로써(87항), 참된 평화란 단순히 전쟁이 없는 상태가 아니라, 일상 속에서 구현되어야 하는 인간다운 삶의 실현임을 역설한다. 이러한 회칙의 시대적 맥락에 대해, 그는 당시 경제개발 일변도의 논의가 인간의 존엄과 진정한 삶을 보장하지 못한다는 한계를 짚으며, 인간발전의 보다 총체적인 의미를 다음과 같이 설명한다.

> 사회적 불의에서 파생되는 억압과 착취에 대한 분석적 관점이 필요하다는 점, 진정한 인간발전은 정신적, 문화적 진보, 인권 존중, 공동선을 향한 평화의 증진까지도 포함되어야 한다는 점을 피력함으로써, 소위 전인적 총체적 인간발전을 이야기하고 있다.[40]

그는 또한 「민족들의 발전」에서 제시된 인간발전 개념이 사목적 실천과의 연결성 면에서는 다소 미흡했다고 보고, 이를 보완한 문서로 바오로 6세의 「현대의 복음선교」(1975)를 꼽는다. 이 문서에서 교회는 복음화와 정의, 개발, 해방, 평화의 문제가 불가분의 관계에 있다는 점을 분명히 한다.

> 복음 선교에 있어서 현대 세계에서 논의되고 있는 정의, 개발, 해방과 평화의 여러 문제들의 중요성을 무시할 수 있거나 무시해야 한다는 주장은 나로서는 절대로 받아들일 수 없습니다. (「현대의 복음선교」 31항)

이와 같은 천명은 세계주교대의원회의 후속 문서인 「세계 정의

---

[40] 최재선, 「인간발전과 정의로운 세상」, 32쪽.

에 관하여(Justice in the World)」(1971)로 인해 발생한 논란, 즉 정의를 위한 행동이 복음 선포의 본질적 요소인가에 대한 논쟁에 종지부를 찍는 결정적 언명이었다고 선생은 평가한다.[41]

이어 요한 바오로 2세의 회칙「사회적 관심」(1987)은「민족들의 발전」발표 20주년을 기념하여 작성된 문서로서, 인간발전을 '무엇을 많이 가지는 것'이 아니라 '더욱 인간답게 되는 것'으로 정의함으로써, 인간발전의 도덕적이고 영적인 차원을 강조한다.[42] 요한 바오로 2세의 이 회칙은 선생이 자주 인용하는「민족들의 발전」69항과 유사한 맥락에서 가난과 발전의 문제를 상기시킨다.

> 교회는 …… 단순히 교회의 '남는 것'만 가지고 하는 것이 아니라 교회의 '요긴한 것'을 갖고서도 하여야 한다는 것이었다. …… 먹을 것과 마실 것과 입을 것, 그리고 지붕이 없는 사람들에게 그것을 마련하기 위하여 이런 재산들을 파는 일이 의무적이 될 수도 있다. (「사회적 관심」31항)

이처럼 가난과 인간발전의 문제는 사회 구조의 전환과 교회의 실천적 헌신을 요구하는 신학적 요청으로 자리매김된다. 선생은 이러한 요청을 따라, 사회복지와 사회운동, 곧 자애와 정의의 실천을 교회의 복음화 사명의 중심에 놓아야 한다는 점을 일관되게 강조해 왔다. 그는 "온전한 발전을 위해서는 사회복지나 사회운동이 모두

---

[41] 같은 글, 33쪽.
[42] 같은 글, 33쪽. 최재선의 이 글이 1987년에 쓰였기 때문에 그 뒤 인간발전을 주제로 다룬 베네딕토 16세의「진리 안의 사랑」(2009), 또 프란치스코 교황의「복음의 기쁨」(2013)과「찬미받으소서」(2015) 같은 문헌은 포함될 수 없었다.

필요하다는 사실을 서로 인정해야" 한다고 촉구하며, 그러한 통합적 관점에서 "인성회는 시대를 앞서 먼저 갔"다는 평가를 남겼는데, 이는 결코 과장이 아니다.[43]

이러한 신학적 흐름은 요한 바오로 2세 이후의 교황 문헌에서도 일관되게 계승되고 있다. 앞서 언급한 「사회적 관심」에 이어 베네딕토 16세는 인간발전 문제를 세계화의 맥락 속에서 심화시키며 「진리 안의 사랑」(2009)을 선포하였다. 이어 프란치스코 교황은 「복음의 기쁨」(2013)에서 「민족들의 발전」, 「사회적 관심」, 「진리 안의 사랑」을 종합함으로써 인간발전에 대한 사회교리를 심화, 확장한다. 나아가 「찬미받으소서」(2015)에서는 인간발전의 지평을 자연과 우주로까지 확대하며, 인간과 피조물이 상호 연결된 존재임을 강조하는 생태회칙을 제시한다. 그는 "가난한 이들의 절규와 지구의 절규 모두에 귀를 기울여야 한다"(49항)고 강조하며, "모든 것은 상호 연결되어 있다"(137항)는 관계론적 세계관을 통해 서구 근대주의적 이원론과 인간중심주의를 넘어서는 새로운 사회교리의 패러다임을 선포했다.

프란치스코 교황은 이러한 사상을 단지 이론에 한정하지 않고 교황청 제도의 개혁으로 구체화하였다. 정의평화평의회, 사회복지평의회, 이주사목평의회, 보건사목평의회를 하나로 통합해 '인간발전성'(현재는 '온전한 인간발전부')을 신설한 것이다.[44] 이는 교회가 사회와 관계 맺는 방식에서 본질적인 변화를 상징하며, 교회 사목 전반

---

[43] 편집부, 「천주교 사회운동을 지원한 인성회: 한국천주교 주교회의 인성회 전 사무국장 최재선」, 39쪽.
[44] 편집국, 「교황, 인간발전성 신설」, 《가톨릭뉴스 지금여기》 2016.9.1.

에 걸쳐 통합적 접근을 제도화하는 혁신적 조치였다.

이에 대해 선생은 인간발전부의 신설이 1975년 창립한 인성회와 정신적, 구조적으로 매우 닮아 있다고 평가하며, 프란치스코 교황의 개편 방향에 깊은 공감을 표했다. 그는 복음화와 사회 참여, 인권과 생명, 이주와 평화라는 다양한 사목 분야를 통합적으로 포괄하는 이 조직의 성격이 인성회의 지향과 놀랍도록 유사하다고 말한다. 실제로 '통합적 인간발전(integral human development)'은 제2차 바티칸 공의회 이후 가톨릭교회의 핵심적인 사회적 가르침으로 자리 잡았으며, 이는 단지 개인의 물질적 향상을 넘어 인격적, 영적 완성과 공동체의 총체적 변화, 나아가 지구와 우주까지 포함하는 복음화의 비전으로 확장되고 있다.

이러한 점에서 한국 카리타스-인성회와 교황청 인간발전부는 단순한 유사성을 넘어서, 동일한 신학적 기반 위에 실현된 사목직 실천의 제도적 표현이라 할 수 있다. 선생은 인간발전부라는 명칭 자체뿐 아니라, 그 통합적 조직 체계와 사목적 방향성이 인성회와 놀라울 정도로 닮았다는 사실에 감동을 표하며, 한국적 현실에 있어 '인성회는 시대를 앞서갔다'[45]고 말했다.

그의 이 반가움 안에는 단순히 두 조직이 닮았다는 유사성 이상의 기대가 담겨 있다. 곧, 교황청의 인간발전부보다 40여 년 앞서 그 정신과 구조, 실천을 구현한 인성회가, 그 교회적 자산으로 이제 한국교회를 넘어 아시아와 세계교회와 세상에 기여할 수 있기를 바라는, 그의 신학적 열망과 실천가적 비전이 여전히 살아 있기 때문이다.

---

[45] 최재선, 「교황청 인간발전성과 한국 인성회」, 114쪽.

최재선 선생이 걸어온 길

1941.5.28 서울 출생. 5남매 중 장남. 유아 세례.

1948.3 가명국민학교 입학. 약현 성당에서 첫영성체. 할머니 손에 이끌려 새벽 미사, 조과·만과·복사 활동.

1954.3 서울중학교 입학. 아현동 성당 활동.

1957.3 서울고등학교 입학. 성당 단체 및 합창단 활동.

1960.3 서강대학교 사학과 입학.

1964~1967 군 입대, 병장 만기 제대.

1967.2 서강대학교 졸업.

1969 조선호텔 입사, 1주일 만에 퇴사. 가톨릭 구제회(CRS) 한국지부 입사.

1972.11.1 정동 프란치스코 회관 성당에서 결혼. 홍제동 인근 아파트에서 신혼살림 약 10년간 거주.

1973 첫째 아들 출생.

1974 CRS 철수. 한국 카리타스-인성회 창립 적극 참여.

1974~2003 인성회-사회복지위원회에서 30여 년간 실무자 및 자문위원으로 활동 후 퇴직.

1976. 둘째 아들 출생.

1977.2 인성회 주도로 전국적 사순절운동(단식재, 공동헌금) 시작.

1978~1991 왕성한 인성회 활동, 가난한 이들에 대한 원조-자조-사회운동 등의 전국적 지원 활동. 각 교구에 인성회 설립 촉구 활동.

1980~1990 인성회, 아시아인간발전협의체(APHD), 아시아주교회의연합회(FABC) 활동

1985~2005 APHD(아시아인간발전협의체) 운영위원으로 활동.

1991.11 인성회가 한국천주교 주교회의 사회복지위원회로 전환.

1991~1995 사회복지위원회 전국적으로 조직 확대 활동

1995 현 거주지 일산으로 이사해 2025년 현재까지 거주.

1995~2015 서울대교구 정의평화위원회 위원.

1997~2018 지학순정의평화기금(현 저스피스) 이사.

2002~2015 우리신학연구소 이사.

2003~2025 은퇴 이후에도 교회 안팎의 여러 단체에서 활동.

2007.8~2021.8 김남호복지재단 이사.

2009~2017 한마음 한몸 운동 본부 이사.

2025 주교회의 사회복지위원회 설립 50주년 기념식 특별 공로상 수상.

저술·번역·인터뷰 목록

저서

최재선 외, 『한국 천주교 사회복지 백서』, 한국천주교 주교회의 사회복지위원회, 2001.

인성회(공저), 『사회문제에 관한 가톨릭교회의 100년 보화, 사회적 가르침을 배웁시다: 1991년 사순절운동 교육자료』, 한국천주교 주교회의 인성회, 1991.

인성회(공저), 『1991년 사순절 매주일 강론요지』, 한국천주교 주교회의 인성회, 1991.

인성회(공저), 『가난한 사람들 이야기: 고통받는 청소년과 함께 사랑으로 가진바를 나누자』, 한국천주교주교회의 인성회, 1985.

인성회(공저),『십자가의 길: 사순절 운동 묵상자료』, 한국천주교 주교회의
    인성회, 1985.
인성회(공저),『성찬례 안에 가난한 이들과 한마음 한몸되어』, 한국천주교
    주교회의 인성회, 1989.
인성회(공저),『(가난한 이들에게 삶의 자리를!) 사랑으로 가진 바를 나누자:
    사순절(A해) 주일미사 강론요지』, 한국천주교 주교회의 인성회, 1987.
인성회(공저),『인간과 세상에 봉사하는 공동체: 사순절운동 묵상 교육자
    료』, 한국천주교 주교회의 인성회, 1990.
인성회(공저),『현장생활체험 참가자를 위한 안내』, 한국천주교 주교회의,
    인성회, 1985.
인성회(공저),『도시빈민들과 집자리를 나눕시다』, 한국천주교주교회의, 인
    성회, 1987.
인성회(공저),『성체 안에 가난하고 고통받는 이들과 하나되어: 사순절(B
    해) 주일미사 강론요지』, 한국천주교주교회의 인성회, 1988.
인성회(공저),『현장체험이란 무엇인가』, 한국천주교 주교회의 인성회,
    1985.
인성회(공저),『그리스도를 통하여 가난한 이들과 삶의 자리를 나누는 교회
    공동체: 1987년 사순절운동 교육 묵상 자료』, 한국천주교 주교회의 인
    성회, 1987.
인성회(공저),『가난한 이들 그리고 교회(지도자용)』, 한국천주교 주교회의
    인성회, 1985.
인성회(공저),『가난한 이들 그리고 교회(신자용)』, 한국천주교 주교회의, 인
    성회, 1985.
인성회(공저),『보다 인간다운 삶, 보다 인간다운 세상을 향하여: 1986년 사

순절운동 교육자료』, 한국천주교 주교회의 인성회, 1986.

인성회(공저), 『(고통받는 가정과 함께) 사랑으로 가진 바를 나누자: 사순절(C해) 주일미사 강론요지』, 한국천주교 주교회의 인성회, 1986.

인성회(공저), 『(고통받는 청소년과 함께) 사랑으로 가진 바를 나누자: 사순절(B해) 주일미사 해설서』, 한국천주교 주교회의 인성회, 1985.

인성회(공저), 『사랑으로 가진 바를 나누자』, 한국천주교 주교회의 인성회, 1989.

논문(칼럼)

최재선, 「인간발전을 위하여」, 《경향잡지》 1988년 2월.

최재선, 「가난한 이들과 하나 되는 사순절 운동」, 《경향잡지》 1988년 3월.

최재선, 「인간발전과 정의로운 세상」, 《경향잡지》 1989년 1월.

최재선, 「헌금, 이렇게 생각한다」, 《경향잡지》 1990년 8월호.

편집부, 「지상토론: 1993년에 한국천주교회는…」, 《사목》 1922년.

최재선, 「받던 교회에서 주는 교회로」, 《경향잡지》 1993년 1월.

최재선, 「한국 교회 사회사업의 어제와 오늘」, 《경향잡지》 1994년 3월.

최재선, 「영적 경쟁력을 가져야 한다」, 《경향잡지》 1994년 8월호.

최재선, 「우리의 이웃은 누구인가」, 《사목》 제213호(1996년 10월호).

최재선, 「한국천주교 주교회의 사회복지위원회(구 인성회) 설립과정」, 《가톨릭사회복지》 1997년 8호.

최재선, 「정부의 사회 안전망 구축과 교회의 역할」, 《사목》 제242호(1999년 3월호).

최재선, 「300원이 뭡니까?」, 《경향잡지》 2000년 1월.

최재선, 「교황청 인간발전성과 한국 인성회」, 《가톨릭평론》 제6호(2016년

11-12월).

역서(소책자, 공역)

『가난 가난한 이들 그리고 가난한 교회』, 한국천주교 주교회의 인성회, 1986.

게이조야마다, 『복음화와 사회분석』, 한국천주교 주교회의 인성회, 1990.

교황 바오로 6세, 『이것이 발전이다: "민족들의 발전촉진에 관한 회칙" 평이문과 해설』, 한국천주교 주교회의 인성회, 1984.

교황 요한 바오로 2세, 『사회적 관심: 교황 요한 바오로 2세의 회칙 "사회적 관심" 평이문』, 한국천주교 주교회의 인성회, 1990.

교황 요한 바오로 2세, 『이것이 인간의 노동이다: 사회문제에 관한 교회의 가르침 상세보기』, 한국천주교 주교회의 인성회, 1985.

교황 요한 바오로 2세, 『이것이 인간의 구원이다: 사회문제에 관한 교회의 가르침―"인간의 구원자"(교황 요한 바오로 2세의 회칙) 평이문과 해설』, 한국천주교 주교회의 인성회, 1986.

국제보건기구(WHO), 『일차보건사업: 알마-앗타』, 한국천주교 주교회의 인성회, 1978.

국제 카리타스, 『사회사목과 애덕실천: 제12차 성청국제까리따스 총회 문헌』, 성청 국제 까리따스 총회, 한국천주교 주교회의 인성회, 1983.

국제 카리타스, 『인성회의 사회사목 조정 업무에 대한 안내서: 1981년 2월 9일 자 성청 국제 까리따스 MO.11/81』, 한국천주교 주교회의 인성회, 1981.

국제 카리타스, 『평화를 이루기 위하여 정의와 사랑의 공동체를 만듭시다: 제13차 국제 까리따스 총회보고서』, 한국천주교 주교회의 인성회,

1989.

국제 카리타스,『현대도시생활과 새로운 사목적 시도: 성청 국제까리따스 문헌』, 한국천주교 주교회의 인성회, 1986.

도날드 도어,『정의와 평화에 관한 교회의 가르침 : 2차 바티칸 공의회 이후 20년』, 한국천주교 주교회의 인성회, 1987.

로베르 플뢰로,『인간발전활동가를 훈련하는 간단하고 쉬운 방법』, 한국천주교 주교회의 인성회, 미상.

말레이시아 교회 인성회,『현대세계의 교회: 함께사는 교회공동체-사목헌장 풀이』, 한국천주교 주교회의 인성회, 1991.

미국 주교회의,『모든 사람에게 경제적 정의를: 가톨릭교회의 사회적 가르침과 미국경제』, 한국천주교 주교회의 인성회, 1989.

바바라 우드,『우리들의 세상, 하느님의 세상: 대림절 묵상자료』, 한국천주교 주교회의 인성회, 1989.

아시아 인간발전협력기구(APHD),『아시아의 가난한 여성들은 어떻게 살고 있나?』, 한국천주교 주교회의 인성회, 1986.

아시아주교회의연합회(FABC-OHD),『아시아교회는 지금 어디로 가고 있는가?: 아시아 사회활동 주교연수회(BISA) 보고서(1차~6차, 1974~1983)』, 한국천주교주교회의 인성회, 1984.

요셉 돈더즈,『1990년 사순절 매주일 강론요지: 본당 신부님 강론참고자료』, 한국천주교 주교회의 인성회, 1990.

알로이시오 피어리스,『가난한 예수처럼 우리도 가난해야 할 것인가』, 한국천주교 주교회의 인성회, 1985.

앨버트 노우런,『가난한 이들에의 선택』, 한국천주교 주교회의 인성회, 1988.

이태리 노인문제 국제심포지엄,『풍요로운 노년의 삶을 위하여』, 한국천주
교 주교회의 인성회, 1985.
인도 및 뉴질랜드 인성회,『문화와 사회변화』, 한국천주교주교회의 인성회,
1988.
혼 쏘브리노,『십자가에 못 박히는 사람들: 사순절운동 묵상자료』, 한국천
주교 주교회의 인성회, 1990.
쥴마 네오,『하나되게 하소서: 그리스도교 공동체의 해방적 양성』, 한국천
주교 주교회의 인성회, 1991.
『집짓는 자들이 버렸던 모퉁이돌: 복음선교와 인간발전활동에 관한 몇 가
지 성찰』, 한국천주교 주교회의 인성회, 1988.
칼파나 다스,『문화적 관점에서 본 개발과 국제협력』, 한국천주교 주교회의
인성회, 1985.
캐더린 맥기니스, 제임스 맥기니스,『자녀들을 위한 평화와 정의교육: 그리
스도인의 입장에서』, 한국천주교주교회의 인성회, 1987.
폴 버니에,『부서지고 나누어진 빵: 성체성사에 관한 묵상자료』, 한국천주
교 주교회의 인성회 1986.
필리핀 인간발전연구원,『밑으로부터의 교회: 기초교회공동체에 관한 소
고』, 한국천주교 주교회의 인성회, 1988.
토마스 싸인,『미래의 복음선교를 위한 예측적 기획』, 한국천주교 주교회의
인성회, 1988.
『하늘에서와 같이 땅에서도 이루어지소서: 예언적 관상 관상적 예언』, 한국
천주교주교회의 인성회, 1988.
인성회 편역,『가난하고 고통받는 이들은 우리에게 누구인가: 사회사목 종
사자들의 이야기』, 한국천주교 주교회의 인성회, 1989.

인성회 편역,『가난하고 아프고』, 한국천주교 주교회의 인성회, 1985.
인성회 편역,『가난한 이들로부터 오는 기쁜 소식: 멕시코의 기초 교회공동체』, 한국천주교 주교회의 인성회, 1989.
인성회 편역,『가치관교육을 위한 안내서』, 한국천주교주교회의 인성회, 1991.
인성회 편역,『감추어진 우리의 비밀보화(Ⅰ): 가톨릭교회의 사회적 가르침』, 한국천주교 주교회의 인성회, 1989.
인성회 편역,『감추어진 우리의 비밀보화(Ⅱ): 가톨릭교회의 사회적 가르침』, 한국천주교 주교회의 인성회, 1990.
인성회 편역,『감추어진 우리의 비밀보화(Ⅲ): 가톨릭교회의 사회적 가르침』, 한국천주교 주교회의 인성회, 1990.
인성회 편역,『복음적 가난으로 사는 길은…: 1991년 사순절운동 교육자료』, 한국천주교 주교회의 인성회, 1991.
인성회 편역,『부서지고 약해지는 하느님의 길』, 한국천주교 주교회의 인성회, 1991.
인성회 편역,『세상, 사람들 속에서 살아 움직이는 공동체가 되기 위하여: 공동체 모음집』, 한국천주교 주교회의 인성회, 1990.
인성회 편역,『성서의 가난한 이들/모임의 활성화 상세보기』, 한국천주교 주교회의 인성회, 1989.
인성회 편역,『심신장애자사업에 대한 교황청지침: 세계 심신 장애자의 해를 맞이하여』, 한국천주교 주교회의 인성회, 1981.
인성회 편역,『예수는 어떻게 시대를 살았나?: 그리스도교적 사회활동의 바탕』, 한국천주교주교회의 인성회, 1987.
인성회 편역,『현대사회를 어떻게 이해할 것인가』, 한국천주교 주교회의 인성회, 1988.

인성회 편역, 『1970년대 주요 선진국 교회개발 원조기구의 대한국 교회사업 원조 현황 및 분석 보고서: CIDSE 자료를 중심으로』, 한국천주교주교회의 인성회, 1981.

헨리 나웬, 『성령께 우리의 온 존재를 열며』, 한국천주교 주교회의 인성회, 1991.

WCC 기독위원회, 『에이즈(AIDS)는 무엇인가: 에이즈에 관한 안내서』, 한국천주교 주교회의 인성회, 1988.

인터뷰

「25년간 주교회의 사회복지위원회 이끌어온 최재선 국장」, 《가톨릭신문》 2000.6.25.

「주교회의 사회복지위 최재선 사무국장」, 《가톨릭신문》 2012.8.27.

「최재선, "하느님의 작은 '불쏘시개'였을 뿐"」, 《가톨릭뉴스 지금여기》 2014.5.21.

「배고픈 시절 겪었기에 해외원조 중요성 절감」, 《가톨릭평화신문》 2018.7.18.

편집부, 「천주교 사회운동을 지원한 인성회: 한국천주교 주교회의 인성회 전 사무국장 최재선」, 《가톨릭평론》 제25호(2020년 1-2월).

「한국 카리타스 50주년 맞아 특별 공로상 수상한 최재선 전 사무국장」, 《가톨릭신문》 2025.6.25.

기억과 기록 3

가톨릭 실천지성 I
우리 신학의 선구자들: 김수복·김원호·성염·최재선

1판 1쇄 발행일 2025년 10월 24일

지은이 박문수·이미영·경동현·황경훈
펴낸이 김원호

펴낸곳 우리신학연구소
등록 2006년 9월 29일(제2016-000337호)
주소 서울특별시 마포구 마포대로4가길 56, 102동 202호(마포동, 오성드림빌)
전화 02) 2672-8342~4
팩스 02) 2672-6945
이메일 woorith@gmail.com

ISBN 971-11-971732-7-1 93910

이 책은 저작권법에 의해 보호를 받는 저작물이므로 무단 전재와 무단 복제를 금합니다.